航空港规划丛书

可持续发展机场

——上海绿色机场研究与实践

刘武君 王 维 著

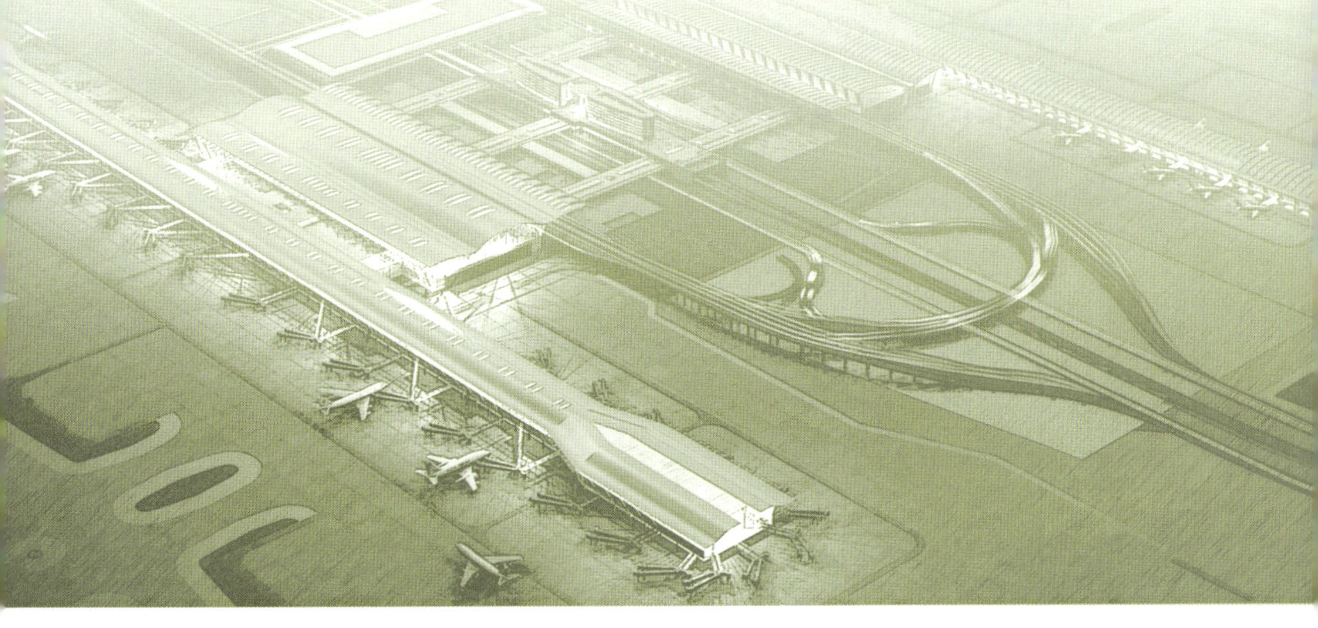

同济大学出版社
·上海·

航 空 港 规 划 丛 书

图书在版编目（CIP）数据

可持续发展机场：上海绿色机场研究与实践/ 刘武君，王维著. -- 上海：同济大学出版社，2023.1
（航空港规划丛书）
ISBN 978-7-5765-0488-0

Ⅰ.①可… Ⅱ.①刘… ②王… Ⅲ.①民用机场—可持续性发展—研究—上海 Ⅳ.①F562.851

中国版本图书馆 CIP 数据核字（2022）第 226446 号

责任编辑：胡　毅
责任校对：徐春莲
封面设计：赵　军
排版制作：南京月叶图文制作有限公司

航空港规划丛书
可持续发展机场——上海绿色机场研究与实践
刘武君　王　维　著

出版发行	同济大学出版社　www.tongjipress.com.cn
	（地址：上海市四平路 1239 号　邮编：200092　电话：021-65985622）
经　销	全国各地新华书店
印　刷	上海安枫印务有限公司
开　本	787 mm×1092 mm　1/16
印　张	15.75
字　数	393 000
版　次	2023 年 1 月第 1 版
印　次	2023 年 1 月第 1 次印刷
书　号	ISBN 978-7-5765-0488-0
定　价	138.00 元

如有印装质量问题，请向本社发行部调换
版权所有　侵权必究

内容提要

机场作为民用航空运输的重要基础设施,在规划、设计、施工、运行和发展过程中涉及大量环境保护、资源利用和可持续发展问题。

本书以上海浦东、虹桥两座机场20多年来在可持续发展方面的实践、探索和经验为案例,对如何建设绿色机场、可持续发展机场进行了具体的诠释。主要内容包括:国内外可持续发展机场现状,可持续发展机场的内涵与特征,上海机场可持续发展的核心理念、实施战略和措施,机场土地集约化利用,机场水文和生态环境保护,机场航空噪声控制,机场大气污染和温室气体排放削减,机场航站楼和能源中心节能,清洁可再生能源利用,机场建设和运行中的材料和水资源节约,以及机场如何提供人性化服务,等等。

本书有助于业界加深对可持续发展机场、绿色机场的内涵理解,并通过上海机场了解具体的操作、实践方法,进而触类旁通、举一反三,推动我国更多的机场从更宽广的视野和更深入的层面来进行可持续发展(绿色发展)的思考、谋划和实践,进而真正迈上可持续发展的"绿色之路",最终使我国绿色机场发展达到一个新的高度和水平。

本书对从事民用机场规划设计、运行管理,特别是节能减排的专业和管理人员有重要参考价值,也可供大专院校相关专业师生参考阅读。

航 空 港 规 划 丛 书

修订版前言

　　《绿色机场——上海机场可持续发展探索》一书自 2010 年出版至今，已过去 10 年有余。今天，作为四型机场建设的重要组成部分，绿色机场建设掀起了新的高潮，本书也随之得到了大家的普遍关注。由于 2010 年版的《绿色机场——上海机场可持续发展探索》已经售罄，于是出版社与我们商量决定修订再版。本次修订并没有对第一版的结构进行调整，只是对一些细节进行了调整和更新，使文字、图表更加紧凑简约。同时借此机会将书名调整为《可持续发展机场——上海绿色机场研究与实践》，并将修订后的本书归入"航空港规划丛书"系列。

　　自 1996 年加入上海机场集团以来，笔者参与了本书中提到的所有项目的规划建设和运营管理工作。修订过程中，书中的案例就像电视连续剧一样，一集接着一集在眼前放映，倍感亲切。上海机场过去 20 多年的成长的确是非常引人注目的，从一座年旅客吞吐量仅几百万人次的虹桥机场，发展到年旅客量达 1.1 亿人次、货运量近 400 万 t 的国际航空枢纽，它浓缩了上海航运中心、贸易中心建设的巨大成就，也是我们国家改革开放和现代化建设所取得的举世瞩目的成就的一个缩影。回顾上海机场集团在这期间绿色机场建设的故事，总结和反思我们所做工作的得失，对广大读者依然具有很好的参考借鉴意义。希望本次修订版的面世，能够起到抛砖引玉的作用，推动当前绿色机场建设的发展。希望能与各位读者共同总结过去的经验教训，共同研讨我们在绿色机场规划建设中面临的新课题，共商中国

修订版前言

绿色机场建设的大计。

最后我要感谢为本次出版作出巨大贡献的罗琳部长、陈立先生、李起龙先生、胡毅编辑,以及许多同事和朋友们。感谢大家的无私奉献!

祝愿中国绿色机场建设走向更加辉煌的未来!

刘武君

2022年6月26日于嘉兴

航空港规划丛书

第一版前言

20世纪90年代中期，浦东开发开放如火如荼，国人都在为"增长""扩张"而激动不已之时，我从国外带回了"成长管理（Growth Management）"和"可持续发展（Sustainable Development）"的理念。虽然在当时看似非常不合时宜，但我们还是在浦东国际机场一期工程中坚持了"走可持续发展之路"的原则，取得了一系列的成果（参见《浦东国际机场可持续发展的研究与实践》，同济大学出版社1998年出版）。15年后的今天，"绿色"已然成为点击率最高的词汇，"节能减排"已经成为机场发展的最热门话题。

在过去的15年里，我们在上海两座机场的策划、规划、设计、建设和运营中，始终坚持贯彻了环境保护、节能减排、提高资源利用效率、人性化等方针政策，并通过一系列工程项目的实施，使我们在"摸爬滚打"中积累了一些经验、教训和心得体会。我们把这些总结出来，抛砖引玉，希望能对今天蓬勃兴起的"绿色机场"建设的理论和实践有所帮助。

第一，成长管理的前提是"成长"，可持续发展的前提是"发展"。也就是说，对于一座机场、一家机场公司来说，必须通过绿色机场建设实现自身科学和谐地成长，使机场的发展可持续，使机场公司有赢利；而不是"绿"得机场不能成长和发展、机场企业亏本。我们始终相信"一个亏本的企业是不可能提供一流服务的"！在具体的项目建设中，我们坚持了"经济上不可行的项目不急于实施"的原则，这为我们在绿色机场的建设中扫清

了不少障碍，使我们在过去15年的高速发展中，仍然成功地实施了一系列节能减排、绿色环保的项目，并得到了社会和企业的一致好评（参见《浦东国际机场二期工程节能研究》，上海科学技术出版社2008年出版）。

第二，绿色机场要求"全绿"，可持续发展要求"永续"。绿色是方式，发展是目标，必须按照机场规划和企业发展战略，从大处着眼，从长远谋划，同时从细处着手，从当前实施。不可因事大而畏之，也不可因事小而不为。首先，规划上的绿色才是最重大的课题。15年来，上海两座机场的发展规划总是不断地根据机场发展的实际进行修订和调整，可持续发展的方针贯彻始终，成为我们在总体规划中长期坚持的原则（参见《浦东国际机场建设——总体规划》，上海科学技术出版社1999年出版；《浦东国际机场总体规划》，上海科学技术出版社2008年出版；《虹桥国际机场总体规划》，上海科学技术出版社2010年出版）。其次，在项目实施中，我们总是长期关注、伺机实施，无论大小，成熟一个实施一个，坚持不懈。绿色环保项目往往建设周期长、与运营关系密切，实现预期的效益需要众多相关方长期的合作来共同完成，需要有体制和机制上的可靠保障。

第三，绿色机场建设涉及众多领域和专业，需要一大批专业技术人员和建设、运营管理队伍的保障。上海机场坐享了上海人才高地的优势，15年来引进和培养了一大批优秀的专业技术人员，在机场规划、场道工程、机电工程、信息系统、安全管理、运行服务等主要领域，建设起了一支由63名高级工程师、268名工程师、388名助理工程师、38名高级技工，以及374名高级工、1 754名中级工、1 437名初级工组成的技术队伍。同时，利用浦东、虹桥两座机场新建扩建后重新通航的机会，对所有工作人员进行了多轮上岗培训，全面提高了机场运营管理队伍的专业素养。这支队伍不仅是我们建设绿色机场的技术保障，而且是那些绿色设施、系统正常运行的保证，更是上海机场可持续发展的"本钱"。

第四，大型机场的功能、设施几乎涵盖了所有城市设施，甚至比一座中小城市还要复杂，因此，机场问题实际上就是一个集中的城市问题，绿色机场建设也是一个没有终极答案的问题。至今，我们还不能确切回答绿色机场的定义是什么，更未能建立起一套完整的绿色机场指标体系和理论框架。这也正是本书出版的目的之一，希望上海机场的案例能够为研究绿色机场的专家、学者建立科学的理论体系提供参考。绿色机场课题涉及城市学科的所有专业，是典型的大型综合学科，是我国正在推进的"学科大综合"的一个绝好案例。在机场这个研究领域，以往始终是由各个学科的专家们从其各自的角度分别进行论述。我们一直想用一种比较综合的、统一的方式来展示机场这个学术领域；或者是为了机场规划、建设、运营中采取正确的协同行动之需要，总结出一些综合性的、统一性的技术原则，以便人们能够按照这些原则来比较科学地建设我们的机场。15年来上海机场的实践已经告诉我们，绿色机场是一个很好的角度和方式：绿色的目的是"以人为本"，绿色的核心是"可持续"，绿色的特征是"科学""和谐"，绿色的方法是"综合""统一"。

根据规划，"十二五"期间，中国又将有一百多座民用机场需要新建和改扩建。未来二十年，我国将发生影响深远的社会经济发展模式的转变，将"从民航大国走向民航强国"，我们需要面对许多无法预测的世界性难题，我们必须解决这些难题。我们还需要大量的人才来建设我们的绿色"民航强国"。我们深切地感觉到，中国民航正孕育着更加伟大的变革，中国民航机场学科的文艺复兴时代即将来临。这让我想起恩格斯在《自然辩证法·导言》中的著名论述："这是一次人类从来没有经历过的最伟大的、进步的变革，是一个需要巨人而且产生了巨人——在思维能力、热情和性格方面，在多才多艺和学识渊博方面的巨人的时代。……差不多没有一个著名的人物，不曾作过长途的旅行，不会说四五种语言，不在好几个专业上放射出光芒，……他们的特征是他们几乎全都处在时代的运动中。"

愿本书成为中国绿色机场发展之路上的一块铺路石！

最后，我们还想借本书的出版，对在过去15年中，为本书中提到的所有项目作出过贡献的、无数的、默默无闻的全体人员表示最衷心的感谢！

上海机场建设指挥部总工程师

刘武君

2010 年 5 月 15 日

目录

修订版前言　4
第一版前言　6

第1章　绿色机场的可持续发展观　13
1.1　绿色建筑　14
1.2　绿色机场　15
1.3　可持续发展机场　17

第2章　上海机场可持续发展巡礼　21
2.1　上海机场建设沿革　22
2.2　上海机场发展战略　24
2.3　可持续发展理念确立　25
2.4　可持续发展成果撷英　26

第3章　统筹全局、科学发展　37
3.1　战略管理、稳步推进　38
3.2　科学规划、合理布局　40
3.3　匹配需求、分期发展　43
3.4　环境友好、环境适航　44
3.5　多元融资、投资管控　47
3.6　协同发展、共赢共荣　55

第 4 章 集约利用、节省土地 59
4.1 集约虹桥、世界领先 60
4.2 选址浦东、围海造地 64
4.3 近距跑道、彰显奇效 67
4.4 门位转换、机位组合 70
4.5 交通枢纽、集约典范 74

第 5 章 种青引鸟、生态佳话 81
5.1 安全飞行、防范鸟击 82
5.2 浦东滩涂、群鸟眷顾 85
5.3 诱鸟离岸、生态奇计 88
5.4 岛上种青、鸟类家园 90
5.5 银鹰鸥鹭、各安其所 92
5.6 综合防范、长治久安 92

第 6 章 机场独立排水，保护水文环境 95
6.1 河网密布、水文复杂 96
6.2 二级排水、自成体系 97
6.3 环境效益、显著持久 99

第 7 章 标本兼治、削减噪声 101
7.1 噪声防控、环评之重 103
7.2 场址东移、凭海减噪 105
7.3 减噪降声、规划先行 106
7.4 近距跑道、非凡成效 109
7.5 入口内移、影响收缩 112
7.6 多管齐下、控制声源 114
7.7 相容规划、长治久安 115

目 录

第 8 章　减少排放、护佑蓝天　117
- 8.1　能源集中、规模减排　119
- 8.2　系统创新、技术减排　120
- 8.3　清洁燃料、源头减排　120
- 8.4　跑道优化、飞机减排　121
- 8.5　桥载设备、地服减排　126
- 8.6　交通枢纽、陆侧减排　129
- 8.7　废物收集、无害处理　131

第 9 章　能源系统、创新节能　135
- 9.1　大集中、小分散　136
- 9.2　汽电共生、冷热联供　138
- 9.3　避峰用谷、蓄冷空调　140
- 9.4　取消板交、冷水直供　146
- 9.5　光伏发电、光热利用　152
- 9.6　常规节能、精心实施　154

第 10 章　绿色航站、节能建功　155
- 10.1　围护结构、性能优选　156
- 10.2　春秋两季、自然通风　158
- 10.3　自然采光、柔和通透　162
- 10.4　巧妙遮阳、削减辐射　167
- 10.5　综合创新、空调降耗　171
- 10.6　按需调节、照明节能　178
- 10.7　楼宇自控、技术节能　181
- 10.8　综合评价、节能显著　182

第 11 章　节约材料、珍惜资源　187

11.1	降低标高、土方锐减	188
11.2	屋盖优化、节省钢材	189
11.3	吹沙补土、就地取材	193
11.4	结构优化、强基薄面	194
11.5	清水混凝土、素朴去雕饰	196
11.6	节约空域、保证容量	198
11.7	雨水收集、尽其所用	198

第 12 章 以人为本、引领服务　203

12.1	旅客流程、便捷舒适	204
12.2	陆侧交通、畅通集约	215
12.3	行李系统、安全高效	218
12.4	商业服务、周全体贴	221
12.5	标识信息、一目了然	227
12.6	防灾系统、先进可靠	230
12.7	机场运行、协调有序	233
12.8	交通环境、赏心悦目	234

第 13 章　结　语　239

图表索引　243
参考文献　249
第一版后记　250

航 空 港 规 划 丛 书

第 1 章

绿色机场的可持续发展观

如何处理人类与自然、社会的关系，是重要的哲学命题，它关乎人类的现实与未来。环境、资源和发展业已成为目前人类社会关注的焦点，如何更好地保护环境、更有效地节约资源进而获得可持续发展，乃是问题的核心。机场作为民用航空运输的重要基础设施，在规划、设计、施工、运行和发展过程中涉及大量环境保护、资源利用和如何才能可持续发展的问题。

国际民航界和中国民航近年来均在致力于上述问题的系统解决，相继提出了"可持续发展机场（Sustainable Development Airport）""洁净机场（Clean Airport）"和"绿色机场（Green Airport）"等理念。

1.1　绿色建筑

实际上，"绿色机场"是"绿色建筑（Green Building）"概念的移植。机场通常具有体量巨大的航站楼建筑，这是移植的基本依据。"绿色建筑"则源于"生态建筑"。20世纪60年代，建筑师保罗·索勒瑞（Paola Soleri）把建筑学（Architecture）和生态学（Ecology）两词合并，提出了"生态建筑（Arcology）"。1991年，布兰达·威尔（Brenda Vale）和罗伯特·威尔（Robert Vale）在《绿色建筑——为可持续发展而设计》中首次提出"绿色建筑"概念。绿色建筑提倡在实现最高效率利用能源、最低限度影响环境的前提下为公众提供健康、舒适的工作、居住和活动空间。数十年来，绿色建筑研究由建筑个体、单纯技术上升到体系层面，由建筑设计扩展到环境评估、区域规划等多种领域，具有整体性、综合性和多学科交叉的特点。

近30年来，发达国家相继推出了各种绿色建筑评价方法，其中比较著名的有英国"建筑研究所环境评价法（Building Research Establishment Environmental Assessment Method，

BREEAM)"（1990年）、美国"能源及环境设计先导计划（Leadership in Energy & Environment Design，LEED）"（1995年）和加拿大"绿色建筑挑战（Green Building Challenge 2000，GBC2000）"（2000年）。一些国家进一步在上述评价体系基础上进行适应性改进，例如，澳大利亚于2002年在BREEAM和LEED基础上提出"绿色之星（Green Star）"评估方法，新西兰于2007年又在"绿色之星"基础上提出"新西兰绿色之星（NZ Green Star）"评估体系，等等。

与气候相近的发达国家相比，我国建筑能耗平均要高出2倍。有鉴于此，我国正大力倡导和推进绿色建筑。2005年10月建设部和科技部共同推出《绿色建筑技术导则》，2006年6月建设部和国家质量监督检验检疫总局联合发布《绿色建筑评价标准》。随着2008年北京"绿色奥运"理念的成功体现和2010年中国上海世界博览会《世博会园区绿色建筑应用技术导则》的稳步实施，我国绿色建筑发展方兴未艾，有关立法、研究和实践都取得了一定成绩。

绿色建筑的评价标准、研究成果对于机场航站楼等建筑物具有重要参考价值和借鉴意义，一些发达国家的机场建筑也参与了绿色建筑评比。例如，美国波士顿洛根机场A航站楼是第一个通过LEED认证的美国机场航站楼；新西兰奥克兰机场B指廊（Auckland Airport Pier B）成为该国首个获得LEED认证的绿色建筑。

1.2 绿色机场

与其他行业一样，我国民航业界在2007年以前大多将机场环境保护和资源节约等问题归入"节能减排"范畴。2007年9月，民航局在《关于开展建设绿色昆明新机场研究工作的意见》中，提出要将昆明新机场建设成为资源节约型、环境友好型、科技型和人性化服务的绿色机场。此后，"绿色机场"概念开始在我国民航业界盛行。民航局还针对绿色机场的四个特征，即节约、环保、科技和人性化，做了进一步阐释。所谓"节约"，就是以"节能、节水、节材、节地"为重点，提高资源综合利用率；所谓"环保"，就是减少机场污染物排放，建立清洁优美、环境友好的机场；所谓"科技"，就是充分利用国内外各种新技术、新材料、新工艺、新方法，提高机场管理、运行和服务水平；所谓"人性化"，就是树立"以人为本"的理念，为顾客提供多样化、个性化的良好服务。

除上海机场外,国内大型机场中的广州白云国际机场和北京首都国际机场都在节能减排方面颇有建树。2004年竣工的新白云机场,荣获首届"全国绿色建筑创新奖"。在新白云机场规划设计中,贯彻了"四节(节地、节能、节水、节材)"思想;建设中尽量少占耕地,减少拆迁,提高土地利用率;屋面采用张拉膜,有效利用自然采光;利用冷空气下沉和高大空间上部空气隔热间层、低投射低反射钢化夹胶玻璃幕墙来减少航站楼空调能耗;采用分质水处理提供饮用水、生活用水、景观用水和绿化用水,节约水资源等。北京首都国际机场很早就已开始关注机场节能问题:T2航站楼由于进行了节能改造,年节电量达840万kW·h;在T3航站楼规划设计中,由于综合采用各种先进技术、工艺和材料,航站楼在减少空调和照明电耗、节约用水、提高舒适性、满足功能性等诸多方面均取得显著成效。另外,首都国际机场围绕多年来困扰机场发展的航空噪声影响问题,也在总体布局、土地相容性规划、机场运行和建筑隔声减噪方面采取了措施。

除北京、上海和广州等地的大型机场外,我国其他一些机场也开展了一些带有绿色内涵的工程项目。例如,无锡机场太阳能光伏发电,西安机场逆渗透技术处理饮用水、氧化沟技术处理污水,乌鲁木齐机场污水处理后作为绿化用水,太原武宿机场、银川河东机场建设雨水调节池以便充分收集、利用雨水,等等。

昆明新机场建设在我国绿色机场发展进程中占有重要地位,因为我国民航正是根据该机场而提出了"绿色机场"理念。为系统探索民用机场在绿色建设方面的经验,2007年民航局成立"建设绿色昆明新机场工作领导小组",昆明新机场建设指挥部协调成立了"建设绿色昆明新机场科研课题组",根据课题组研究,提出"建设昆明绿色新机场专项任务书",要求各设计单位在机场总体规划、飞行区工程、航站区工程等设计中予以体现,并在昆明新机场建设中得以实施。在昆明新机场总体规划中,针对土地节约、区域环境友好、机场可持续发展、飞行区规划(如跑道、滑行道系统和标识优化,缩短飞机滑行线路)、航站区规划(设施规模与容量、近机位规划)、综合交通、生态与景观等都提出了绿色方案和目标。在飞行区工程中,考虑了排水和雨水综合利用,提出了雨水回用率为30%~50%的目标;通过LED和反光棒的使用,减少助航灯光能耗;采用绿色边坡,提高与周边环境的相融性等。航站区工程中,空调节能(变风量系统、分区控制、玻璃幕墙优选等)、照明节能(分区、分时控制和自然采光等)、节水(中水利用、渗水路面等)、材料节约(再生材料使用)、环境保护(废弃物处理与利用、桥载电源设备使用),以及人性化服务(航站楼服务水平、无障碍设施、标识系统)等,都作了综合、系统的考虑。

1.3 可持续发展机场

面对日益加剧的环境和资源问题,国际社会正在寻求积极对策。国际民航组织公开宣称,它所关注的三个核心就是飞行安全、空防安全和环境问题。美国联邦航空局针对航空噪声、大气环境影响等出台了一系列法规和技术措施。欧盟于2005年启动《欧盟现代航空管理计划》,旨在降低能源消耗、减少温室气体排放。

1987年,在世界环境与发展委员会上,挪威首相布朗特兰在题为《我们共同的未来》(Our Common Future)报告中提出了"可持续发展(Sustainable Development)"理念。该理念从环境和自然资源角度提出了人类长期发展的战略和模式,其精神实质是关注环境承载能力、强调资源永续利用。这一理念已得到国际社会普遍接受和认可。"可持续发展的机场(Sustainable Development Airports)"就是这一理念在民用航空运输领域的具体应用。

在机场可持续发展方面,世界上很多机场都做出了有益的探索。例如,韩国仁川机场被誉为"21世纪绿色机场设计的开端",其在场址选择、绿化设计和减少环境影响等方面都独具匠心;日本成田机场于2005年制定"生态机场总体规划";新西兰奥克兰机场航站楼B指廊利用屋顶太阳能光伏发电装置提供指廊照明用电;德国慕尼黑机场集中回收飞机除冰液并进行综合利用。很多欧美机场更是多年致力于机场航空噪声削减,如美国芝加哥奥黑尔机场、丹佛机场;德国汉堡机场、法兰克福机场;英国曼彻斯特机场、希思罗机场;法国戴高乐机场、奥利机场;澳大利亚悉尼机场;意大利罗马机场;等等。总的来说,在强烈的环境保护意识支配下或迫于周边社区公众压力,民航发达国家的机场都针对各自比较突出的环境问题进行着资源节约和环境保护方面的工作,而且大多体现在机场的规划设计和建设施工方面。毋庸讳言,一些机场的环保和节能项目具有一定的探索性和象征性,实际作用还不显著。

2000年以后,随着环境问题日益严峻以及联合国、国际民航组织和各国政府对环境问题的普遍关注,一些组织、机构和机场开始全面审视和反思机场环境问题,试图通过更深入的研究和分析,求得机场可持续发展问题的系统解决。"洁净机场联盟(Clean Airport Partnership,CAP)"是美国唯一专门与机场及其周边社区合作从事改善机场环境与效率的非营利组织。CAP 也开展了绿色机场倡导项目（The Green Airport Initiative，GAI）。GAI 通常包括基础阶段和执行阶段。基础阶段，主要通过在机场及其周边社区调查，发现关键问题；执行阶段则包括制定实施计划、量化项目收益等。2003 年，美国芝加哥市针对奥黑尔机场现代化扩建项目（O'Hare Modernization Program，OMP）提出了《机场可持续设计手册》（OMP Sustainable Development Manual）。该手册采用 LEED 结构与体例，分别从可持续场址管理、水资源利用率、能源与大气、材料与资源、室内环境品质、机场设施运行、扩建项目废旧资源协调利用和施工方法这八个方面，对机场可持续发展特性进行评价。芝加哥市一直致力于城市建设的可持续发展，并希望成为美国乃至全世界城市可持续发展的标杆，《机场可持续设计手册》编制就是实施这一战略的重要举措之一。2008 年，美国洛杉矶机场推出《可持续发展的机场规划、设计和施工导则》（Sustainable Airport Planning，Design and Construction Guidelines），是国外可持续发展机场历史上具有里程碑意义的事件。该导则开宗明义："洛杉矶机场（Los Angeles World Airport，LAWA）力图在可持续发展的机场规划、设计和施工方面领导群伦。"导则由规划设计导则和施工建设导则两部分组成。规划设计导则主要涉及：项目实施、总体规划、空侧规划、陆侧规划、气候变化适应性规划、雨水管理和冲蚀控制、景观绿化设计、水资源节约、热岛效应减少、室内外光环境、噪声影响、节能、排放影响与削减、材料与资源节约、室内环境质量、施工后维护监测和报告、社会责任及认证和创新共 18 项内容。相对于《机场可持续设计手册》，导则更多地考虑了机场的特点和内容。《机场可持续设计手册》，特别是《可持续发展的机场规划、设计和施工导则》，开始运用系统方法来评价机场的可持续发展特征，而不再像以往只是关注其中的一个或几个问题。手册、导则，同时给出了各个项目水平的评价标准，因此它们实际上也构成了初步的可持续发展机场评价体系，这对于指导和完善可持续发展机场的评价具有重要借鉴意义和实用价值。

　　根据多方面比较研究，我们目前可以确认，"可持续发展机场"在目标追求和实现路径上与"绿色机场"有诸多相似之处，可以认为两者是等价的；"可持续"就是绿色的本质内涵和追求的目标。相形之下，国际上"可持续发展机场"的提法更为普遍。

　　目前，世界上对绿色机场、可持续发展机场的内涵众说纷纭，远没有形成共识。这种状况足以证明有关可持续发展机场（包括绿色机场）的探索、研究还处于起步阶段。"百花齐放、百家争鸣"无疑有助于形成完备的可持续发展机场核心理念和系统框架。

　　在梳理、分析国内外有关可持续发展机场、绿色机场的各种论述基础上，特别是通过对上海机场十几年来可持续发展的实践与探索，本书作者认为"可持续发展机场＝绿色机场"，可持续发展机场是在规划、设计、施工、运行、发展乃至废弃的全生命周期内，能够实现资源节约、环境友好并适航、服务人性化、战略引领、按需有序发展、能与周边区域协同发展且社会经济效益良好的机场。

航 空 港 规 划 丛 书

第 2 章

上海机场可持续发展巡礼

上海目前拥有虹桥和浦东两座国际机场。从20世纪90年代开始，以浦东机场一期工程实施为契机，上海机场即开始了可持续发展的系统探索。通过20多年卓有成效的实践，上海机场确立了坚定的可持续发展理念，形成了系统的实施战略，并取得了骄人的成绩。

2.1 上海机场建设沿革

2.1.1 上海浦东国际机场

上海浦东国际机场（简称：浦东机场）地处浦东新区江镇乡、施湾乡、祝桥乡、东海乡的濒海地带，距离上海市中心约30 km，与虹桥机场直线距离40 km。浦东机场于1999年9月正式开始启用，一期工程设计目标年为2005年，按满足年旅客吞吐量2 000万人次、年货邮吞吐量75万t、年起降12.6万架次的使用要求进行设计和建设，建有一条长4 000 m、宽60 m的跑道，两条平行滑行道，28万 m^2 的航站楼，64个站坪机位、8个货机位和29个维修站坪机位。

自通航以来，浦东机场的业务量一直保持高速增长，2003年旅客吞吐量为1 506.36万人次，货邮吞吐量为118.93万t，飞行架次为13.43万架次，已达到或超过原设计能力。为适应航空业务量强劲增长的需要，缓解运行压力，浦东机场于2002年启动了第二条跑道及配套设施工程建设，2005年投入运行，以满足至2008年的飞行架次需求。

2003年，为满足航空业务量增长需求，保障2008年北京奥运会和2010年上海世博会的成功举办，实现枢纽机场战略目标，服务上海及长江三角洲地区的社会经济发展，上海机场（集团）启动了二期扩建工程建设，并于2008年3月投入使用。此次扩建以2015年为目标年。根据预测，2015年浦东机场年旅客吞吐量将达到6 000万人次，年货邮吞吐量达420万t，年飞行起降架次达49.1万架次；高峰小时的旅客量为18 840人次、航空器起降

120架次。二期扩建工程在现机场西侧新建长3 400 m、宽60 m的第三条跑道及滑行道系统，新建48万 m^2 二号航站楼及配套空侧站坪和停车楼、旅客捷运系统、地铁车站、陆侧道路系统等，新建西货运区、生产生活公用设施及综合配套工程、空管工程、供油工程等。该项目于2008年北京奥运会前竣工投运。

随后，为落实国家发展大型飞机产业战略决策，保障国产C919大型客机试飞、适应上海地区航空业务量持续快速增长的需求，浦东机场又建设并启用了第四、五跑道。2019年9月浦东机场卫星厅工程竣工投运，浦东机场总体规划基本构架完成。

2.1.2 上海虹桥国际机场

相对于浦东机场，始建于1921年的上海虹桥国际机场（简称：虹桥机场）历史悠久。虹桥机场位于上海市长宁区和闵行区交界处，距上海市中心约10.7 km，距浦东机场约42 km（直线距离）。20世纪90年代初，虹桥机场年旅客吞吐量不足400万人次，但至1995年旅客吞吐量达到1 108万人次，超过机场航站楼设计容量15.4%（设计容量为年960万人次）。鉴于此，上海市政府结合浦东新区开发开放和上海航运中心发展要求，决定提前建设浦东国际机场。1999年9月浦东机场投入运行以后，上海地区航空业务量持续稳定增长，除2003年受"非典"影响以外，每年增速均高于全国民航的平均年增长水平。2006年，上海机场三大运营指标在全国机场中继续位列前茅，飞机起降架次、旅客吞吐量和货邮吞吐量同比增长分别达到9.21%、11.31%和14.04%。进入"十一五"以后，上海地区航空运输量继续处于高速增长状态。

在浦东机场通航以前，虹桥机场的实际运营负荷已超过设计容量。尽管浦东机场通航后，虹桥机场运营压力有所缓解，但随着上海周边及全国航空业务量增长，虹桥机场业务量持续攀升。2005年，虹桥机场旅客吞吐量为1 779万人次，货邮吞吐量为35.9万t，年飞行接近17万架次，机场超负荷运转严重，基础设施容量和运营需求之间的矛盾日益突出。为了应对持续增长的机场业务量和2010年上海世博会所带来的航空运输压力，上海机场（集团）于2005年调整了虹桥机场总体规划，并于2006年2月正式启动虹桥机场扩建项目前期工作。此次扩建以2015年为目标年，设计指标分别为每年旅客吞吐量4 000万人次、货邮吞吐量100万t、飞行起降量30万架次。

扩建工程在既有虹桥机场场区的西侧新建西航站区和等级指标为4E的西飞行区。主要工程建设内容包括：一条3 300 m×60 m的平行跑道（新老跑道中心线间距365 m）、配套滑行道系统、精密进近仪表着陆系统及助航灯光系统；25 万 m² 的二号航站楼，49 个机位的航站区站坪及附属设施；西货运区工程；配套供油工程、公用设施以及道路、安全消防、环保工程等辅助设施。

另外，为促进长三角地区社会经济快速发展，增强上海对长三角的辐射和带动作用，上海机场集团提出了建设面向全国、服务长三角的"虹桥综合交通枢纽"设想。该枢纽将涵盖航空港、高速、城际铁路、磁浮、城市轨道交通、公交车和出租车等多种交通方式，实现轨、路、空三位一体，日旅客吞吐量达到 110 万人次，成为超大型、世界级的交通枢纽中心。交通枢纽的建成，将为虹桥机场集散更多的航空旅客，为航空旅客提供更为便利的陆侧交通方式，令虹桥机场的发展如虎添翼。

2.2　上海机场发展战略

进入 21 世纪，为应对经济全球化、航空运输需求持续增长和日趋白热化的亚太枢纽机场激烈竞争和严峻挑战，上海机场制定了《上海航空枢纽战略规划》。规划明确提出了上海航空枢纽的功能定位是"集本地运量集散功能、门户枢纽功能、国内中转功能和国际中转功能为一体的大型复合枢纽"。总体目标是："构建完善的国内国际航线网络，成为连接世界各地与中国的空中门户，建成亚太地区的核心枢纽，最终成为世界航空网络的重要节点。"上海航空枢纽建设分三个阶段：2005—2007 年为准备和起步阶段，主要任务是打好设施建设基础，基本确立国际货运枢纽地位；2007—2010 年为调整和提高阶段，力争成为亚洲最大的货运枢纽；2010—2015 年为发展和扩展阶段，旅客吞吐量达到 1 亿人次以上、货运吞吐量达到 500 万～700 万 t。

到 2014 年，新的战略规划名称为《上海机场集团新时期企业发展战略（2014—2030年）》。上海机场集团将坚持以"成就上海国际航运中心的理想，提供上海乃至中国经济发展的最佳航空保障"为企业的使命，承担提升上海城市功能、服务经济社会发展的社会责任，成为国内外同行业最具影响力的企业。为此，集团在新战略发展期的工作重心将从以"扩大规模"为主调整为以"打造品质"为主，2030 年力争实现"品质领先的世界级航空枢纽、超大型机场卓越运营的典范、价值创造能力最强的机场产业集团"的新愿景和新目标。新时期上海机场集团的发展也分为三个阶段：2014—2020 年为第一阶段，目标是"打造品质、释放潜力"。本阶段上海机场年客货运总量达到 1.1 亿～1.2 亿人次、400 万～440 万 t，确立浦东机场大型航空枢纽地位。2021—2025 年为第二阶段，目标是"加强合作，升级功能"。本阶段发展目标是客货运总量达到 1.3 亿～1.4 亿人次、500 万～600 万 t。2026—2030 年第三阶段，目标是"成就愿景、传播价值"。本阶段客货运总量达到 1.5 亿～1.6 亿人次、600 万～800 万 t。

2.3 可持续发展理念确立

20 多年来，上海机场始终秉持"绿色发展""可持续发展"的核心理念，这一理念在上海两大机场建设和管理中始终居于统领地位。在经历了浦东一、二期工程和虹桥机场西区扩建工程之后，上海机场已对如何在民用机场中建设绿色机场做出了生动的诠释。

上海机场（集团）"可持续发展"理念的确立，主要源于以下三个原因。

（1）源于对"可持续发展"的深刻认识。作为人类处理人与自然、社会关系的重要思想结晶，"可持续发展"具有非同一般的价值和普适性。民用机场作为公共交通基础设施，其在规划、建设和运行过程中，涉及大量的自然、社会关系和影响问题；必须从自然环境、社会环境和经济环境高度统一的角度来审视机场的存在、建设、运行和发展，方能求得机场的可持续发展。机场可持续发展须在良好、妥善处理了上述关系和问题的基础上才能真正得以实现。在一定程度上，机场能否实现可持续发展，也是机场存在价值的衡量尺度。

（2）源于机场所在地的重要战略地位和机场管理者的高度社会责任感。上海作为我国华东和沿海地区重要的国际化大都市，历来在我国政治、经济和文化发展中占有重要地位。1990 年 4 月，党中央、国务院做出"开发浦东、开放浦东"的战略决策；1992 年 10 月，中共"十四大"进一步明确："以上海浦东开发开放为龙头，进一步开放长江沿岸城市，尽快把上海建成国际经济、金融、贸易中心之一，带动长江三角洲和整个长江流域地区经济的新飞跃。"2001 年国务院批复的《上海市城市总体规划（1999—2020 年）》指出要把上海建设成为国际经济、金融、贸易、航运中心和现代化国际大都市，至此，上海机场及其发展模式已不再是机场本身的问题，而是直接关乎国家战略，特别是上海能否跻身国际航运中心的问题。如果在机场发展模式决策上出现失误，将贻害无穷。正是基于上述认识，管理者本着高度的社会责任感，做出了上海机场发展模式的战略选择——走可持续发展之路。

(3) 源于上海机场的特殊境况。上海机场在全国各地的机场发展中具有一定的特殊性。首先，随着国民经济的发展，上海机场的客货吞吐量多年来持续增长，且机场发展具有浓重的国家战略色彩；其次，上海机场业的发展面临着新建机场和老机场扩充运能的双重问题。老机场地处市区，周边环境复杂，机场发展受到诸多限制，不能完全独立担当未来上海民航机场的角色；新机场要实现上海空港未来发展蓝图，必须在客货运能、发展余地等方面具有良好基础。而在寸土寸金、举世瞩目的上海，满足上述要求谈何容易。上述境况和形势，使得机场管理者必须确立科学的机场发展模式。

2.4 可持续发展成果撷英

在可持续发展的实践与探索中，上海机场业已形成了自己独具特色、卓有成效的实施战略，概括来说就是：恒久性战略、系统性战略、重点性战略和合理性战略。

所谓恒久性战略，就是针对机场建设和管理中所涉及的环境、社会问题，自始至终地将可持续发展和协同发展作为问题解决的指南，并形成改进机制，即"始终不渝、持续改进"；所谓系统性战略，就是在问题解决和方案制订时坚持系统工程原理，全面、综合地考虑问题和方案之间的因果关系和相互联系，避免盲目性和孤立性，即"系统分析、综合实施"；所谓重点性战略，就是通过系统分析抓住重点和要害，集中智慧和精力解决大问题，不拘泥于细枝末节，进而求得纲举目张的效果，即"抓住关键、高屋建瓴"；所谓合理性战略，就是在技术先进和经济合理之间求得良好平衡，既不片面追求技术先进而罔顾经济性，也不因墨守经济性而拒绝先进、成熟的技术，即"技术可行、经济合理"。

从 1993 年浦东一期工程筹备之时，上海机场就开始了可持续发展的系统性实践与探索。20 多年来，机场恪守"可持续发展"核心理念，秉承"恒久性、系统性、重点性、合理性"实施战略，在机场选址、总体规划、设计、施工和运行等各个环节中，殚精竭虑、敢为人先，终于结出了可持续发展的累累硕果，下面择其精华进行简要介绍与评述。

2.4.1 科学规划、绿色发展

国内外机场建设正、反两个方面的经验足以证明，"机场规划（包括选址）"对机场建设和机场可持续发展具有决定性作用和影响。选址、规划之于机场，仿佛基础之于建筑、

框架之于结构,这两个方面倘若出现失误并付诸实施,往往铸成大错、难以逆转。

上海机场可持续发展战略的成功实施,首先得益于"合理的机场选址、科学的总体规划",以及贯穿其中的绿色发展理念。上海机场在总体规划中,密切结合机场功能与定位,结合机场面临的不同问题,抓住关键、寻求突破。虹桥机场多年来一直致力于最大限度地实现土地集约化利用、最大限度地实现环境友好和环境适航、最大限度地实现航空与其他综合交通运输方式的融合。通过总体规划的合理调整,通过与城市规划、城市建设的密切衔接,通过大胆采取近距平行跑道、绕行滑行道等技术措施,通过航站楼构型优化,通过虹桥综合交通枢纽建设,虹桥机场总体规划已成功实现了自身所蕴含的全部设计意图,使虹桥机场这一历史悠久、繁忙的"城中之港"既充满现代气息,又蕴含着文明的亲和力。

与虹桥机场不同,浦东机场的总体规划及其建设、管理,则更多地承载着中国人(不仅仅是上海机场员工)在机场规划设计、机场建设和机场管理方面的追求与梦想。作为我国改革开放以后首个新建特大型国际机场,机场建设者力图以宽广的国际视野和超凡的中国智慧创造机场建设的奇迹,展示"可持续发展"的理念。濒海的浦东机场选址,一举多得。首先,使上海"一市两场"格局变为现实,为适应未来大规模、多形式的航空运输业务发展打造了坚实平台;其次,滩涂开发、围海造地,在寸土寸金的上海避免了大量土地征用;再次,临海区位使浦东机场具备了"出海口"和"永久的发展端",为长远发展赢得了广阔空间,不仅场区用地有了可靠保障,而且更易于实现环境适航和环境友好;最后,机场新建、处女地开发,使机场与周边的相容性规划和协同发展更易于实现。围绕着未来的可持续发展,除选址外,浦东机场总体规划还在跑道构型确定、地势/排水设计、航站楼构型、能源供应方式等诸多方面谱写了绿色可持续发展的篇章。

还要指出的是,虹桥机场和浦东机场在总体规划管理中体现出了与时俱进的精神和高度的社会责任感。时至今日,虹桥机场、浦东机场的总体规划都分别在1993年版、1996年版基础上进行了多次的调整,目前执行的版本分别是2005年版和2010年调整版。总体规划修订,一是更有利于贯彻国家和行业的发展战略,二是反映机场定位及功能变化,三是始终贯彻上海机场与周边区域协同发展的精神。浦东机场一期工程的场址东移和虹桥机场2005年规划修编将用地大幅压缩,无不体现了机场管理者的高度社会责任感。

2.4.2 节约土地、集约发展

公共交通设施建设要占用土地,而土地属不可再生资源,我国人多地少,土地更属稀缺资源。与铁路、公路运输方式相比，民航占地较少，具有节约土地资源的优势。但由于机场一般处于或邻近市区，且占地集中，因此如何减少机场土地占用、实现集约发展，已成为世界机场建设所关注的焦点之一，上海机场在这方面做了卓有成效的探索。

浦东机场围海造地和场址东移，节约了大量土地资源。在飞行区规划中，浦东机场第一、第三跑道在国内首次采用间距460 m的近距非独立平行跑道；虹桥机场两跑道间距由原来1 700 m缩减为365 m，为目前国内间距最小的平行跑道，节地约7 km²。机场的机位容量对机场运行效率、服务质量有重要影响。如何在有限的区域布置更多的机位并提高机位使用率，一直是上海机场追求的目标。在浦东机场二号航站楼站坪使用初期，交通需求不高，无需设置直通滑行道，机场便创造性地利用这一区域作为远机位使用，为航空公司提供了方便灵活的门位运行服务。浦东机场二号航站楼采用"剪刀叉"式登机桥，利用国内、国际航班高峰的时间差，使26个近机位实现了国际、国内门位服务的转换。虹桥机场二号航站楼站坪为满足不同时期机位类型、数量的需求差异，在国内首次采用组合机位，也大大提高了站坪近机位的容量及适应性。

由于科学规划和多次合理改建，虹桥机场的土地集约化利用水平已迈入世界前列。与美国亚特兰大机场（全球航空业务量排名第一）、美国芝加哥奥黑尔机场、韩国仁川机场、德国法兰克福机场、中国香港赤鱲角机场和广州新白云机场6座机场相比，以单位占地面积的年旅客吞吐量、年起降架次和机位数等三项指标来衡量，西区扩建前虹桥机场排名分别为1、2、1（根据2007年数据）；西区扩建后，排名依次为2、2、1（其他机场用2007年数据、虹桥机场为规划数据）。由于参比者均为世界航空运输界公认的国际大型枢纽机场，所以我们有理由认为虹桥机场的土地集约利用程度在世界民航机场中堪称标杆与典范。

2.4.3 水文、生态环境和野生动物保护

水文和生态环境是自然环境的重要组成部分。健康的水文、生态环境，不仅是人类赖以生存的必要条件，更是动植物繁盛、保持生物多样性和自然气候不可或缺的物质基础。上海浦东机场在建设中，对场址周边的水文环境和生态环境保护堪称经典之作、神来之笔。

浦东机场场址位于长江三角洲前缘的冲积平原，场址地区河网密布，运河河道、灌溉沟渠交错纵横，场区水系与周边地区水系自成一体。机场建设将形成大面积的不透水机场道面和建、构筑物，场区排水如何处理，既关系到机场能否安全运行，又涉及对周边水文

系统、农耕环境的影响。按照常规做法，机场建设完全可以采取通过填土方抬高机场地坪、利用与场区外的高差实现排水的常规方法，但是其结果势必对周边水文和农耕环境造成严重破坏。为此，机场建设者对场区及周围的水文环境及建设影响进行了详细的调查、分析和研究，最终制订了"二级独立排水"方案。所谓"二级排水"，就是通过一级和二级排水设施，形成机场独立的排水系统。一级排水设施，将场区各分区、系统收集的雨水就近以自排和机排结合方式排入围场河；二级排水设施，由围场河、蓄水湖、水闸和泵站组成，围场河可通过节制闸与场区外河、通过泵闸与长江水系沟通。这样，就可达到两个目的。首先，建设自成体系、功能完备的独立排水系统，机场排水直接排向长江，避免了对周围水系和农耕环境的破坏，减轻了机场周边区域排水负荷，且能在周边水系排涝能力不足而机场二级排水能力盈余时，通过节制闸发挥辅助排涝作用；其次，机场排水系统设计与地势巧妙结合，既降低了场区设计标高，又能确保机场防洪排涝能力。机场所在浦东新区河道常水位一般在 2.5~2.8 m，设防水位约 3.75 m。机场建设独立排水系统后，围场河常水位为 2.35 m，设防水位为 3.2 m，低于周边河道水位，这就降低了机场地区地下水位，从而降低了飞行区标高，最终实现了场区自身土方平衡，大大节省了建设投资。此外，作为重要排水设施的围场河建设，不单单惠及排水，还衍生出其他环境效益，如对机场大气污染物的吸附和"热岛效应"的消解。

鸟是人类的朋友，是大自然不可缺少的生物种属。鸟类在生物链、植物种群传播繁衍以及古生物、气候变迁研究中扮演着重要角色。鸟类，特别是那些濒危鸟类，作为野生动物资源是必须加以保护的。但是，鸟类活动与航空活动存在尖锐矛盾。如果航空器与鸟类相撞，即发生所谓"鸟击"事件，严重时可能造成机毁、人亡、鸟死的悲惨结局。所以，在民用机场场区内部及周边，应努力避免大量的鸟类活动，以保障飞行安全，同时也有益于鸟类保护。我国东海岸是世界候鸟迁徙的主要路线之一，浦东机场场址及附近地区处在候鸟迁徙路线亚洲东部路线的西侧边缘，此处出没的鸟类有夏候鸟、冬候鸟、留鸟和旅鸟，总计约 159 种。如何处理机场建设与鸟类生存的关系，对机场方构成了空前挑战。通过深入调查、研究和论证，机场最终采取了"种青引鸟"生态保护方案。首先，整治机场周边沿海滩涂，围垫鱼塘，铲除芦苇、草滩，破坏底栖动物生长环境，断绝鸟类食物来源，使鸟类失去机场周围的活动、繁殖栖息地，彻底根除机场运行后的鸟击隐患。其次，本着爱护鸟类、保护生态的思想，为失去原有家园的鸟类另建"新居"。经反复论证，新居选在距离机场场址 11 km 的九段沙。九段沙也处于候鸟迁徙路线之下，是长江口内正在不断淤积、扩大的沙滩。九段沙面积为114 km²，几乎没有人类活动，其潮滩植被群落、底栖生物等均与浦东东滩类似，岛的形成和发展都比较稳定，是理想的鸟类家园，唯一的缺陷是植被较少。为此，建设者实施了"九段沙种青工程"，移植芦苇和互花米草，为原来在浦东东滩栖息或经浦东东滩迁徙的鸟类营造了温馨的家园。"银鹰安全起降、鸟类自由飞翔"，"种青引鸟"堪称世界机场建设史上的生态保护佳话。

2.4.4 综合节能、系统节能、创新节能

能源是人类生活和社会生产活动得以正常进行的重要物质基础。不可再生能源的日渐枯竭和人类能源消耗与日俱增之间的巨大反差，使人类产生了强烈的能源忧患意识。节约、减少能源消耗，提高能源利用率，已成为当今世界文明的重要体现和追求。

在上海机场的建设和运行中，能源节约始终是一个重要主题，其成功的做法可归纳为"综合节能、系统节能、创新节能"。所谓"综合节能"，就是关注机场规划设计、建设施工、日常运行和运营管理中与能源消耗相关的各个环节，关注与能源消耗相关的飞行区、航站区、货运区、工作区、机务维修区等各个部位及设备设施；所谓"系统节能"，则是以系统工程方法处理节能问题，按照"系统分析、明确因果、抓住要害、以求治本"的原则形成节能方案和措施；所谓"创新节能"，就是密切跟踪能源技术进步，同时结合机场实际加以运用。在节能实践方面，上海机场取得了令人瞩目的成就。其中，以航站楼节能、能源系统优化和新能源利用最为卓越。

（1）航站楼节能。航站楼是机场能耗大户。据统计，大型机场航站楼能耗平均占机场总能耗的60%。如何降低航站楼能耗，已成为民航机场节能的关键。浦东机场二号航站楼在节能方面进行了科学、系统探索，在减小空调、照明能耗，利用自然通风、自然采光等方面都取得了令业界瞩目的成就。其成功经验可概括为五点：第一，节能从规划设计阶段切入，并以系统节能思想作指导，为最大限度地实现航站楼的整体、综合节能创造了可能性；第二，以科学技术为引领，每一项节能措施都立项进行研究，为获取合理的解决方案奠定了坚实基础；第三，密切结合机场所在地区和场址的客观条件，有针对性地提出解决方案；第四，坚持"技术先进成熟，经济合理可行"的原则；第五，设定量化节能目标，使节能效果有据可依。浦东机场二号航站楼为我国机场开展节能研究与实践提供了生动、系统的案例。

（2）能源系统优化。大型机场作为功能复杂的公共交通设施，具有种类繁多、数量巨

大的能源需求。机场一般需要供电、供冷、供热、供油、供燃气方能维持运转，以何种方式供应、怎样供应，是一个全局性问题，对机场能源的整体、综合利用率和节能具有重大影响。上海机场之所以实现了较高的能源利用率，主要得益于以下六个颇有创意的做法。

① "大集中、小分散"能源布局策略。即根据"大集中、小分散"原则，来设立冷/热/电供应站。对负荷高、区位集中的用户，采用能源集中供应方式，即所谓"大集中"，浦东机场偌大场区，只设置了两个能源中心。对负荷低、区位分散的用户，采用分散供应方式，即所谓"小分散"。"大集中"有利于提高能源利用率和转换率，减少设施占地，发挥规模效益；"小分散"则有利于减少能源输送损失，实现按需供应，避免长距离的"大马拉小车"。

② "汽电共生、冷热联供"的能源供给方式。上海机场在国内首次集成了燃气轮机、余热锅炉、蒸汽锅炉、吸收式制冷机和离心式制冷机，集中实现了发电、供热、供冷的复合功能，优势显著。

首先，有利于环境保护。由于引入了余热锅炉，系统最终排烟温度大大降低，可减少"热岛效应"；天然气属清洁燃料，烟气中 CO、NO_x 大量减少，有利于大气环境保护。

其次，同时在能量和能质两个方面提高了一次能源利用率。系统将燃气化学能通过燃烧分别转化为蒸汽热能和高品位电能。额定工况下，机组发电效率为 29%，蒸汽发生热效率为 49%，综合利用率高达 78%，远远高于常规发电机组。单纯用锅炉产生蒸汽，尽管热效率可接近 90%，但蒸汽能质远低于电能，而热电转换效率不过 40% 左右。

再次，多样化的能源利用形式，提高了机场电、冷、热供应的可靠性。供热以常规锅炉和余热锅炉互为备用；供冷以电制冷和吸收式制冷互为备用；供电以市电和自发电互为备用。

最后，机场对社会电力、燃气的需求可以做到"削峰填谷"，有利于缓解社会能源供给的时间和结构矛盾。

③ "避峰用谷、空调蓄冷"。根据社会供电"昼紧夜松"和峰谷电价差异明显的特点，浦东机场二期能源中心大胆采用已臻成熟的空调蓄冷技术，并根据空调负荷大小及变化特点，经详细论证采用了"水蓄冷"方案。能源中心水蓄冷，实现了对社会电力的"避峰用谷"，对缓解城市用电供需矛盾作用显著；与常规电力冷水机组制冷和冰蓄冷方案相比，具有节约建设投资、日常运行费用低的显著优势；由于电力消耗小（比电制冷减少用电 0.3%，比冰蓄冷减少用电 17%），因此有助于机场节能减排。

④"取消板交、冷水直供"。目前,大型建筑空调普遍在供冷用户端通过板式热交换器(简称:板交)进行冷能交换。在虹桥机场二号航站楼空调系统中,上海机场和设计单位大胆创新、打破常规,在航站楼+24.650 m以下层,取消板式热交换器而代之以冷水直供系统,使冷水二次水环路与三次水环路直连,进行混流而非隔离换热,利用共有管路低阻力的特点将各三次水环路进行水力解耦以解决相互干扰问题。取消板交后,由于传热效率提高和系统阻力降低,二号航站楼能源中心离心式冷水机组装机容量、冷冻水二次水泵设计扬程、各用户热力交换站房设备等直接投资都大幅下降。根据对当期工程匡算,总计减少直接投资1 533万元(远期北指廊及酒店项目建设后效益将更加显著)。从运行能耗角度,能源中心离心式冷水机组、二次冷冻水泵和各用户热力交换站三次泵的运行能耗由于采用冷水直供,每年可节约运行电耗62.4万 kW·h,系统综合节能率达3.1%。系统用电、制冷机组装机容量的减少,还会间接减少一次能耗、直接减少卤代烃制冷剂用量,对减轻大气污染和温室气体排放都有显著作用。冷水直供所带来的"系统直接投资少、运行费用低、综合节能率高和有助于减轻大气污染、温室气体排放"的优势,加之其在大体量机场航站楼的应用可行性,显著提升了我国机场航站楼空调节能设计的技术进步。

⑤"常规节能,精心实施"。对先进节能技术,上海机场坚持"结合实际、审慎论证、大胆实施"的策略,对于已臻成熟、应用普遍的常规节能技术,更是念念不忘、积极采纳。在上海机场,适用的常规节能技术比比皆是,几乎没有遗漏。例如,空调、给排水系统的风机、水泵变频调速,锅炉节能器和排污废热利用,蒸汽凝结水回收,能源设备(供电、供冷、供热等)运行监控和群控节能,场内燃油车辆的全面电动化等。

⑥"新能源利用"。上海具有比较丰富的太阳能资源,虹桥机场西区扩建工程中对西货运区货运站太阳能光伏并网发电项目进行了研究,该项目于2014年2月建成投运,这在我国机场新能源利用中跨出了实质性的一步,具有"规模化、高品位"的特点。西货运站光伏发电项目装机容量达3.456 MW,改变了以往机场太阳能利用分散、量小的"点缀式"作法。利用太阳能发电,而不是常规的热水制备,大大提升了太阳能的利用品位。光伏发电可并入电网,也使这一项目的社会效益得到体现。

2.4.5 相容规划、控制噪声

机场运行必然对周边区域造成一定的环境影响,其中飞机起降所产生的航空噪声影响,是世界公认的机场环境难题。上海"一市两场、一新一老",两座机场遭遇的典型噪声问

题，是上海机场面临的最大挑战之一。噪声问题处理得如何，对上海机场能否实现可持续发展、实现环境友好具有决定意义。通过多年探索，上海在机场航空噪声控制方面取得了显著成效，形成了"预防为主、相容规划"成功经验。根据这一指导思想，机场通过环境影响评价、近远期总体规划及调整、周边土地相容性规划及其与城市规划的良好衔接等一系列措施，比较成功地控制了机场的现状噪声和未来噪声影响。

环境影响评价（简称：环评），是民用机场建设项目必须履行的程序，噪声影响又是机场建设项目环评的核心内容之一。上海机场深刻认识到机场噪声环评对机场建设和未来发展的重要性，从未将环评作为履行建设程序的过场。机场通过深入、细致的前期工作，在飞行程序、跑道使用规则、现实和未来起降架次、机型组合及时段分布、周边区域地理人口信息等方面为评价单位提供了准确、翔实的基础数据，为获得准确的机场噪声现状环评和预测环评结果（噪声等值线图、各噪声级区域分布、面积和人口）奠定了基础，也使旨在削减噪声影响的总体规划调整、周边相容性规划制定有了足够依据。

浦东机场噪声控制成效可圈可点，其经验可归纳为"场址东移，凭海减噪；近距跑道，压缩影响；相容规划，根除隐患"。由于地质条件较好，一期工程机场选址原位于望海路地带，但是，如此建成机场后，人口密集的川沙镇、南汇镇将分别置于机场跑道南、北两端延长线之下，频繁起降的飞机势必造成严重噪声污染，为此只有对大量居民进行动迁，造成严重社会影响。经多方论证，机场调整了总体规划布局，将场址向海边东移，这样既解决了一期工程（一跑道）噪声影响问题，也为机场未来整体（二、四、五跑道）向海边发展，"凭海减噪"，将噪声影响尽可能局限于海面奠定了基础。浦东机场2004年版总体规划所确定的东、西各两组近距（分别为460 m、440 m）平行跑道的构型，在压缩噪声影响范围宽度方面作用显著，特别是有助于提高机场西侧跑道两端的土地利用价值。浦东机场近期、远期发展和各期工程具体实施，都伴随着缜密的相容性规划。首先，根据环评，在准确把握"影响区位、影响面积、影响程度、影响人口"基础上，针对各期工程实施即将带来的噪声影响采取住户动迁、建筑隔声等有效措施；其次，坚持预防为主原则，根据未来机场噪声影响范围和强度分布，密切与政府城市规划和土地管理部门配合，对机场近、远期周边土地利用方案进行合理安排和有效控制，实现机场与周边区域相容发展。上海机场噪声控制，紧紧扣住"场址选择、总体布局、相容规划"三个关键环节，取得了明显的噪声削减成效。

由于地处市区，周围建筑密集，虹桥机场的噪声控制更具挑战性。机场选址早已时过境迁，加之机场地域局促、四面围合的现实境况，即使从总体布局、相容规划的角度谋划控制，实施起来也颇具难度。虹桥机场噪声控制策略可归纳为"近距跑道、入口内移、声源控制、相容规划"。1993年版总体规划，计划将来建设间距1 700 m的两条远距平行跑道。考虑减少占地等一系列因素，2005年版总体规划则调整为两条近距跑道。在6种可供选择的近距跑道构型中，最终选择了噪声影响最小的构型方案——一对间距仅为365 m的平行近距跑道。两条跑道采用一起一降运行模式，由于相距甚近，噪声影响在宏观上几乎相当于一条跑道，使西区扩建后的机场噪声影响没有扩张。2005年版总体规划，还采取了"入口内移、设置绕滑、占地动迁"的综合措施，将现有跑道南端入口内移300 m，这样机场噪声影响范围也随之向机场回缩了300 m，同时坚决动迁跑道南端受噪声影响较大的住户，双管齐下，彻底根除了跑道近端的噪声影响隐患。由于虹桥机场、浦东机场的明确定位，未来更多架次的大型飞机，尤其大型远程客、货运输机，将主要集中在浦东机场，而国内航班，包括公务机等将主要在虹桥机场起降。另外，虹桥机场还采取了夜航限制、夜货航迁移等措施，体现了从声源角度削减机场噪声的策略。精心的规划控制和场外航空物流园区等项目的建设，增加了机场周边土地利用的环境（包括噪声）相容性，也为机场与周边实现协同发展创造了条件。

2.4.6 资源节约、有效利用

物质资源是人类社会生存和发展的基础。节约资源、有效利用资源是可持续发展机场建设的核心内容之一。在可持续发展实践中，除能源和土地资源节约外，上海机场还在材料节约、水资源节约和空域节约等方面付出了艰辛努力。浦东机场通过二级独立排水降低机场设计标高节约填方材料，二号航站楼通过钢结构受力体系优化节约钢材，二跑道建设通过吹砂补土节省基层材料，三跑道建设通过"强基薄面"节省面层混凝土；两场航站楼采用清水混凝土省去各种装饰材料；通过浦东机场二期工程和虹桥机场西区扩建雨水收集回用实现水资源节约；提出并应用"环形空中走廊"以节约和有效利用上海机场空域，这些都构成了上海机场"资源节约、有效利用"的亮点。

2.4.7 以人为本、优质服务

为航空旅客提供优良的服务是机场存在的目标和价值所在。服务人性化，对任何机场，尤其是业务繁忙、功能复杂、服务对象多样的大型国际机场，都是极大的挑战。近年来通过浦东机场二号航站楼和虹桥机场二号航站楼的建设和运行，上海机场在人性化服务方面已迈上新的台阶，实现了"主业服务安全、快捷、舒适、友好；衍生服务全面、周到、体贴、公平"的目标。首先，在机场规划设计中始终遵循"以人为本"的原则，坚守同时为航空公司和旅客提供优质服务的理念；其次，对服务的考虑早在航站楼及其空/陆侧规划设计阶段就已成为关注的重点：浦东机场"一体化交通中心""航站楼南北一体"，虹桥机场"综合交通枢纽""指廊式航站楼构型"等对提升服务水平作用显著的技术方案都是在规划设计阶段确定的；第三，结合实际，敢于超越：包括浦东机场二号航站楼的三层式航站楼结构、国内出发/到达旅客的同层混流、虹桥机场二号航站楼站坪的组合机位等模式创新；第四，系统分析、精心设计、满足需求：浦东和虹桥机场航站楼旅客流程设计、标识系统设计，密切与旅客流程、旅客种类和消费心理相结合的商业、餐饮、商务服务设计，体贴入微的残障设施，无不体现着设计者的匠心独运；第五，浦东、虹桥机场便捷、通畅、多式的陆侧交通不仅为旅客带了莫大便利，更使上海机场成为世界上机场陆侧交通的标杆。为提高服务质量，机场"软硬兼修"。"软"就是加强服务质量管理，"硬"则是在基础设施、服务环境上创造良好条件。近年来，上海机场通过《虹桥机场建设国内最具人性化机场行动计划》和《浦东机场服务质量规划》等一系列行动全力推进机场服务质量水平提升。与此同时，结合浦东机场一期工程、二期工程和虹桥机场西区扩建在机场基础设施规划、建设中"坚持以运营为导向"的理念，为机场打造了坚实的人性化服务硬件平台，为塑造完美的"中国之门、上海之窗"形象奠定了基础。

2.4.8 多元融资、投资管控、按需发展

20年前，上海机场集团就确立了"投资多元化、管理社会化、经营市场化"的"三化"原则。投资多元化是机场规划运营的前提，是公司健康发展的起点；而管理社会化和经营市场化是投资多元化后对公司经营管理活动的必然要求。其实，管理社会化和经营市场化就是社会资本对机场设施经营权的参与，同时也是机场集团公司所代表的国资委对国有资产经营权的适度退让。今天，上海机场已经没有一家商店、餐饮，以及其他经营性设施是自己经营的；以物业管理、绿化景观维护、市政公用设施运维，以及能源供给等为代表的相关业务，都交给了社会上的专业服务商。

投资管控始终是上海机场规划建设中的第一主题。上海机场建设指挥部最关注的就是投资管控和进度管理。投资管控的理念已经成为被植入到每一个建设管理者体内的"基

因"，每一个人的脑海里都绷紧了"投资管控"这根弦，人人在意、时时紧盯，因此造就了上海机场集团的项目没有一个超投资预算的成绩。经过20年的研究与实践，上海机场已经非常清楚地认识到对于机场来说"控制住了固定资产投资，就是控制好了运营成本"。

机场的运营成本由三个1/3组成，前两个1/3，即人工成本和摊销成本都与固定资产的规模正相关，是非常刚性的。第三个1/3的一半左右是能耗，固定资产一旦形成之后，燃料动力消耗也由固定资产的规模确定，也是非常刚性的；剩下的另一半叫"运维成本"，主要是维护维修费用，也基本上取决于固定资产规模。因此机场设施设备的规模越大，运行维护的成本就会越高，固定资产一旦形成，机场的运营成本就非常刚性。这是由于机场的运营成本基本上取决于固定资产的投资规模，所以只有管好了固定资产投资，机场财务可持续发展才有可能实现。2019年，上海机场集团以600多亿元的固定资产，保障了1.2亿人次、400万t货物的年运输量，获得了约20亿元+20亿元（客运+货运）的企业利润，应该说上海机场集团在投资管控方面是非常成功的。

上海机场集团在其发展过程中坚持采用"一次规划、分期实施、滚动发展"的规划建设战略，很好地支撑了上海机场的可持续发展。上海机场坚持准确把握各个建设阶段的规模与时间，使机场设施容量与各阶段的运输需求"基本匹配"。所谓基本匹配，就是容量与需求相比较或适度超前、或适度落后，而不是过度超前或过度落后。机场设施容量过度超前，会造成投资规模过大，运维成本过高，难以获得明显的经济效益；容量过度落后，则往往会对机场服务质量、运行效率和安全水平造成负面影响。只有机场设施容量与需求基本匹配，才能做到机场服务设施与资源的"物尽其用"，才不致造成大规模浪费。20多年来，上海机场较好地遵循了"固定资产规模与市场需求相匹配、与集团发展战略相配合，按需发展的基本原则"，取得了非常明显的社会经济效益。

航 空 港 规 划 丛 书

第 3 章

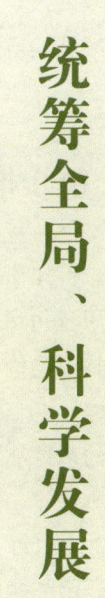

统筹全局、科学发展

大型民用机场的发展，具有空间广大、时间漫长的特点。要实现真正意义上的可持续发展，必须坚持科学发展观，高瞻远瞩、统筹全局、稳步推进，制定正确的发展战略，采取有效的实施战术。20多年来，上海机场通过有效的战略管理，通过科学的总体规划，通过与需求相适应的分阶段发展，通过合理的投资控制，通过对"环境友好、环境适航"的不懈追求，通过与周边区域的协同发展，已成功迈上了"可持续发展"的绿色之路。

3.1　战略管理、稳步推进

机场的可持续发展，首先依赖于卓越的战略管理，这是机场可持续发展的基石。上海机场集团的发展战略，用三句话可高度概括，即：成为亚太地区复合航空枢纽；成为卓越的机场管理者；成为最具市场价值的企业集团。

根据企业的发展战略，《上海航空枢纽战略规划》中提出了"三步走"实施路径和分阶段目标，这为上海机场的可持续发展勾画出了明确的方向和行动路线。

第一阶段：2005—2007年，准备和起步阶段，主要任务是夯实枢纽建设的设施基础。

阶段目标：基本构建成型与上海市场资源相匹配的航空网络结构，其中重点是国际市场的拓展和国内转国际、国际转国内的中转网络建设和成型。

实现标志：2007年浦东国际机场二期工程基本建成，二号航站楼、二期货运区和第三跑道竣工；部分建成浦东空港物流园区，两机场旅客运量达到4 900万人次左右，货邮吞吐量达到250万t左右，进入世界货运机场排名前列，基本确立国际货运枢纽地位。基地航空公司网络结构成型；基地航空公司建立2个或3个质量中上等的航班波。

第二阶段：2007—2010年，调整和提高阶段，基本建成上海航空枢纽。

阶段目标：首先是提高上海枢纽航线网络结构的质量，其次是拓展网络规模。

第 3 章 统筹全局、科学发展

实现标志：浦东国际机场二期工程设施全面投入运营，两场客运量达到 8 400 万人次左右，货邮吞吐量达到 410 万 t 左右，力争建成亚洲最大的货运枢纽；虹桥机场改造扩建工程基本完成，保障上海世博会的峰值运量需求。基地航空公司枢纽航线网络覆盖范围和航班密度接近世界先进枢纽水平，建立起 4 个高质量的航班波。

第三阶段：2010—2015 年，成熟和扩展阶段，全面确立上海航空枢纽地位。

阶段目标：基地航空公司第六航权网络结构得以完善，并成为上海航空枢纽航线网络结构体系的重要部分，同时继续改善上海航空枢纽的各项技术指标。

实现标志：一是客货运吞吐量在亚太地区排名前列，旅客运量达到 1 亿人次左右，其中虹桥机场约 3 000 万人次，浦东机场约 7 000 万人次；货邮吞吐量超过 700 万 t，包括四种中转在内的旅客中转比例提高 30% 左右；二是硬件设施条件成熟，浦东机场建成 4 条跑道及保障枢纽运作的客货设施，空中交通管制能力达到世界先进水平；三是基地航空公司建立 5 个高质量的航班波，成为亚洲骨干航空公司之一，机队规模达到目前的 2~3 倍；四是以上海为中心的立足国内、辐射亚洲、通往欧美的枢纽航线网络成熟，通航点数量和航班周频超过世界枢纽机场平均水平；五是建成以轨道交通为主、公路交通等其他交通方式为补充的多层次、全方位的机场综合交通系统。

正是在上述发展战略的明确引导下，上海机场的运行和建设始终处于有条不紊的状态，保持着张弛有度的节奏。截至 2019 年年底，上海两场全年旅客吞吐量已达 12 179 万人次，货运吞吐量 406 万 t，浦东机场货邮吞吐量已经排名世界第三，处于调整和提高的重要阶段。我们有理由相信，通过科学的战略管理和稳健的实施策略，经过不懈努力，上海机场定能实现良性的可持续发展，达成确立上海航空枢纽港地位的战略目标。

2014 年，上海机场集团完成了新一轮《上海机场集团新时期企业发展战略（2014—2030 年）》。基于上海市对上海机场集团作为功能类企业的定位，上海机场集团将坚持以"成就上海国际航运中心的理想，提供上海乃至中国经济发展的最佳航空保障"为企业的使命。在新时期，上海机场集团将呼应时代要求，承担新责任、发挥新功能。集团的新责任是作为上海市两大机场的管理者，承担上海航空枢纽在全球航空客货运网络结构中的竞争责任，承担提升上海城市功能、服务经济社会发展的社会责任，承担成为国内外同行业最具影响力企业的领先责任。集团的新功能是致力于增强上海航空枢纽对上海国际航运中心全球地位和民航强国建设的支柱功能，提升在全球航空货运链中的资源配置功能，充分发挥在长三角机场群发展和机场行业进步中的引领功能。

根据集团的新责任、新功能，集团在下一个战略期的工作重心将从以"扩大规模"为主调整为以"打造品质"为主，2030年力争实现"品质领先的世界级航空枢纽、超大型机场卓越运营的典范、价值创造能力最强的机场产业集团"的新愿景和新目标（图3-1）。

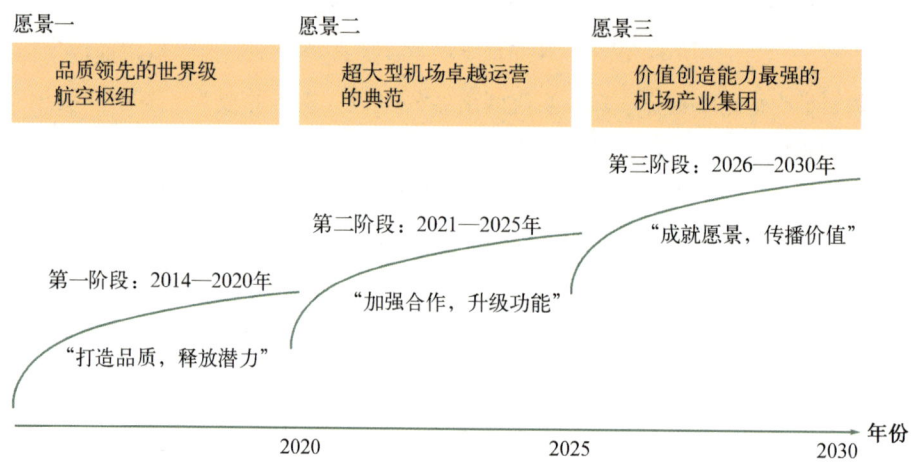

图 3-1　上海机场集团的新愿景与新目标

3.2　科学规划、合理布局

"机场规划方案"是机场发展的"宪法"。诚如本书第 2 章所言，规划（包括选址）之于机场，仿佛基础之于建筑、框架之于结构，倘若出现失误并付诸实施，往往大错铸成、难以扭转。20 多年来，上海机场在绿色之路上的稳步前行和可持续发展，无不得益于科学的机场规划。

上海机场的发展，遇到了两类典型的机场规划问题。一类是老机场的改扩建（虹桥机场），一类是新机场的选址与新建（浦东机场）。实践表明，上海机场在应对上述两类问题时所采取的对策是科学、正确的。

第一，顺应上海市（包括浦东新区）、长三角地区国家发展战略和未来强劲的航空运输需求，做出了新建浦东机场的正确决策，从而使上海形成了"一市两场、东西互补；一主一辅，互利互补"的机场格局。这一格局所带来的深远历史影响也许我们现在还不能完全预见,但两场格局形成后上海机场在拓展国内外客货航空运输市场、促进枢纽战略实施、带动公务航空发展、改善航空服务质量、提升环境友好与适航水平、降低不停航施工对机场运行影响、备降处理、应对重大事件等方面所体现出的优越性已人所共睹。"一市两场"格局还为虹桥综合交通枢纽的建设奠定了基础。没有处于市内的虹桥机场,就无法打造集航空、磁浮、地铁、高速铁路(简称:高铁)、城际铁路(简称:城铁)等于一身的现代化综合交通枢纽。

第二,坚持"结构稳定,适时调整、修编"的总体规划管理原则。为了更好地指导机场的建设与发展,贯彻国家和行业发展战略,适应机场定位、功能的变化,现机场与周边区域相容发展、协同发展的思想,多年来上海机场始终坚持"结构稳定,适时调整、修编"的总体规划管理原则。目前,虹桥机场、浦东机场的总体规划分别执行的是2005年版和2010年调整版。浦东机场和虹桥机场的总体规划图分别见图3-2、图3-3。

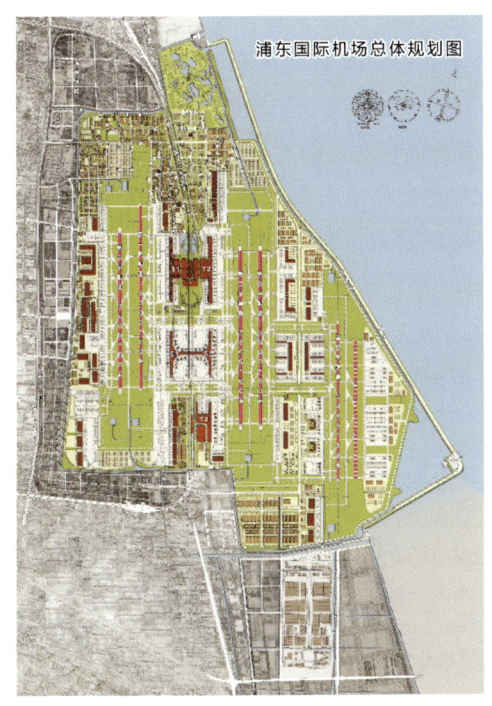

图3-2 浦东国际机场总体规划图

图3-3 虹桥国际机场总体规划图

第三,确立了正确的总体规划修编指导思想,主要包括:密切配合枢纽机场建设发展的要求，瞄准世界级枢纽机场的建设标准，满足最终客户要求，方便运行，保持发展的承前启后，丰富和完善现有交通网络，以滚动建设应对高速增长等。

第四，坚持"尊重科学、实事求是、功能优先"的原则。上海机场在规划制定和修订过程中，始终坚持"尊重科学、实事求是、功能优先"的原则，将这一工作视为严肃的科学问题，倡导研究和论证，允许百家争鸣，力求优中选优，而不是将其作为简单的行政决策过程。以浦东机场1996年版总体规划修编为例，上海机场先后委托了多家国内外咨询和研究机构进行研究，为形成科学的规划方案奠定了基础。

第五，坚持走绿色、可持续发展之路，是上海浦东机场和虹桥机场的主旋律。两场的总体规划和各种工程设计方案，对可持续发展机场的内涵做了卓有成效的探索。

（1）两场总体规划和工程设计始终贯穿、体现着"资源节约"的精神与追求。选址浦东、场址东移、围海造地、近距跑道、综合交通枢纽、站坪组合机位等措施之于土地资源节约；浦东场址竖向设计优化、二跑道建设吹砂补土、三跑道设计强基薄面、浦东机场二号航站楼钢结构优化等之于材料节约；大集中小分散、冷热电三联供、蓄冷空调、冷水直供、自然通风、自然采光、光伏发电之于能源节约；雨水收集、中水利用之于水资源节约；浦东、虹桥两场空域优化之于空域节约，都彰显着机场资源节约的突出成就。

（2）两场总体规划始终贯穿、体现着"环境友好和环境适航"的精神与追求。在浦东机场的选址、布局和一、二期工程中，在虹桥机场日常运行和西区扩建规划中，为了减少企事业单位和居民动迁，为了减少航空噪声影响，为了保护生态、水文环境和野生动物，上海机场可谓殚精竭虑，最大限度地实现了"相容发展（Compatible Development）"。为了在空域、机场净空、电磁环境、生态环境等诸多方面达到环境适航，进而保证飞行安全（对机场来说保证飞行安全是最重要的以人为本），上海机场同样是坚守标准、从不迁就。

（3）两场总体规划始终贯穿、体现着"服务人性化"的精神与追求。"一市两场"格局给上海市内旅客带来的便利，虹桥综合交通枢纽在陆侧交通方面给上海乃至整个长三角旅客带来的快捷，航站楼周到体贴的旅客流程、一应俱全的服务设施和先进有效的防灾系统，无不渗透着"以人为本、旅客至上"的服务理念。

（4）两场总体规划始终贯穿、体现着"按需有序发展"的精神与追求。可持续发展机场，必然是按需发展和有序发展，即机场的飞行区、航站楼等基础设施规模及其扩充基本与航空业务需求相适应，扩充是在有序、对运行低干扰的情况下进行的。规模严重超前的机场，无序的建设扩充，必然造成资源严重浪费和对环境产生负面影响，与可持续发展理念背道而驰。浦东和虹桥机场的总体规划，都有清晰的按需发展脉络。以浦东机场为例，对应于上海航空枢纽建设的"三阶段、三步走"战略，总体规划提出了"准备起步阶段"（2005—2007年）、"调整提高阶段"（2007—2010年）和"成熟扩展阶段"（2010—2015年），且针对每一时段的预测航空业务量，都有机场设施条件和设施建设的安排和规划。

（5）两场总体规划始终贯穿、体现着"与周边区域协同发展"的精神与追求。协同发展（Coordinated Development）是可持续发展机场的重要原则，其核心价值在于体现机场的社会责任，即机场不仅关注自身的发展，还同时关注周边区域的发展；不仅满足于相容发展，即不对周边区域造成负面环境影响，还追求共同发展、互促发展，实现发展进程中的双赢。上海浦东、虹桥两机场的总体规划，都详细提出了空港周围地区"结构规划"，从机场周边区域、临港地区乃至浦东新区和虹桥地区的全局出发，来统筹空港地区的产业布局和城镇发展，为可持续的机场与周边区域协同发展奠定了坚实基础。两场及周边有关规划及发展建议都得到了上海市政府有关部门的认可，并被采纳、批准，成为现行的法定规划。

3.3 匹配需求、分期发展

对于大型民用运输机场，其在成长过程中采用"匹配需求、分期发展"（图3-4）的模式，是可持续发展机场的重要内涵。"匹配需求"，就是要准确把握各个建设阶段的规模与时间，使机场设施容量与各阶段的运输需求基本相适应。所谓基本相适应，就是容量与需求相比较或适度超前（扩建后）或适度落后（扩建前），而不是过度超前或过度落后。这是因为只有机场容量与需求基本匹配而不过度超前，才能做到机场服务设施与资源的"物尽其用"，才不致造成大规模浪费；如果容量过度落后，就会对机场服务质量、运行效率和安全水平造成负面影响。多年来，上海机场遵循"一次规划、分期实施、滚动发展"的机场建设战略，机场建设坚持"设施规模与需求相匹

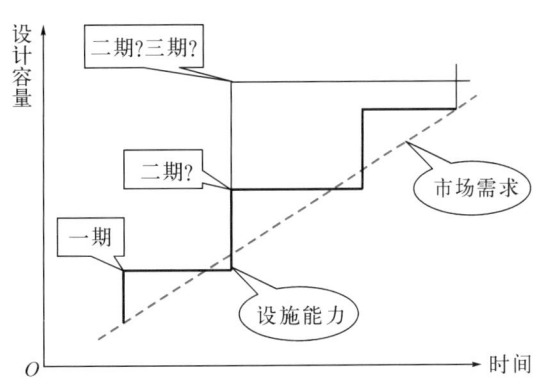

图3-4　机场设施容量与市场需求关系

配、分期建设与战略相配合"。

在浦东机场开始建设的1995年，虹桥机场容量应对上海当时的航空运输需求还绰绰有余，以至社会上一些人对建设浦东机场的必要性持怀疑态度。但上海市政府考虑到未来上海的国际大都市地位和相关国家战略，坚持浦东机场建设，使上海在21世纪到来前夕的1999年就具备了"一市两场"的格局。而进入21世纪后，"一市两场"容量与上海强劲的航空运输业务需求达到了良好的匹配，雄辩地证明了建设浦东机场的正确性。

浦东机场、虹桥机场的建设历程，同样完美地诠释了"匹配需求、分期发展"的理念。浦东机场一期工程按满足2004年"旅客吞吐量2 000万人次，货邮吞吐量75万t，飞机起降12.6万架次"的规模进行建设。至2003年，浦东机场旅客吞吐量达到1 506万人次（如无非典影响预计可达2 000万人次）。另外，原设计浦东机场国际与国内旅客之比3∶7，2003年虹桥机场国际航班全部移至浦东后使比例变为6∶4，进一步增加了浦东机场航站楼的压力）、货运吞吐量达136万t、航班起降架次达13.4万架次，三大运输指标都超过了设计指标。就实际容量而言，虹桥机场的西区扩建略微晚了一些，以致虹桥机场的航站楼比较拥挤，旅客对服务质量也偶有抱怨。但是，因为有浦东机场作为依托与缓冲，虹桥机场服务质量还保持在可以接受的水平。同时，这也在很大程度上促使虹桥机场必须在基础设施、服务资源集约化方面做好文章。虹桥综合交通枢纽和近距平行跑道的实施，使虹桥机场未来在容量与需求匹配方面达到良好平衡具备了坚实平台。

浦东机场在一期工程的时候建设了一座年处理2 000万人次的航站楼。到二期工程的时候，就有了一些不同的想法。是再建一座2 000万人次的航站楼呢，还是一下子建设一座6 000万人次的航站楼？投标方案对此的回答有两类：一类是建设一座2 000万～4 000万人次的航站楼，以后再建两座卫星厅，来满足第三、第四个2 000万人次的需求；还有一类就是马上建设一座6 000多万人次的航站楼。浦东国际机场二期航站楼方案评标的时候，机场建设指挥部就用图3-4说服了多数评委，即"一步做到位是不经济的"。所以，最终浦东机场选定的是一个分3～4个台阶发展到8 000万人次的方案。

3.4 环境友好、环境适航

环境友好和环境适航，既是对可持续发展机场的基本要求，也是机场实施可持续发展的必要条件。对"环境友好"的关注,体现了机场的社会责任;对"环境适航"的追求,则体现了机场的行业精神。两者相辅相成,不可偏废。上海机场在其发展历程中,始终将两者置于同等重要地位,既不因追求环境友好而忽视了环境适航,也不因一味强调环境适航而漠视环境友好。

3.4.1 环境友好

20 多年来,上海机场在追求环境友好方面坚持不懈,致力于环境友好已成为上海机场建设、发展的主旋律之一。图 3-5 给出了上海机场在环境友好方面的主要措施。

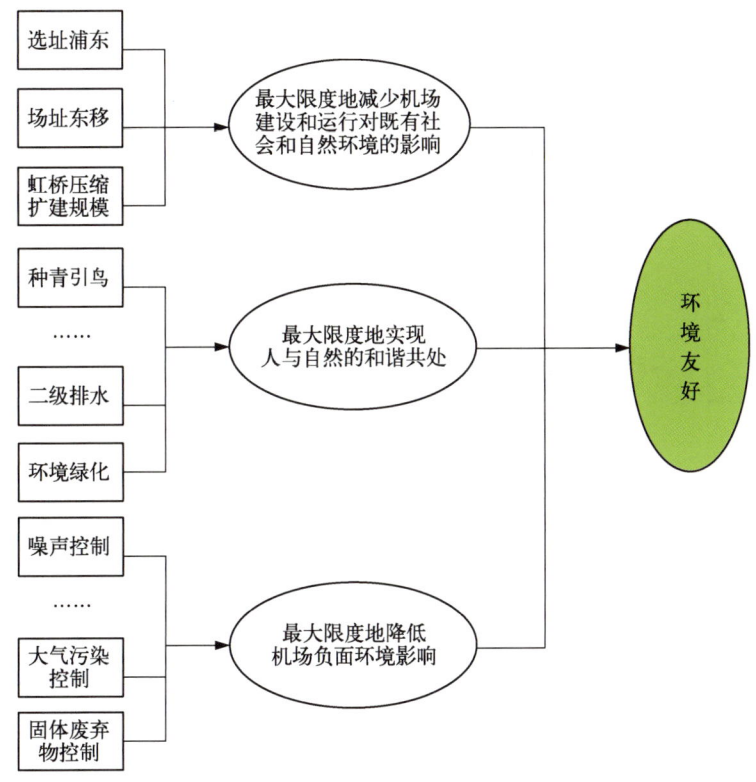

图 3-5　上海机场环境友好及其实现途径

是否能最大限度地减少对既有社会环境的破坏和干扰、是否有利于实现环境友好已成为上海机场的重大决策依据。上海第二机场选址浦东和定址浦东后的场址东移、总体规划采用两组平行近距跑道,以及虹桥机场总体规划调整为近距跑道、大大压缩扩建规模,就是这方面的生动体现,其在大量减少机场建设所导致的社会动迁和负面环境影响范围方面的作用是难以估量的。

坚持人与自然的和谐,尽量减少机场建设对既有自然环境的破坏,保护自然和生态环境,也是上海机场坚持环境友好的重要原则。浦东机场一期工程中的"种青引鸟""二级排水"对机场周边水系和灌溉系统的保护,已对此做出了生动的诠释。

3.4.2 环境适航

所谓环境适航,就是周边环境在机场的生命周期内适合于机场的空中和地面活动。具体来说,就是机场的空域、净空、电磁环境、生态环境、气象乃至水文、地质条件和陆侧交通等适合于航空器活动和客货运输组织,能够保证飞行安全和航空地面安全。环境适航由于直接关系到机场的安全和效率,对于机场可持续发展是不可或缺的。20多年来,上海机场在环境适航方面进行了多方面的探索。图3-6给出了上海机场为求得环境适航所采取的主要措施。

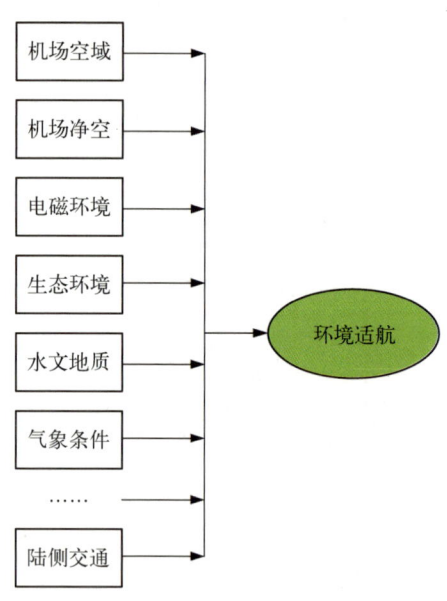

图3-6 上海机场环境适航及其实现途径

第一,通过推动军用机场搬迁,不断改善浦东机场和虹桥机场的空域条件。第二,在空域规划中,针对机场密度大、飞行空域交织、限制区域多、进出通道少、航线结构复杂等特点,创造性地提出并应用"环形空中走廊",比较好地解决了机场空域适航问题。第三,针对两座机场、特别是虹桥机场的净空问题,上海机场采取规划控制、报建审批、巡视检查、行政干预等多项措施,取得了良好效果。第四,针对电磁环境,上海机场根据《中华人民共和国民用航空法》《航空无线电台站电磁环境要求》《民用机场运行安全管理规定》等规章,与空管、通信等业务部门密切配合,通过合理规划、日常检查和违规处理等措施,保证了机场中波导航台(NDB)、超短波定向台(VHF/UHFDF)、仪表着陆系统(ILS)、航向台(LLZ)、下滑台(GP)和指点信标台(外指点标OM、中指点标 MM 和内指点标 IM)、全向信标台（VOR）、测距台 DME 和精密进近雷达（PAR）等通信导航设施所要求的电磁环境，并将相关保护规划纳入城市规划管理体系。第五，针对机场的野生动物侵害，特别是鸟击航空器威胁，两场采用了机场周边生态环境调查与治理、场内飞行区环境整治、鸟击信息系统构建、鸟类驱赶设备（煤气炮、驱鸟王、驱鸟车、风动驱鸟装置、粘鸟网等）装备和社区宣传等综合治理措施。其中，浦东机场"九段沙种青引鸟"工程，更是成为举世闻名的生态佳话。实际上，在浦东机场选址和两场建设与扩建过程中，水文、地质、气象和陆侧交通等条件的适航性，都在工程预可研、可研中进行了严格的论证和审核。

3.5 多元融资、投资管控

上海机场集团作为一个大型国有企业，要实现良性运转，在市场经济环境下须臾离不开资金的支持。从最实际的意义上讲，要实现"可持续发展"，企业必须拥有良好的财务状况，否则任何"可持续发展"的宏图大略都是"水中月、镜中花"。20 多年来，上海机场集团通过多渠道建设融资和全方位投资管控，确保了企业始终保持财务状况良好，为机场可持续发展奠定了坚实的经济基础。

浦东机场从建设之初就努力探索多元化的主体参与机场投资。通过引入国内外与机场产业相关的战略投资者、经营管理者，一方面可以解决设施建设的资金问题，另一方面也有利于提高经营服务水平。通过引入多元投资，一方面推动机场产业进一步发展，巩固机场对于经济发展的基础设施地位，同时也使机场成为地区经济发展的引擎。

3.5.1 多渠道建设融资

大型机场建设项目具有建设周期长、投资额度大的显著特点，如果单单依靠机场自身投入是难以想像的。上海机场集团从浦东机场建设伊始，就积极探索多方融资途径。通过多渠道融资，首先是弥补了机场建设资金的不足；其次是盘活了社会资产，分散了投资风险；第三，解决了机场产权性质单一问题，有利于形成合理的股权结构，使机场公司治理结构规范化，国有股权、外资股权和民营股权之间形成制衡机制；第四，多渠道融资减小了企业对公共财政的投资依赖，社会效益显著；第五，通过多渠道融资引入了先进的机场经营管理模式。

1）浦东机场一期工程

浦东机场一期工程建设总投资为130.56亿元人民币，如何进行资金筹措成为建设中的关键问题。1995年5月，上海市根据公司法规定和项目法人责任制要求组建"浦东机场公司"，公司法人对项目策划、资金筹措、建设实施、生产经营、债务偿还和资产保值增值等全过程负责。如图3-7所示，一期工程建设资金筹措主要通过以下六个途径实现。

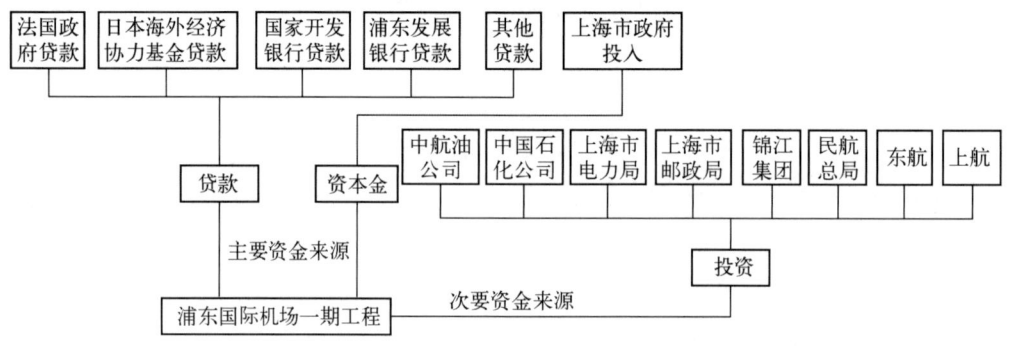

图 3-7　浦东机场一期工程多元融资结构

（1）上海市投入50亿元资本金，其中包括市财政30亿元和虹桥机场股份有限公司上市募集资金20亿元。

（2）日本海外经济协力基金（OECF）贷款400亿日元（折合人民币为34亿元）。

（3）国家开发银行贷款30亿元。

（4）法国政府贷款4 275万法郎。

（5）浦东发展银行及其他银行贷款其余16.56亿元。

（6）可经营项目面向社会融资。

2）浦东机场二期扩建工程

浦东机场二期扩建工程总投资为207.75亿元（其中，机场工程投资197.17亿元、供油工程投资9.44亿元、航管配套工程投资1.14亿元）。投资结构见图3-8，民航总局安排民航基金8.7亿元，上海市政府安排专项资金40亿元，其余148.47亿元由上海机场集团负责筹措，其中银行贷款110亿元（占机场工程投资55.8%）。另外，供油工程由上海机场集团和中国航空油料集团公司共同投资，其中自有资金4.72亿元（占总投资50%），商业

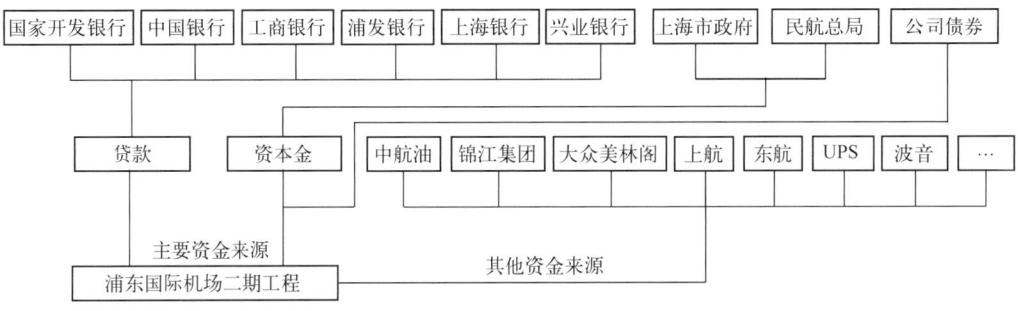

图 3-8 浦东机场二期工程多元融资结构

贷款为 4.72 亿元（占总投资 50%）。航管工程由民航总局安排民航基金 1.14 亿元（占总投资 100%）。

3.5.2 上市融资、滚动发展

通过资本市场融资获得机场建设资金，是上海机场建设的一大特色。

1997 年 3 月，上海市批准上海机场控股（集团）公司组建；5 月，上海机场控股（集团）公司独家发起设立上海虹桥机场股份公司。1997 年 8 月 10 日，浦东机场项目正式开工。1998 年 2 月，虹桥机场公司（股票代码：600009）正式在上海证券交易所挂牌上市交易，发行 30 000 万 A 股，募集 19.23 亿元资金，全部用于浦东机场一期主体工程建设。1998 年 5 月，经上海市政府批准，上海机场控股（集团）公司更名为上海机场（集团）有限公司，并统一经营虹桥、浦东两大机场。1999 年 9 月，浦东机场建成通航。2000 年 6 月，上海虹桥国际机场股份有限公司更名为上海国际机场股份有限公司。

股份公司上市初期以上海虹桥机场航站楼及相关配套设施为主要经营资产，后又收购了浦东机场航站楼及相关资产。2003 年 12 月，股份公司与集团签订协议，将持有的虹桥机场等相关资产与集团持有的浦东机场一期跑道和浦东机场航油 40% 股权以及相关配套设施相置换。这样，股份公司经营资产就以浦东机场为主。2004 年 3 月，浦东机场主要资产划到上海国际机场股份有限公司名下，资产置换完成，股份公司不再持有虹桥机场资产。

通过虹桥机场上市，上海机场集团筹集了近 20 亿元建设资金。浦东机场建成后，机场集团又将浦东机场资产与虹桥机场资产进行了置换。这样，通过上市融资、建设、资产置换，机场集团不仅换回了虹桥机场资产，而且建成了浦东机场，并占有最大股份，从而有效推动了上海机场的滚动式发展。

3.5.3 利益共享、风险共担的项目运作融资

鉴于一些机场设施的可经营性和可拆分性，上海机场建设中积极探索项目运作融资。项目融资能够在一定程度上分散项目风险，把项目开发各参与方的优势结合起来，既能有效地吸引社会资本，大幅减少机场方面自有资金的投入，还能在项目合约期结束后将资产所有（经营）权收回。项目运作有助于明确机场对项目的管理权、收益权，从而把机场大量客流、货流、飞机流的市场资源优势转化为经济效益优势。

1）浦东机场货运站项目

1999年，浦东机场货运站由上海机场集团（占51%股份）、德国汉莎货运航空公司（占29%股份）和上海锦海捷亚物流管理有限公司（占20%股份）共同投资建设，投资、经营模式见图3-9和表3-1。项目总投资4.79亿元，合资的上海浦东机场货运站有限公司（Shanghai Pudong International Airport Cargo Terminal Co.，Ltd.，简称PACTL）注册资本为1.92亿元，整合了三方优势。货运站设施先由机场指挥部代建，然后给合资公司经营。2020年，全年处理173.5万t货物（其中国际货物162.2万t、国内货物11.3万t），实现主营业务收入16.37亿元，净利润5.68亿元。

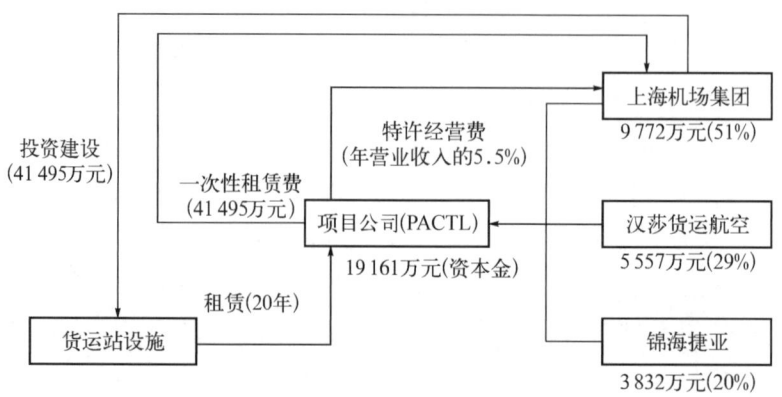

图3-9 浦东机场货运站融资结构

表 3-1　浦东机场货运站融资、经营模式详解

合作方式	由上海机场集团、汉莎货运航空、锦海捷亚发起成立合资公司，合资期限为 20 年。合资公司注册资本由合资各方按其所占股权比例以现金方式投入，并在合资公司领取营业执照后 3 个月内一次性付清。合资公司总投资 47 902 万元，注册资本为 19 161 万元
设施建设	由机场方负责货运站项目建设，设施总投资额为 41 495 万元。根据租赁合同中的规定，在合资公司领取营业执照后一周内，提供货运站场地、设备和设施供合资公司使用
设施租赁	合资公司在领取营业执照后一周内与机场方签订租赁合同，全部租金由合资公司以注册资本（扣除营运所需资金）支付给机场方，其不足部分由合资各方按股权比例以现金方式提供股东借款。租赁期限为 20 年，租金为 41 495 万元，签订租赁合同后支付 30%，房地产租赁登记生效后支付 60%，设施正式移交给合资公司后支付 10%。在租赁期内，机场方向合资公司提供货运站运营所需的水、电、通信等市政配套设施条件
特许经营	特许经营期为 20 年，合资公司按照货运站货物处理收入（扣除营业税）的 5.5%，每年向机场方缴纳特许经营费。在特许经营期内，租赁财产所有权属机场方拥有，合资公司负责对设施给予良好的维修、保养，使其保持正常状态和发挥正常效能，由此发生的所有费用由合资公司承担。租赁期满后，合资公司应将租赁财产一次性无偿、完好地交还给机场方

2）浦东机场磁浮车站宾馆项目

浦东机场磁浮车站宾馆的特许经营招商吸引了希尔顿、雅高、锦江等 20 多家国内外著名的酒店管理集团、企业进行投标。项目采用"投资人投资—建设—酒店经营权租赁"的模式，融资、经营模式见图 3-10 和表 3-2。凭借良好的技术、管理和财务方案，最终大众交通集团和美林阁（控股）有限公司作为联合体竞标成功，获得项目经营权，成为磁浮车站宾馆的投资方。

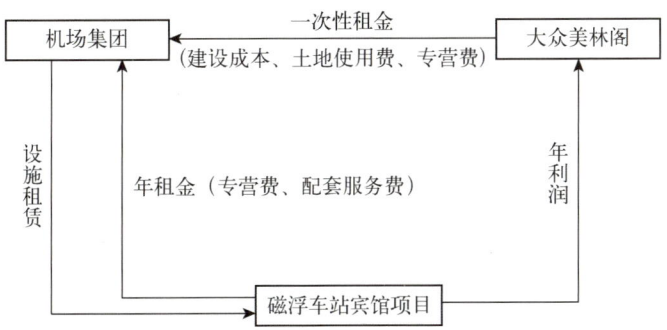

图 3-10　浦东机场磁浮车站宾馆项目融资、经营模式

表 3-2 浦东机场磁浮车站宾馆融资、经营模式详解

合作方式	宾馆产权归机场方,机场方向大众美林阁转让20年经营权。大众美林阁承担宾馆的建设资金,并在经营期内向机场方支付特许经营费
设施建设	项目法人为机场方,由机场方委托大众美林阁负责所有建设管理工作,机场方无需就建设管理服务向大众美林阁支付任何管理费用或报酬。建设资金由大众美林阁开设专项账户,专款专用。所有与产权相关的手续以机场方名义办理
特许经营	在特许经营期内,大众美林阁每年向机场方支付特许经营费(由年租金和年营业额提成两部分构成),负责宾馆设施的修理、维护和保养,并承担所有费用。经营期满后,大众美林阁应将宾馆无偿、完好地移交给机场方

宾馆位于两座航站楼之间的交通中心之上,总建筑面积约为 3.5 万 m^2,建筑高度为 44.5 m,建筑层数为 7 层,拥有客房 700 余套。宾馆分为南、北两栋主楼,北楼为经济型酒店,南楼按四星级标准建设。南北楼之间在 7 层高度的连接部分为空中咖啡厅,顾客可乘坐交通中心磁浮车站电梯直达宾馆酒店。该项目于 2006 年 6 月开工建设,2007 年年底竣工。

浦东机场东工作区经济型宾馆也采用同样的招商和经营模式,最后锦江集团中标,引入锦江之星经济型宾馆的经营模式。这种招商、经营模式既体现了浦东机场有形资产和无形资产的价值,又引进了社会资金和专业管理品牌。

3) 浦东机场西货运区货运站项目

浦东机场西货运区位于第三跑道西侧,见图 3-11。西货运区建设用地为 197.38 hm^2,货运机坪建设面积为 19.8 hm^2,规划 33 个全货机位,设计货邮吞吐量为 245 万 t(国际货占 95%)。西货运区主要包括快递中心、基地航空公司货运站和公共货运站等设施,其融资和经营模式见图 3-12。

图 3-11 浦东机场西货运区

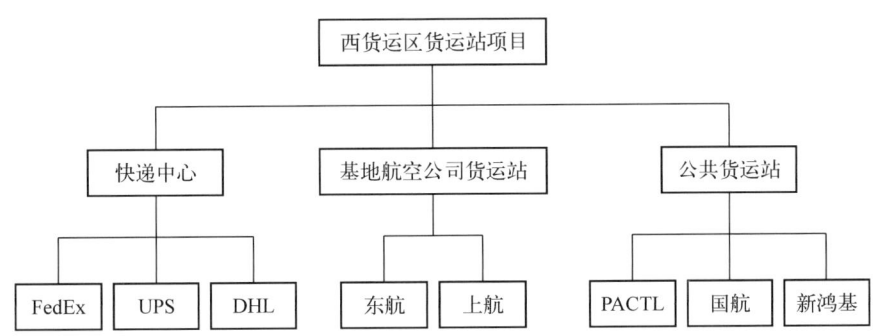

图 3-12　浦东机场西货运区货运站项目融资、经营模式

西货运区快递中心建设和经营吸引了两家国际知名企业，即 UPS 和 DHL。2005 年 7 月，UPS 公司与上海机场集团签署了在浦东机场建立国际航空转运中心的合作谅解备忘录；2007 年 4 月，签订了正式合同。2007 年 8 月，UPS 项目开工，2008 年正式运营。UPS 上海国际航空转运中心位于浦东机场西货运区南端，首期建设用地为 9.6 万 m^2。UPS 转运中心场地和厂房由上海机场集团投建，UPS 租用厂房并投资内部的传送设施等。上海机场集团从 UPS 项目获得的收益主要包括租金和专营权费，当然还包括常规的飞机起降费。专营权费与 UPS 在浦东机场的货物处理量挂钩，处理量越大机场收费越多。2006 年 7 月，DHL 也与上海机场集团正式签署合作谅解备忘录，确定在西货运区建设 DHL 国际转运中心。不同的是，UPS 是租赁设施，而 DHL 是自建。DHL 项目模式是由 DHL 自行设计、投资、建造，建成的建筑物产权归机场集团所有，DHL 将建筑物投资以预付租金形式支付给机场，根据投资额享有一定年限的使用权。根据双方签订的合同，项目的立项、建设报批以机场集团名义进行，DHL 具体承担设施建设任务。

对于基地航空公司货运站建设，采取由基地航空公司自行设计、建设，机场负责协调的模式。基地货运站产权归机场所有，建筑物投资由航空公司以预付租金方式支付给机场，折扣一定年限建筑物租金，土地租金采用先付后用的方式每年支付。

公共货运站由上海浦东机场货运站有限公司（PACTL）组建控股子公司负责经营，并选定国航、新鸿基两方参股，旨在实现强强联合、优势互补，以拓展机场货运市场，提高货运站专业管理及运作能力。

3.5.4 全方位投资管控

出于对项目全生命周期成本的深刻认识,上海机场集团在建设中长年坚持用全生命周期的视野和方法来进行投资控制,对其规律进行总结并系统运用。例如,生命周期长的设施必须千方百计地保证质量;生命周期短的设施要根据服务时间和功能需求进行合理定位与投资;充分关注运营成本高的设施;充分关注收益高的设施;充分关注节能减排;设施生命周期要与市场需求相匹配。

为卓有成效地进行投资管理,上海机场集团确立了明确的投资管理指导思想,即:①重视项目前期工作,重点控制规划、设计、招标和施工方案的优化;②实施全过程投资管控,不放松任何环节和时段;③招标方案进行深度设计和开展规范市场竞争,获得质优价廉的产品和服务;④项目实施中进一步优化施工方案、实行动态投资控制、严格控制变更,实现以设计概算为最高限额的控制目标。上海机场投资管理策略如图 3-13 所示。

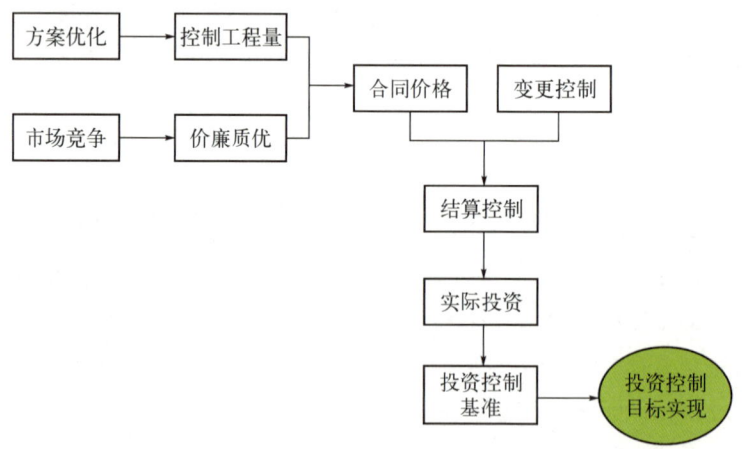

图 3-13 上海机场投资管理策略

为贯彻和落实上述指导思想,第一,上海机场不断完善投资管理制度,制定了严格的工程变更控制、续标和直接委托项目报审、工程审价管理、乙供材料采购控制、工程设备质保金支付等规章制度;第二,明确有关部门和人员,如规划设计部、各工程部、设备部、信息部、计划财务部和指挥部领导在投资控制中的责任与分工;第三,通过以需求为基础的功能分析,通过降低全生命周期费用,通过技术与经济相结合等措施优化各种方案,大幅提高投资效益;第四,通过招标项目和委托项目的价格控制,通过利用规范市场竞争机制,来锁定质优价廉的合同价格;第五,通过合理的投资基准确定、概算执行状况分析和重在控制变更的结算管理,来实现以设计概算为限额的动态投资控制。

根据对机场设施规划、设计、施工和运行的全生命周期分析研究,机场项目成本决定和成本发生具有如图3-14所示的规律,其规划、设计阶段大约已经决定了设施全生命周期90%的成本,即成本主要取决于机场的选址、总体规划布局和分期发展等方案,这些方案基本决定了施工成本和运行成本;而成本发生具有规划、设计阶段很小(主要是设计费用、咨询费用),施工阶段较多,运行成本随时间线性增长的特点。有鉴于此,上海机场集团在投资管控中,将"重视项目前期工作,重点控制规划、设计、招标和施工方案的优化"作为重要策略,特别是机场选址和总体规划。通过在世界范围内高水平的总体规划方案征询和优化研究,浦东、虹桥机场的总体规划方案都达到了既有条件下的最优化,为全生命周期的机场控制投资奠定了坚实的基础。

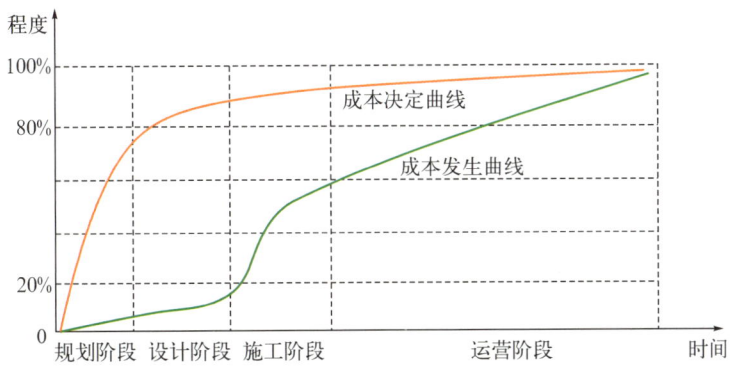

图3-14　机场项目全生命周期各阶段与项目成本的关系图

3.6　协同发展、共赢共荣

纵观民用机场与周边区域关系的发展历史,其大体可分为独立发展、相容发展和协同发展三个阶段。在航空运输发展之初,机场除比较依赖于附近道路交通外,对周边区域没有明显的环境影响和要求,基本处于独立发展状态。随着规模扩大,航空器载运能力提高和活动增多,机场对周边环境(空域、净空、电磁环境等)要求趋于严格,机场负面环境影响(航空噪声、大气污染)开始突显,于是出现了环境适航和环境友好的诉求,机场要求周边环境适合于航空器起降和人流、物流进出,周边公众则要求机场减少噪声、大气污染等负面影响,其实质就是要求实现相容发展。伴随着对民用机场作用的认识不断深化,人们意识到机场(尤其是大型枢纽机场)不仅仅是一个承担客货运输的交通设施,其对所在地及其服务辐射区域的经济、社会发展都有深远的影响。于是,通过不断改进机场规划理念和技术,通过对周边相关产业、产业链和上下游服务业的合理布局,机场与周边区域开始步入协同发展的时期。

机场发展的三个阶段,机场与周边区域从独立到对立、进而相容、再到互利,体现了民用机场发展的历史观和辩证法。上海机场在发展过程中,对其中的精髓有深刻的领会和把握,并在具体实践中予以贯彻和发挥。浦东机场在周边土地利用规划中,根据上海市政府关于合理引导空港地区开发建设的要求,以上海市总体规划为依据,结合浦东国际空港地区发展规划,秉承协同发展理念,确立了地区规划结构,在空港地区建立了"机场区、控制区和发展引导区"的结构模式,如图3-15所示。

"机场区"物理界限为机场范围,以航空客货运输为主业,兼及相关产业,如航空食品、航空器维修、货运仓储等。"控制区"则是为保证环境适航和环境友好(包括净空、电磁环境、机场噪声等)所设置的防护区域,其功能主要在于保证飞行安全、避免环境污染。在此前提下,为提升土地利用价值,该区域规划为城市郊区林地、生态农业绿化带和与环境相容的产业,如物流产业(货物加工、物流配送、商业批发)和会展业等。"发展引导区"处于"控制区"之外,采用"依托空港、服务空港、利用空港"

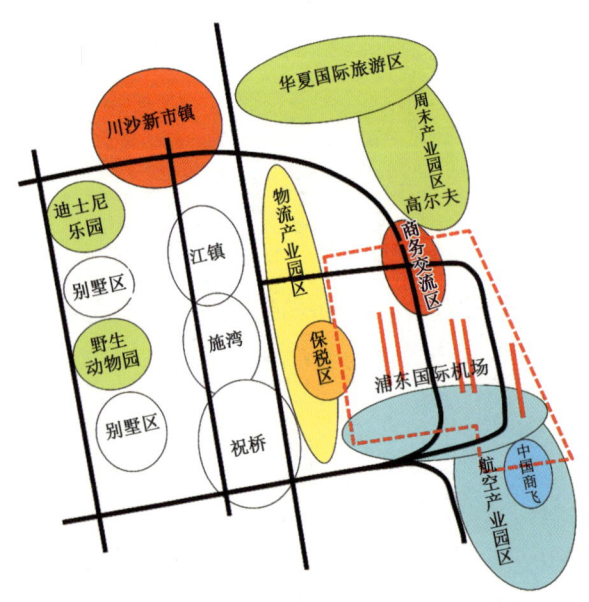

图3-15 浦东机场周边土地利用

的发展思路，主要发展临空产业及其配套设施，为航空枢纽港建设和带动地区经济服务。发展引导区内，通过城镇化集中发展若干中小城镇，各城镇产业高度集聚，旨在协同打造空港工业园区。工业园区设有机场衍生产业或与航空运输相关的第二和第三产业。第二产业包括航空制造业、高附加值研究开发、航空物流、第三方物流等。为配合第三产业开展，区域内的公建设施主要包括航空旅馆、商业金融、办公、会展、文化、消闲娱乐等。

2009年8月，国务院正式批准上海设立浦东机场综合保税区。依托浦东机场空港的浦东机场综合保税区，加上依托外高桥港的外高桥保税区和依托洋山港的洋山保税区，上海形成了"三港三区"的联动格局，构筑起国际航运中心和贸易中心的强大平台。

浦东机场综合保税区规划面积为3.59 km^2，机场内部为1.81 km^2，机场外部为1.78 km^2。其实施的税收政策包括：国外货物入区保税；货物出区进入国内销售按货物进口的有关规定办理报关手续，并按货物实际状态征税；国内货物入区视同出口，实行退税；区内企业之间的货物交易不征增值税和消费税。浦东机场综合保税区将主要发展国际中转、配送、采购、转口贸易和出口加工等业务，并进一步拓展相关功能。保税区设立后，拉动了整个空港产业链，包括先进制造、高端服务等，孕育以空港为核心的"航空城"。凭借外向型的浦东机场综合保税区，浦东空港物流业对长三角及周边地区的辐射作用明显放大。

2009年11月，上海浦东新区政府与中国商用飞机有限责任公司签订合作框架协议，国产大飞机总装制造中心正式落户浦东新区。作为中国商飞公司重点建设的三大中心之一，总装制造中心包括浦东基地和宝山大场基地两部分。浦东基地设在浦东机场南端（图3-15），规划建筑面积为115.4万m^2，共分物流区、零部件生产区、部装区、总装区、整机喷漆区、试飞交付区、办公与综合技术区和发展预留区八大部分，主要承担支线飞机、大型客机的大部件装配、全机对接、系统安装与调试、全机功能试验、试飞以及交付等工作。总装制造中心浦东基地2009年底开工建设，2015年建成投用。另外，在临港地区将建成民用航空配套产业基地，主要承担商用发动机装试、关键零部件研发生产、航空新材料、机载设备、环控、维修改装和航空服务等产业。

上海虹桥机场同样在发展、规划中贯彻了"协同发展"的精神。2010年3月，虹桥综合交通枢纽投入运行。虹桥枢纽综合商务区（图3-16）属于典型的内需型开发区域，每天有百万之众的人群在这里集散，使虹桥交通枢纽的意义远远超出了单纯交通设施的概念，巨大的人流集散将带来难以估量的服务需求——包括商务、购物、餐饮、旅游等，从而使

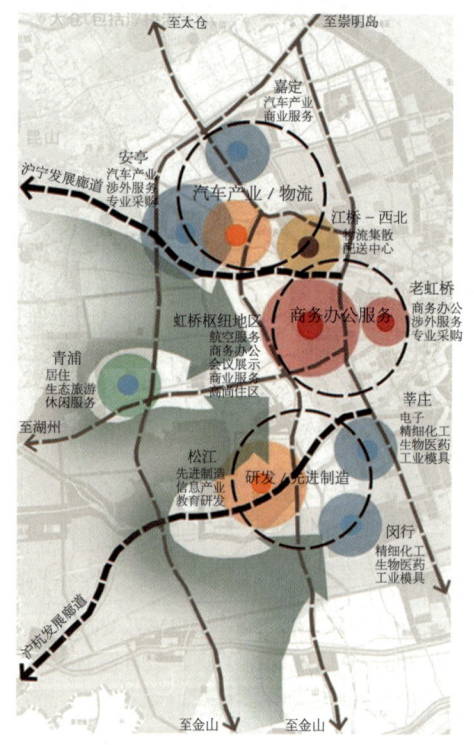

图3-16 虹桥枢纽外围土地使用

该地区发展成为新的现代服务业和产业集聚区,进而成为上海服务于长三角的交通纽带、经济桥梁和城市节点。枢纽内部和外部(主要是西区)在商业、服务业和产业开发方面具有详细规划。西区开发土地面积为371万 m^2,设有商业办公、金融、文化娱乐、教育科研、仓储物流等功能区。虹桥综合交通枢纽在发展商务、贸易、金融等服务业,提高上海对长三角乃至全国的服务能力方面具有难以估量的作用。

"协同发展、共赢共荣"的思想,使上海机场与周边区域只存在物理界限,功能上已完全融为一体,实现了相互依存、相得益彰,从而将上海机场的可持续发展提升到了新的水准和境界。

航 空 港 规 划 丛 书

第 4 章

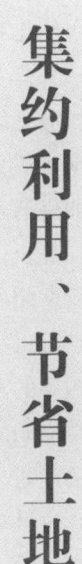

集约利用、节省土地

土地资源是不可再生的稀缺资源，节约用地事关国计民生和社会稳定。我国的基本国情是人多地少，人均土地占有面积只有世界人均水平的三分之一，人均耕地面积不足世界人均水平的三分之一。近年来，随着我国人口的增加，随着基础设施和房地产建设的快速发展，我国土地资源供需矛盾日益尖锐。

任何交通设施都要占用土地。公路、铁路在其沿线要占用大量土地，影响范围波及沿线数百甚至上千公里的广大地域。公路、铁路穿越耕地，造成耕地破碎化，影响耕种与管理，削弱甚至破坏农田排灌系统。公路、铁路的建设、运行都将在沿线造成巨大环境影响，包括噪声、大气污染、水土流失和景观破坏等。与铁路、公路相比，民用机场具有占用土地资源少的显著优势。如果通过集约利用能进一步减少机场建设用地，则这一优势将更为彰显。机场土地占用少，其负面环境影响，如噪声、大气、水文和住宅、企事业单位搬迁也将减少，这正是我们所期望的。

"通过选址而不占或少占良田、减少拆迁，通过合理规划而集约利用、节省土地"是可持续发展机场"资源节约"的重要内容。从浦东一期工程开始，上海机场就高度重视土地资源的节约和有效利用，提出了土地使用规划六原则，即：①节约用地、用差地；②功能分区为主，行政分区为辅；③一次规划、分期开发；④保证良好的飞行环境；⑤提高土地效益；⑥土地有偿使用。通过卓有成效的探索、实践，上海机场在土地资源节约方面结出了丰硕成果、积累了丰富经验。

4.1 集约虹桥、世界领先

4.1.1 机场土地利用的集约程度评价指标

为便于衡量机场土地利用的集约化程度，特提出以下五个评价指标。

指标1——单位占地面积年旅客吞吐量（人次/km²）；
指标2——单位占地面积年货邮吞吐量（t/km²）；
指标3——单位占地面积年起降架次（架次/km²）；
指标4——单位占地面积机位数（个/km²）；
指标5——单位占地面积近机位数（个/km²）。

上述指标分别从表征机场总体客运能力的年旅客吞吐量、表征机场总体货运能力的年货邮吞吐量、表征跑道运输能力的年起降架次和表征机坪运输能力的机位（包括近机位）数量等四个方面来衡量对应的土地占用需求，进而评价机场的土地利用集约度。

4.1.2 西区扩建前虹桥机场土地利用评价

西区扩建前，虹桥机场占地面积为 4.47 km²，飞行区等级指标为4E，可供 B747-400 及以下机型使用；跑道1条，长3 400 m、宽57.6 m。由于受南端净空超障因素限制，跑道南端入口内移 100 m，跑道可用起飞距离（TODA）和可用着陆距离（LDA）均为3 300 m。平行滑行道位于跑道东侧，与跑道中线间距 241.5 m，长3 200 m、宽23 m，两侧各设 10.5 m宽道肩。机场有停机坪8个、货机坪1个。机场站坪约48.6万 m²，共有67个机位，其中可投入运营机位60个，包括近机位13个、远机位47个，机型组合为13E19D26C2B。机场航站楼总面积为8.2万 m²，由紧密相连的A、B两座航站楼构成，其中A楼5万 m²，B楼3.2万 m²。航站楼共有15个候机大厅、18个贵宾室和15个行李传输系统。机场货运设施分布在场区东侧，包括机场货运站、东航货运站和上航货运站三个货运站，每个货运站都设有机坪。其中，机场货运站紧邻东航站楼南侧，面积1.5万 m²；东航货运站位于跑道南端基地范围内，货运大楼建筑面积为 1.6万 m²；上航货运站位于跑道北侧基地范围内。机场飞行区、航站区和货运设施布局见图4-1。

为评价西区扩建前虹桥机场土地利用的集约化程度，以韩国仁川、德国法兰克福、美国亚特兰大和芝加哥奥黑尔、中国香港赤鱲角和广州白云6座机场作为比较对象，分别计算出各机场的土地利用指标，详见表4-1。

通过表4-1数据可以看出，上海虹桥机场在西区扩建前，指标1、2、3、4、5与其他6座国内外机场相比的排序分别为1、4、2、1、7。根据上述排名，虹桥机场扩建前在"指标1——单位占地面积年旅客吞吐量""指标3——单位占地面积年起降架次"和"指标4——单位占地面积机位数"三个方面具有明显优势。由于参与对比的均为世界公认的国

表 4-1 虹桥机场与国内外典型机场的土地综合利用率比较（2007 年数据）

序号	机场名称	机场占地面积（km²）	近机位数（个）	总机位数（个）	年旅客吞吐量（人次）	货邮吞吐量（t）	年起降架次（架次）	人次/km²	指标1 排序
1	韩国仁川	11.74	44	88	31 227 897	2 555 581	211 404	2 659 957	5(5)
2	德国法兰克福	19	154	162	54 161 856	2 168 915	492 569	2 850 624	4(4)
3	美国亚特兰大	19	179	179	89 379 287	720 209	994 346	4 704 173	2(1)
4	美国芝加哥奥海尔	31	186	186	76 177 855	1 533 503	926 973	2 457 350	6(6)
5	中国香港赤鱲角	12.55	49	77	47 042 419	3 774 191	295 000	3 748 400	3(3)
6	中国广州白云	15	46	66	30 958 467	695 093	260 828	2 063 898	7(7)
7	中国上海虹桥（扩建前）	4.472	13	67	22 632 962	388 904	187 045	5 061 038	1
8	中国上海虹桥（扩建后）	8.662	58	131	40 000 000（规划）	1 000 000（规划）	300 000	4 617 871	(2)

序号	机场名称	t/km²	指标2 排序	架次/km²	指标3 排序	总机位数/km²	指标4 排序	近机位数/km²	指标5 排序
1	韩国仁川	217 682	2(2)	18 007	6(6)	7.5	4(4)	3.7	5(6)
2	德国法兰克福	114 153	3(4)	25 925	4(4)	8.5	3(3)	8.1	2(2)
3	美国亚特兰大	37 906	7(7)	52 334	1(1)	9.4	2(2)	9.4	1(1)
4	美国芝加哥奥海尔	49 468	5(5)	29 902	3(3)	6.0	6(6)	6.0	3(4)
5	中国香港赤鱲角	300 732	1(1)	23 506	5(5)	6.1	5(5)	3.9	4(5)
6	中国广州白云	46 340	6(6)	17 389	7(7)	4.4	7(7)	3.1	6(7)
7	中国上海虹桥（扩建前）	86 964	4	41 826	2	15.0	1	2.9	7
8	中国上海虹桥（扩建后）	115 447	(3)	34 634	(2)	15.1	(1)	6.7	(3)

第 4 章 集约利用、节省土地

图 4-1 西区扩建前虹桥机场设施布局

际大型枢纽运输机场,所以有理由认定,扩建前的虹桥机场在土地集约利用方面已走在世界前列,个中规律和经验值得深入总结和借鉴。

4.1.3 西区扩建后虹桥机场土地利用评价

浦东机场于 1999 年 9 月通航后,上海形成了"一市两场"的机场布局。为确保两场可持续发展,民航总局在制订中国民航中长期发展规划时,明确提出上海机场以最终建成国际大型航空枢纽为目标,同时明确了"一市两场、一主一辅、互利互补"的功能定位,将两机场作为整体来构建上海航空枢纽。

在新的发展战略下,虹桥机场在航空枢纽结构中将发挥辅助作用,以国内点对点运营为主。为此,上海机场对 1993 年版虹桥机场总体规划进行了修编,形成了 2005 年版总体规划(图 3-3)。这一规划方案,不仅能满足虹桥机场远期航空运输需求,还开创性地提出了虹桥综合交通枢纽的建设,为在上海实现多种交通方式的融合、联运奠定了基础。

2005 年版虹桥机场总体规划中的机场用地面积约 8.66 km^2,其中包括现有用地面积 4.47 km^2 和新增规划用地 4.19 km^2。与 1993 年版总体规划相比,用地面积进一步减少。新的虹桥机场土地使用结构规划如图 4-2 所示。

由表 4-1 可知,虹桥机场西区扩建后,指标 1、2、3、4、5 与其他 6 座国内外机场相比的排序分别为 2、3、2、1、3。可见,虹桥机场扩建后在"指标 1——单位占地面积年旅

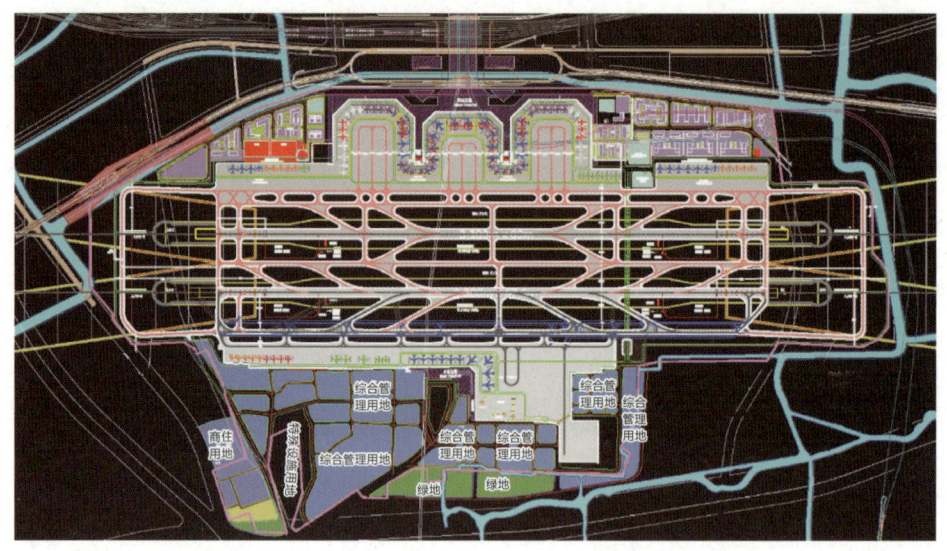

图 4-2　虹桥机场土地使用规划

客吞吐量""指标 2——单位占地面积年货邮吞吐量""指标 3——单位占地面积年起降架次""指标 4——单位占地面积机位数""指标 5——单位占地面积近机位数"五个方面的排名，与其他 6 座机场相比均跻身前三名之内。其中，指标 3 和指标 4 的排名维持不变，指标 1 的排名由第一降为第二，指标 2 的排名由第四升为第三，指标 5 的排名由第七升为第三。

4.2　选址浦东、围海造地

4.2.1　一市两场、选址浦东

在确定浦东机场场址之前，上海机场集团曾面临再建机场和只对虹桥机场进行扩建两种选择，但最终确定了再建机场方案。这是因为虹桥机场很难寻求大规模扩充空间。机场西侧紧贴城市铁路外环线，东侧是城市道路外环线，机场南、北两端地区城镇化发展迅猛，机场扩建后会给城市带来严重环境影响，勉强扩建难以持续发展。

新机场如何选址，既要考虑民航机场所需要的交通地理、气象、空域等条件，更应适应上海作为国际大都市的未来发展需要。上海地区原有四座机场——虹桥国际机场、江湾机场、大场机场和龙华机场。单从空域情况看，寻找第二机场的场址已十分困难。一般情况下，为保证两座相邻机场安全运行，机场间距须在 30 km 以上。鉴于此，第二机场肯定不能在上海市西部选址，因为以上四座机场均在黄浦江以西，且虹桥机场已经位于上海西部。由于城市建设的快速发展，加之机场运行后的航空噪声影响等问题，上海市的南部、北部同样不适合建设机场。而位于上海市东部的浦东地区刚刚开发，是进行上海第二机场建设的唯一合理区位。选址浦东，在上海机场建设史上可谓"一招得法，满盘皆活"，是值得浓墨重彩予以褒扬的重大决策。

首先，避免了对寸土寸金的市区土地占用，使上海市区发展赢得了宝贵的土地资源，对合理配置上海土地资源结构、优化城市布局起到了难以估量的作用。由于不在市区建设机场，也就规避了市区居民、企事业单位动迁，规避了机场运行后的各种负面环境影响。

第二，使上海市最终形成了"一市两场、东西呼应、功能互补"的民用航空运输机场格局，为上海机场发展战略的实施，为"构建完善的国内国际航线网络，成为连接世界各地与中国的空中门户，建成亚太地区核心枢纽，最终成为世界航空网络的重要节点"奠定了设施基础。

第三，场址区域具有位置滨海、尚未城市化、人口密度低、空域开阔、非良田（盐碱地）等诸多适合机场建设与发展的特点，可大大削减机场建设在搬迁移民（移民搬迁人数仅为 11 740 人）、环境影响方面的压力，同时也使新机场具有了真正意义上的可持续发展空间。临海区位使浦东机场具备了"出海口"和"永久的发展端"，场区未来用地有了可靠保障，且不再依赖于城市土地供给。

4.2.2 场址东移、围海造地

上海市人多地少、耕地紧缺，随着城市经济、建设快速发展，许多重大基础建设项目及重要工业基地开始向沿江、沿海地区迁移。与此同时，上海城市化范围也迅速向郊区和农村扩展，耕地面积进一步减少。多年来，上海始终将保留一定数量的农业用地作为一项重要原则，并采取了多种措施。秉承可持续发展理念，上海浦东机场建设者在规划之初就制定了场址选择的条件，即：

① 足够的面积，最少的拆迁量，尽可能减少对社会生活的影响；

② 与城市规划、环境相协调，最大限度减少航空噪声对居民区的影响；

③ 空旷的净空条件以确保飞行安全；

④ 水、陆交通通畅，便于客货流量集疏；

⑤ 气象、水文、地质条件有利于机场建设与运行安全。

1986年上海城市总体规划是将机场规划在浦东蔡路地区。1992年上海城市总体规划进行修订，将机场场址确定于原川沙县城东南的江镇乡一带。后经地质勘探发现，该场址北部有死火山口，遂又将机场场址南移4.8 km。1995年在对浦东机场建设进行环境影响评价时，专家提出了机场建设对候鸟的影响问题。本着既有利于长远发展和保护候鸟等野生动物，又要保障机场飞行安全的原则，通过对场址附近生态环境、河口水文、海洋生物等多方面的综合研究，最终确定了在场址东侧海滩围海造地的方案。这样做势必破坏鸟类栖息、迁徙所依赖的沿海滩涂。为此，经多方论证，建设指挥部又相应采取了"九段沙种青引鸟"生态保护方案，将原来在沿海滩涂活动的候鸟吸引到不远处的小岛——九段沙上，从而达到了"保证机场运行安全、保护候鸟活动自由"的双赢目的。通过对防汛排水、场区地势、一期及二期工程衔接和工期规划等多方面的综合考虑和论证，又进一步将机场场址东移700 m，避开了人口稠密的望海路，进一步减少了占地，使5 000多户居民免受动迁之苦，保持了现有社会环境，赢得了更为充裕的一期工程建设时间，同时大大减少了机场噪声等环境影响。场址东侧海滩的自然淤积还为远期机场扩建工程储备了土地资源，从而进一步少占场址西侧的优质农田。最终的浦东机场场址位于浦东新区施湾乡、江镇乡和南汇区祝桥乡、东海乡的滨海地带，场区南北长约8 km、东西平均宽约4 km，与上海市中心人民广场直线距离30 km，与虹桥机场直线距离40 km。据测算，通过场址东移和围海促淤，形成机场场区土地面积约8 km^2，这也就意味着两项举措的实施在机场建设中共节约近8 km^{2}的土地资源。与征地相比，节约建设投资20亿元。

在"场址东移、围海造地"过程中，机场建设者们在纷繁复杂的自然环境和社会环境条件下，本着严谨求实、务求实效的科学精神，妥善处理了人与自然、开发与环境、安全与经济等复杂关系，通过巧妙利用特定自然条件与机场建设、运行的时空关系，在保护生态环境、水文环境、野生动物，节约资源，保证机场工程建设和未来运行安全等多个方面形成了良好平衡，体现了人与自然的和谐。"场址东移、围海造地"所带来的8 km^{2}的节地效益，对土地稀缺的上海不啻一份厚礼，成为我国机场建设节约土地资源的著名案例。

4.3 近距跑道、彰显奇效

对于航空运输繁忙的大型多跑道机场,采用近距平行跑道可显著减少机场占地。近年来,近距跑道的节地优势越来越引起人们的重视。

近距平行跑道,其中心线间距通常在 700 ft(213 m)至 2 500 ft(762 m)之间。目前,世界上有很多大型机场出于不同原因和情况,采用近距平行跑道系统。例如,德国法兰克福美茵机场,美国西雅图机场、旧金山机场、亚特兰大哈斯菲尔德机场,韩国仁川机场等。

上海浦东和虹桥两座机场,在总体规划中,综合考虑机场的功能定位、未来发展和面临的实际情况,在近距平行跑道规划和运用方面已经走在了民航业界前列。浦东机场一、三跑道是国内首次规划设计并投入运行的非独立平行近距跑道,2020 年 3 月投入运行的虹桥机场两条平行跑道,则为目前国内间距最小的平行跑道。

4.3.1 浦东近距离跑道节地效益

机场构型在很大程度上是由飞行区构型决定的,而飞行区构型主要取决于跑道系统构型。跑道系统构型对于机场占地面积、运行效率、运行安全、机场容量和持续发展具有最重要的影响。浦东机场总体规划,经历了 1996 年版和 2004 年版两个版本。规划方案的演变,主要围绕跑道构型优化而展开。图 4-3 是 1996 年版至 2004 年版跑道构型的演进过程。图 4-3(a)是 1996 年版总规跑道构型,图 4-3(b)、(c)、(d)、(e)则是中间曾提出过的一些典型方案,而最终确定的跑道构型为图 4-3(f),其具体几何构型和尺寸详见图 4-4。图 4-4 的最终跑道构型方案,是在综合考虑了跑道容量与需求匹配,空中与地面运行的效率、安全性和可能性,不同工期之间的时间衔接等多种因素后确定的,是多方面权衡和优化的结果。方案在土地资源节约方面的优势主要体现在以下三个方面。

首先,从机场远期总体规划方案可以看出,机场未来主要是向东发展,包括二跑道、四跑道和五跑道,均在机场东侧。向东发展,意味着机场未来扩充主要是向大海要土地,而不再需要占用宝贵的浦东新区土地资源。

第二,机场采用两组间距分别为 460 m 和 440 m 平行近距跑道,实行非独立平行进近,这在国内尚属首创。两组近距跑道大大减少了平行跑道之间不可利用的土地面积,节地效

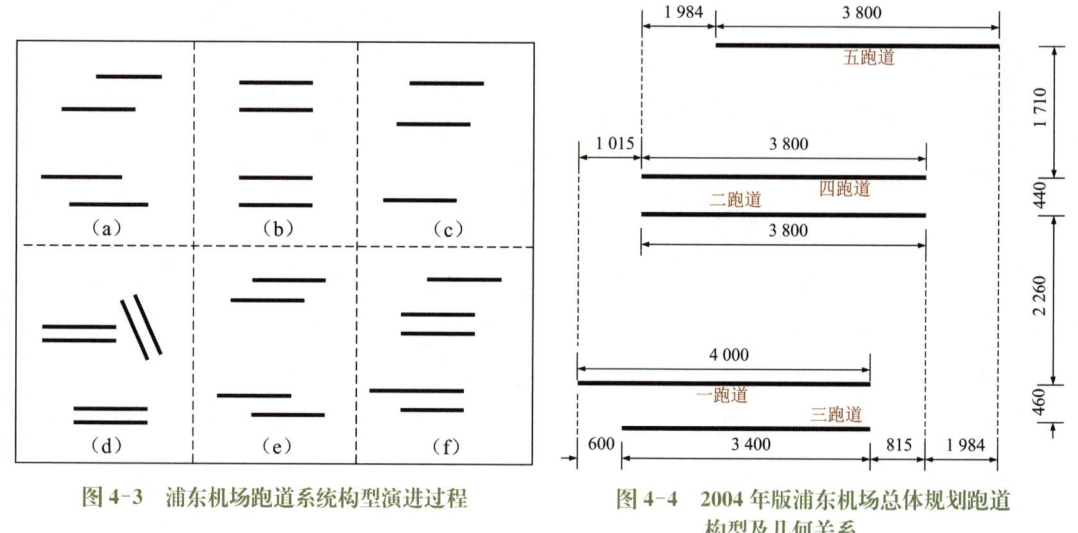

图 4-3 浦东机场跑道系统构型演进过程　　图 4-4 2004 年版浦东机场总体规划跑道构型及几何关系

果显著。

第三，将一、三跑道间距由 1996 年规划的 520 m 经论证压缩至 460 m。压缩间距所带来的好处：①从节地角度而言，进一步减少了机场建设对浦东新区（机场西侧）的土地占用，也减少了一、三跑道之间无法利用的土地面积（与压缩前相比至少减少占地 0.24 km²）；②避免三跑道横跨沙脚河两岸，有利于跑道地基处理，满足了导航台站的场地要求（一、三跑道的间距没有进一步压缩，就是因为要避开这条沙脚河）；③有利于增加机场西货运区用地；④减少了三跑道着陆飞机的滑行距离。

4.3.2　虹桥机场近距跑道节地效益

虹桥机场的近距平行跑道规划方案更为大胆。在一定程度上，虹桥机场近距平行跑道已在规划上达到了极致。

虹桥机场总体规划的最终形成经历了漫长的历史演变。早在 20 世纪 60 年代，周恩来总理就曾指示要为虹桥机场未来发展建设留有充分余地。据此，虹桥机场在 1964 年扩建为国际机场时，在现跑道西侧 1 500 m 处规划了一条平行跑道。1993 年在编制《上海虹桥国际航空港总体规划》时，确立了以机场为主的多功能综合性国际航空港定位，布局结构为"一场、一区、一圈及一个中心"，即东面是具有两条远距离平行跑道的机场，西面为综合开发区，周边为绿地圈，机场东侧设旅客公共活动中心。平行跑道间距增加为 1 700 m，现跑道规划长 3 600 m，新跑道规划长 4 000 m。

但是，自 20 世纪 90 年代以来，虹桥机场周围地区城市化发展迅速、建设频仍，原机场规划发展区已被众多建筑物所覆盖，如果按原方案实施，势必引发大规模动迁，其社会影响难以想像。鉴于此种情况，远距跑道建设已基本不具实现可能性。另外，虹桥机场运行的负面环境影响，特别是航空噪声影响，已在机场周边区域公众中引起了强烈反响。对处于市区的虹桥机场来说，如果进一步增大占地，势必进一步扩大、加剧机场负面环境影响，有悖于绿色发展和可持续发展的理念。

2005 年，为适应上海市新的发展战略以及配合虹桥综合交通枢纽建设，考虑到虹桥机场周边的现实社会状况，上海机场集团又对原总体规划作了修编，形成《上海虹桥国际航空港总体规划（2005 年版）》。新规划中，机场总占地面积约 9.4 km^2。机场飞行区，原跑道（东跑道）维持现状，在东跑道西侧新建一条长 3 300 m、宽 60 m 的近距平行跑道，两跑道间距为 365 m。运行采用"一起一降"模式。最终的虹桥机场总体规划如图 4-5 所示。根据论证，如此规划的虹桥机场完全能够满足未来每年 4 000 万人次旅客吞吐量、30 万起降架次的航空运输需求。

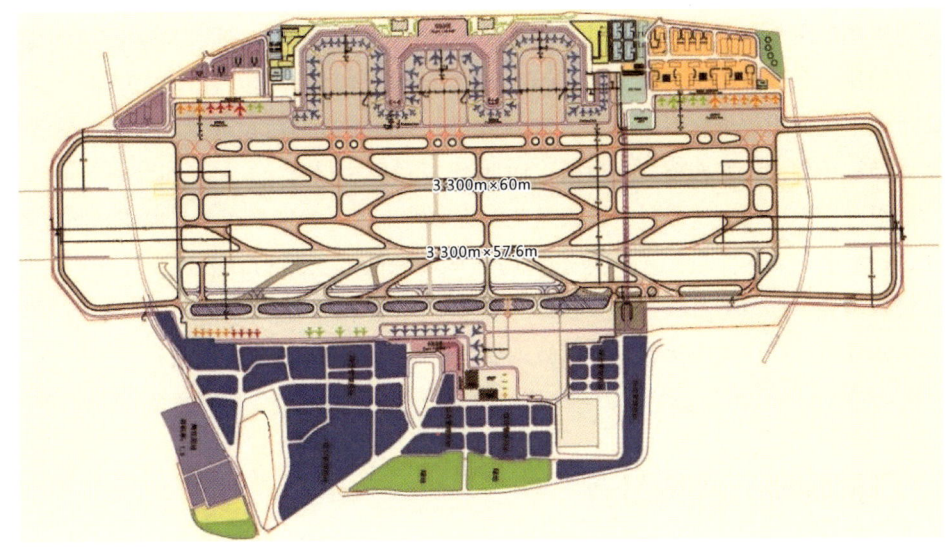

图 4-5 虹桥国际机场总体规划

虹桥机场东西跑道中心间距为365 m，这在我国机场规划、建设中绝无仅有，即使与采用近距平行跑道构型的著名国际机场相比，这一间距也名列前茅。图4-6 为国内外典型近距平行跑道构型机场的跑道间距情况。由图可见，虹桥机场跑道间距仅次于美国亚特兰大机场，在跑道间设平行滑行道的近距跑道，采用仪表进近程序的机场中则间距最小。

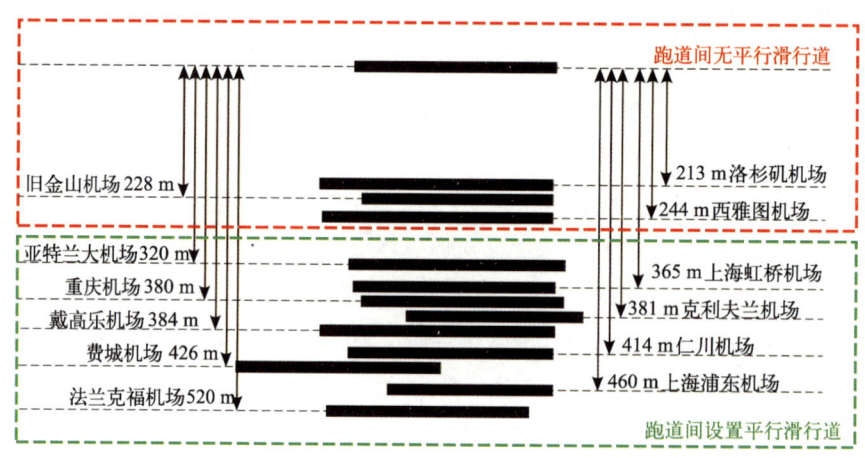

图4-6　国内外典型近距平行跑道机场的跑道间距

虹桥机场近距平行跑道方案，具有显著的节地效果。根据初步测算，与1993年版总体规划方案相比，总计节约土地资源约8 km²。这样，虹桥机场扩建以后的单位土地运能，包括单位土地占用面积的旅客吞吐量、货邮吞吐量、起降架次、机位数量和近机位数量与国际著名大型机场相比，均在前三位以内（详见表4-1）。可以肯定，虹桥机场将为我国未来众多的近距平行跑道构型机场建设提供示范，将极大地提升我国近距平行跑道机场的规划、建设和运行水平，从而使近距平行跑道节约土地资源的社会效益在全国发扬光大。同时，我们还要认识到，近距平行跑道不仅使虹桥机场在土地集约化利用方面成为标杆，同时也将使机场在环境友好、地面运行效率和减少航空器滑行距离等诸多方面上升到新水平。

4.4　门位转换、机位组合

所谓"门位转换"是指只需要换一下登机口门位，同一个机位就既可以给国际航班使用,又可以给国内航班使用。在浦东机场,最早的可转换机位是一号航站楼正中间部位的四个机位,它们是可以在国际和国内之间转换使用的。后来机场方发现这四个可转换机位被用于"国际线的国内段"航班非常合适。由于一号航站楼中这些可转换机位是在平面上解决转换问题的,而旅客流程在空间上是混流的,只能靠时间上分离,所以不可能规划太多这样的可转换机位。随着运营规模的扩大,浦东机场对这种可转换机位的需求越来越大。

这种可转换机位的需求很大有两个原因。第一个原因是浦东机场国内航班早上一个高峰、中午一个高峰、晚上一个高峰;而国际航班是上午一个高峰、下午一个高峰。通常是国内航班高峰之后接下来就开始国际航班的高峰;随后又是国内航班的高峰……这样就产生了一个问题,如果国内国际近机位严格分离的话,就会造成国内高峰的时候国际机位较富余,国际高峰的时候国内机位较空闲,造成机位资源利用不充分。第二个原因是所谓"国际航班国内段"的飞机,对可转换机位有很大的需求。因为这类航班的飞机从境外飞抵浦东机场后,可以停在可转换机位上不动,待下完客后,就可改成国内航班上客。这样一来,从境外飞来在浦东机场经停的旅客,可以在航站楼内完成中转流程后,与国内航线的旅客一道从国内层的登机桥固定端登机。

于是,浦东机场二号航站楼就采用了"三层式"航站楼方案,规划设计了26个有两个固定端的可转换机位。这26个可转换机位在使用后非常受航空公司欢迎,且这种可转换机位的年旅客处理量和站坪的使用效率大大提高。所以在基地航空公司一再要求下,浦东机场卫星厅又规划设计了40个这种可转换机位。卫星厅的设计依然采用三层式航站楼方案,国际到达层放在国内混流层的下面(图4-7,黄色实线为国际出发、蓝色虚线为国际到达、

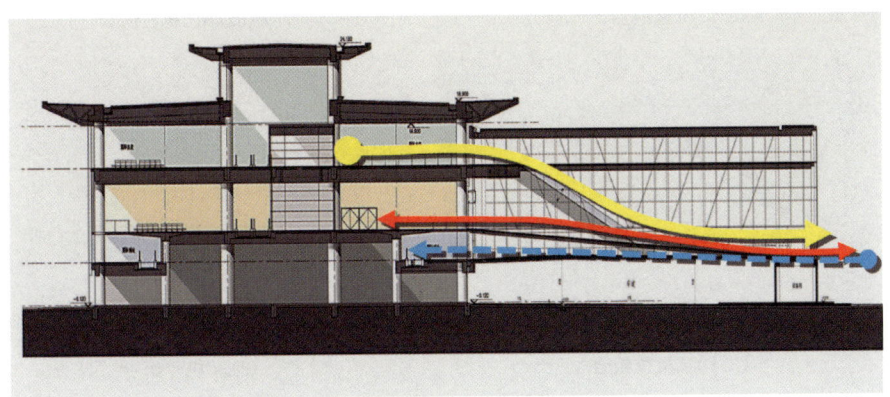

图4-7 三层式的浦东国际机场卫星厅剖面

红色实线为国内混流)。这种布置比二号航站楼的"三层式"方案更加经济合理。

站坪规划是按可行性研究报告的预测机型构成来布置的。但是,机场运行期间机型的构成关系实际上是动态变化的。一般情况下,大型机场刚开始的时候小飞机比较多,后续机型会逐步变大。以虹桥机场为例,其在扩建工程完成初期 C 类飞机占到 70% 左右,但是航班时刻资源是有限的,要提高机场的运输量只能是改用大机型。近些年来虹桥机场的航班量没有增加,但旅客量还在增加,就是因为飞机越换越大了。这样一来,机场原来的站坪机型组合就不对了,原来有 70% 的 C 类飞机,现在就变成 60% 了,甚至 50% 都是 E 类飞机了。这就要求机场对机位进行调整。如果机场在站坪规划建设时没有这方面的预先考虑,调整起来就很困难。因此,机场可以规划把两个小飞机机位变成一个大飞机机位的方案,或者把三个小飞机机位变成两个大飞机机位的方案。比如,把 3C 机位变成 2E 机位,把 1D2C 或者 2D1C 机位变成 2E 机位。这样一来,同样的站坪空间就可以有四种机位组合(图 4-8),因而只需要增加少量固定端就可以大大提高站坪资源使用率和土地使用率。

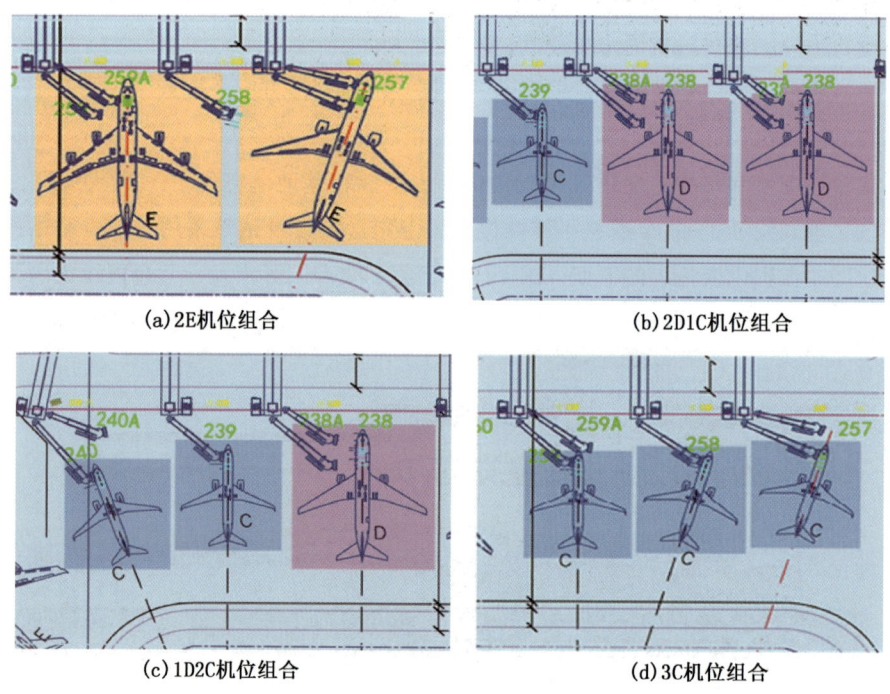

图 4-8 组合机位的四种组合方案

第 4 章 集约利用、节省土地

虹桥机场二号航站楼就布置了 8 处这样的组合机位（图 4-9），而浦东机场卫星厅布置了大量组合机位和可转换机位（图 4-10）。其实，随着运行管理水平的进一步提高，机场还可以在运行期间根据需要随时调整这些组合机位的使用模式。

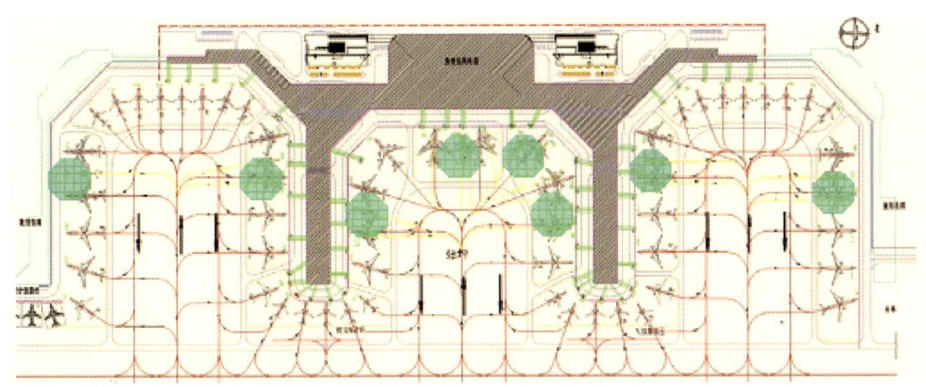

图 4-9　虹桥机场西站坪组合机位布点

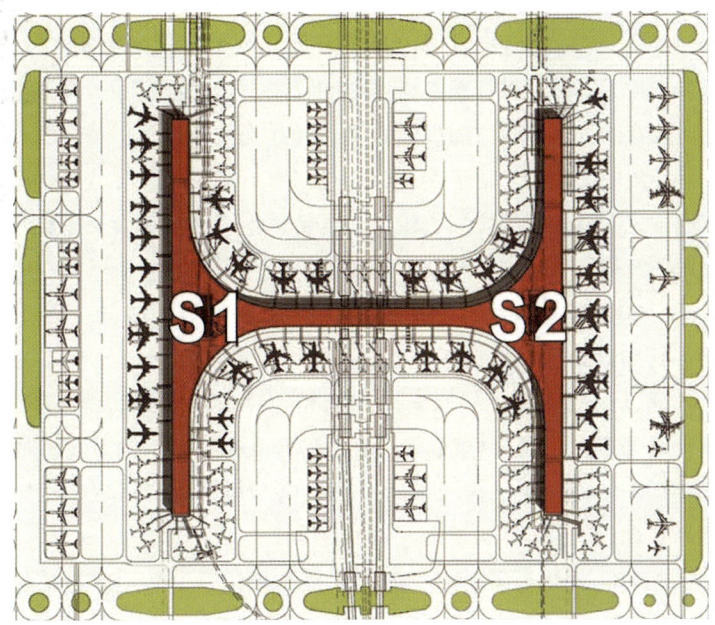

图 4-10　浦东机场卫星厅的可转换机位和组合机位

4.5 交通枢纽、集约典范

4.5.1 虹桥综合交通枢纽由来

以上海为龙头的长三角地区,是我国经济最发达的地区之一,也是交通运输周转量最大的地区之一。长三角地区强劲的人流、物流需求,快速拉动着该地区交通基础设施的建设与发展。上海市在近30年的交通设施规划中,早已将目光从上海市扩展到长三角;在不同类别的交通设施规划中,也更多地从综合交通的视野来筹划和布局。虹桥综合交通枢纽的诞生,正是上述两个方面的生动写照。

虹桥综合交通枢纽的设想,最早在"磁浮863计划"中被提出。计划公布时,上海机场集团正在进行"上海航空枢纽发展战略"研究,并提出了"超越航空、超越上海"的重要理念,其精神实质就是机场的建设与发展,不能仅仅局限于航空运输,必须考虑综合交通的相互作用和影响;不能仅仅局限于机场所在地,还要放眼更大的辐射区域。根据"上海航空枢纽发展战略",虹桥机场将以国内点到点运营为主,浦东机场将以枢纽运营为主;两座机场都应以长三角为服务区域。正是在这样的背景下,磁浮交通、高速铁路和航空运输找到了交汇点,比较全面的"综合交通枢纽"概念开始形成。另外,浦东机场二期工程"一体化交通中心"已经集成了磁浮、轨道交通、长途汽车、机场巴士、线路巴士、社会车辆和出租车等多种交通方式,其成功的规划、建设和运行也为"虹桥综合交通枢纽"的规划建设注入了信心、积累了经验。考虑"上海航空枢纽发展战略",同时结合"虹桥综合交通枢纽"的规划,虹桥机场在2005年总体规划修编时,取消原来规划的1 700 m远距平行跑道,而改为365 m的近距平行跑道,这样便在机场西面腾出了大约8 km² 的土地,为综合交通枢纽提供了十分宝贵的建设用地资源。与原来的规划相比,新规划将高铁站从七宝移至虹桥,并与航站楼、磁浮站等集成为交通枢纽,对改善上海市的城市结构大有益处。因为本来虹桥机场南北向的跑道一定程度上已构成了对上海西部与城市中心区联系的阻断,七宝建站将会进一步使阻断长度延长。

2006年1月,上海市规划局向上海市政府正式上报虹桥枢纽地区的结构规划并获得批复,至此虹桥枢纽地区的法定规划方案形成,枢纽建设步入正轨。在此基础上,虹桥综合交通枢纽指挥部和上海市规划局通过深入研究,又做出了系统的土地利用要素规划。以此为基础，综合交通枢纽设计工作全面展开。同时，枢纽地区控制性详细规划出台，明确了虹桥综合交通枢纽地区每一块土地的使用性质和开发强度。

4.5.2 虹桥综合交通枢纽简介

图 4-11、图 4-12 分别为虹桥综合交通枢纽设施布局图和建筑布局效果图。交通枢纽地区用地面积为 26.26 km^2，主要交通设施由机场航站楼、铁路车站、磁浮车站和东、西两个交通中心（公交换乘）、车库、停车场等组成。

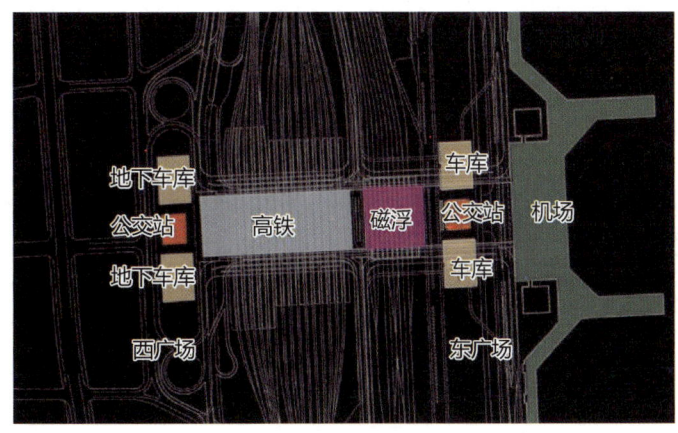

图 4-11　虹桥综合交通枢纽的设施布局

虹桥综合交通枢纽按日处理旅客 110 万人次进行设计。其中，虹桥机场二号航站楼 25 万 m^2（设计能力为年处理旅客 3 000 万人次）；东交通中心 28.6 万 m^2，其中停车楼 13.9 万 m^2，商业、餐饮 4.5 万 m^2；磁浮车站 16.6 万 m^2，其中办公楼 3.2 万 m^2；高铁车站 28.9 万 m^2，其中商业、餐饮 2 万 m^2；西交通中心 17.4 万 m^2，其中停车楼 15.5 万 m^2。

铁路车站设 30 股道，其中 10 股为城际铁路使用，20 股为高速铁路使用；磁浮设 10 股道，供城际线和机场快线使用；轨道交通 5 条线，在枢纽两侧设东、西两站，东站主要为机场和磁浮服务，西站主要为铁路和地区开发服务；设备类巴士线路 40～60 条；设置社会车辆、出租车、巴士等停车设施（停车场、停车楼），停车位总计 10 000 个左右。

综合交通枢纽集成了民用机场、高速铁路、城际铁路、城际磁浮、机场间磁浮、高速巴士、地铁、汽车（包括长途汽车、公交汽车、出租车、社会车辆）等多种交通设施和交

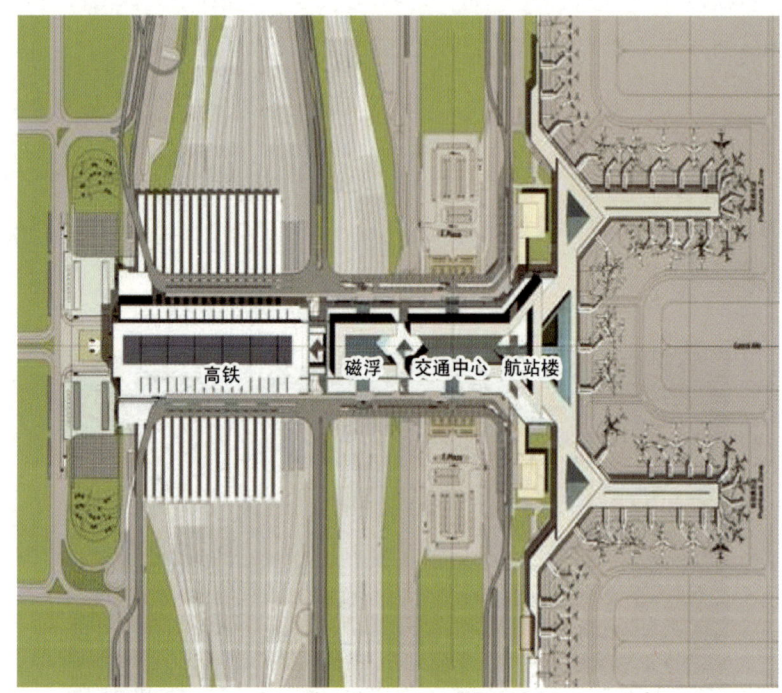

图 4-12 虹桥综合交通枢纽建筑布局效果图

通方式,并可便捷地实现各种交通方式的换乘乃至联运。交通枢纽涵盖交通方式之多、处理交通人流之复杂堪称世界之最。上海虹桥综合交通枢纽的规划、设计和运行,是中国综合交通发展的最新成就之一,是具有里程碑意义的事件,也是中国对世界综合交通发展的贡献。

4.5.3 交通枢纽的土地集约化利用

虹桥综合交通枢纽所带来的社会效益和经济效益是多方面的,其在促进区域经济发展、加速综合交通成长、满足人们交通出行和社会交流需求、提高长三角人流物流效率等诸多方面的积极作用是难以估量的。以下仅从交通设施建设的土地集约化利用角度来分析交通枢纽建设所具有的巨大社会效益。

综合交通枢纽的建设,为虹桥机场打造集约化、综合型、可持续的陆侧交通奠定了基础。众所周知，民用机场空中运输必须依赖于地面陆侧交通的有效集散。畅通、高效的陆侧交通，是民用机场高效运行和航空业务量可持续增长的必要条件。综合交通枢纽使上海虹桥机场彻底摆脱了传统意义上的陆侧交通模式，高铁、城铁、地铁、磁浮和汽车都被接入机场，使虹桥机场具备了其他机场难以匹敌的陆侧交通条件，为虹桥机场带来源源不断的远近客源，大大提升了机场的服务辐射范围。如果没有交通枢纽，机场要想接入如此多的交通方式是难以想像的。如果分期、分散接入，其结果将使机场陆侧交通的集约化程度大大降低，占用土地面积翻倍增长，不同交通方式之间难以形成快捷、高效的衔接。另外，由于浦东机场城市航站楼纳入枢纽和两机场之间建立了有效的交通衔接，也相当于将集约特征传递给了浦东机场。

虹桥综合交通枢纽在 26.26 km^2 的土地上实现了如此多种的交通方式、载运工具的交汇、融合，达到了前所未有的土地利用集约化程度，其成功的原因主要得益于以下八个方面。

(1) 得益于枢纽规划建设者们具有战略、发展眼光的准确功能定位，即"超越航空、超越上海和辐射长三角"。

(2) 得益于正确的选址。由于虹桥地区位于上海市西部，为沪宁、沪杭两个交通主轴在上海的交汇点，乃是上海建立面向长三角门户的最佳位置；此外，虹桥地区拥有良好的交通条件，民航、公路、高速公路、铁路、高速铁路、城际铁路等一应俱全、格局紧凑，无需再为了配合枢纽建设而在其周边进行大规模配套设施改造。总之，优越的交通区位、良好的交通基础，形成了虹桥地区作为综合交通枢纽场址的无可争议地位。

(3) 得益于对综合交通"势"和"时"的准确把握。就大都市的交通发展而言，综合交通是未来发展的大势所趋，而具体到何时实施、怎样实施，则必须审时度势，密切结合城市的经济、建设和战略发展情况。正是在看准了趋势、抓准了时机的情况下，虹桥综合交通枢纽得以顺利实施。枢纽的规划建设者们从一开始就着眼于多种交通方式的整合与统建。如果沿袭过去的做法，铁路、公路、民航、城市交通各自为战、条块分割，结果必然是高铁车站、磁浮车站和机场航站楼"三国鼎立"、井水不犯河水，占地面积必将数倍于目前的规模。综合交通框架下的统一规划、统一建设，为实现建设用地高度集约奠定了基础。

(4) 得益于规划建设者们"集约换集约"的开阔思路。在上海这样历史悠久的大都市，特别是大都市腹地进行基础设施建设，其最大的难度在于如何处置建设所带来的动迁难题。

面临纷繁复杂的社会环境和利益关系，规划建设者们采用"集约换集约"思路成功破解了这一难题。通过将虹桥机场跑道间距大幅压缩而腾出土地，再将其投入到高度集约化的枢纽建设，从而大大减少了基础设施建设对社会和自然环境的影响；通过航站楼集约化设计及其与交通枢纽的有机整合，通过机场航站区各种小型建筑的集中整合，进一步压缩了机场占地。上述种种措施均使规划和建设中的集约化效益实现了良好的传递和扩大。"集约换集约"的思路将在城市规划，特别是城市交通设施规划中起到重要的示范作用。

（5）得益于"公交优先"的先进理念。依靠公共交通进行旅客集散，是虹桥综合交通枢纽设计的重要指导思想。例如，在枢纽设计中，对承担了公共交通大约70%运量的地铁交通作了详细周全的考虑。通过具体的设计使"公交优先"进一步变为现实的"公交便捷"是虹桥综合枢纽追求的重要目标，这同时也是公交优先最终能够实现设施集约的前提条件。

（6）得益于充分彰显的"集中换乘、多式联运"的综合交通优势。交通枢纽为使旅客能方便、快捷地进行旅程衔接，在换乘和联运两个方面可谓费尽心机。为实现地铁与铁路、地铁与机场和地铁与磁浮之间的集中便捷换乘，交通枢纽在高铁车站、机场航站楼下面均设有地铁站点，将机场自助值机功能延伸到东交通中心等。尽管在我国实施"多式联运"还有很多现实困难，但虹桥综合交通枢纽在"空-铁联运""空-磁联运""空-路联运"和"多票一程"等方式上进行了多方案谋划，其建设和运行，为进行有关尝试搭建了平台。航空-公路联运、航空-铁路联运大大拓展了机场的服务范围，辐射区域内中小城市的旅客可实时看到机场航班动态，在当地购票甚至托运行李，还能通过各种便捷、快速、高频的地面交通工具抵达机场，这是一幅多么美妙、温馨的综合交通画卷！也正因为如此，长三角地区内的许多中小城市不必再在当地建设机场，其土地资源节约的社会效益和节能减排的环境效益不可估量。我们热切期待着它的成功。总之，"集中换乘、多式联运"在土地利用集约化方面的作用是"内外兼修"。"集中换乘"的作用主要体现在枢纽内部，"多式联运"则将集约的特质传达到了外部广大辐射区域。

（7）得益于枢纽建筑竖向空间的合理、充分利用。作为多种交通方式汇集、日处理旅客量巨大的综合交通枢纽，其竖向空间（包括屋顶空间和地下空间）的充分利用是减少占地面积和优化旅客流程的关键之一。通过多方通力协作和艰苦努力，交通枢纽成功确立了合理、高效的竖向布局。例如，为便于换乘，交通枢纽构建了不同层高的三大换乘通道，如图4-13所示。在 +12.000 m 层，机场、磁浮、高铁和交通中心设有完全贯通的两条换乘通道；在 +6.000 m 夹层，设有机场、磁浮和东交通中心换乘通道；在 -9.500 m 的地下一层，设有地铁、高铁的换乘通道，且通道在机场、磁浮、高铁和交通中心之间完全贯通。

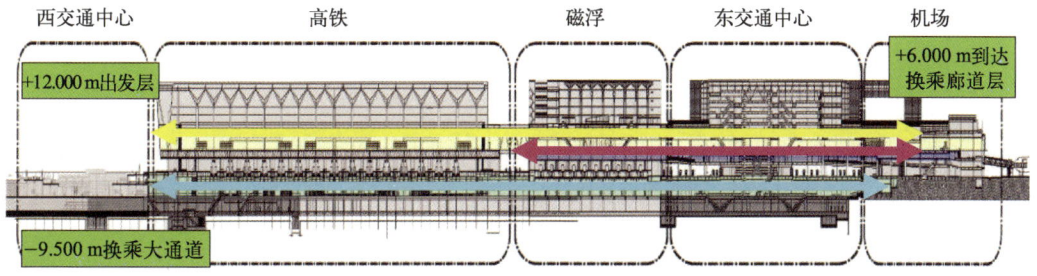

图 4-13　虹桥综合交通枢纽核心区三大换乘层

（8）得益于港产城一体化开发的规划设计思想。毫无疑问，交通枢纽首先要解决好交通问题，实现旅客的有效集散、快捷换乘。但是，当每天有百万之众的人流在这里集散的时候，其意义将远远超出单纯交通设施的概念，巨大的人流集散将带来难以估量的服务需求——包括商务、购物、餐饮、旅游等，从而使该地区发展成为新的现代服务业和产业集聚区，进而成为上海服务于长三角的交通纽带、经济桥梁和城市节点。鉴于此，虹桥综合交通枢纽的内部和外部（主要是西区）都在商业、服务业和产业开发方面作了详细规划。其中，西区开发土地面积达 371 万 m^2，设有商业办公、金融、文化娱乐、教育科研、仓储物流等功能区。多功能的规划创意极大地增加了虹桥综合交通枢纽的"附加值"，其土地利用的集约化价值也将随之大幅攀升。

航 空 港 规 划 丛 书

第 5 章

种青引鸟、生态佳话

由于环境适航的要求，机场对其周边生态环境是有选择的。对动植物生存有利的生态环境，不一定适合机场的建设与运行。因此，机场建设与运行有时必须在环境适航和环境保护之间求得良好的平衡。浦东机场一期工程中的"种青引鸟"，在保障环境适航的同时也巧妙兼顾了鸟类的生存、栖息和繁衍，堪称机场建设中的生态佳话。

5.1 安全飞行、防范鸟击

鸟是自然界飞翔的精灵，是人类的朋友，是大自然不可或缺的生物种属。鸟类在生物链、植物种群传播繁衍以及古生物、气候变迁研究中扮演着重要角色，是会飞行的活化石。

但是，从人类开始航空活动之初，鸟类就成为麻烦乃至悲剧的制造者。第一个驾机飞越北美大陆的美国人卡尔·罗杰斯，在一次飞行表演中因鸟缠住飞机操纵杆控制线而无法操控飞机，最终机毁人亡。"鸟击（Birds Strike）"已成为人类航空活动的一个可怕梦魇。随着喷气发动机航空器在民航运输机中占据主流，鸟击问题日益严峻。现代喷气式飞机速度越来越快，噪声逐渐减小，函道比逐渐增加，机场数量和机队规模都在扩展，致使每年全世界因鸟击所导致的事故、事故症候与日俱增。在民用航空非常发达的美国，根据统计平均每10万架次的鸟击次数为9.93次，鸟击和其他野生动物撞击给美国民航业平均每年造成5亿美元左右的经济损失。

鸟击能造成飞机发动机、挡风玻璃、机翼、机身等的严重破坏，见图5-1—图5-4。历史上曾发生过多起因鸟击所导致的机毁人亡恶性事件。就我国而言，根据统计，鸟击已成为民航飞行第三大事故症候。客观地讲，鸟击事故的受害者不仅仅是人类，还有鸟类。事实上，往往大多数鸟击对人和航空器没有造成伤害和威胁，但相撞后鸟几乎全部死于非命。所以，对"鸟击"的防范，既是"人道"的要求，也是"鸟道"（即保护鸟类）的要求。对

图 5-1　鸟击飞机发动机

图 5-2　鸟击飞机挡风玻璃

图 5-3　鸟击飞机机翼

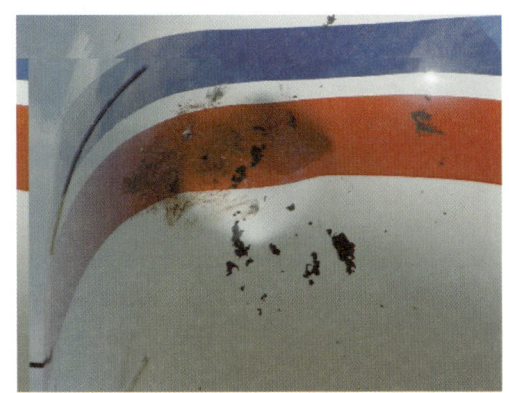
图 5-4　鸟击飞机机身

于辽阔而久远的天空,"侵入者"不是鸟,而是人类和航空器,鸟已在先于人类数百万年前就拥有了天空。防止鸟击,既保护自己,也保护鸟类,是人类不可推卸的责任和义务。

根据对鸟击事故的统计、分析和调查,人们发现 90% 以上鸟击事故发生在 700 m 高度以下,75% 的鸟击事故发生在机场附近的 305 m 高度以下,也就是说鸟击大多发生在低空。事实上,当航空器处于巡航阶段时(高度为 8 000~10 000 m),鸟击极为罕见。700 m 以下的高度,航空器往往处于脱离航线、初始进近或爬升、加入航线的飞行阶段;300 m 以下,则处于进近、着陆或起飞、初始爬升阶段,肯定在机场及其附近。因此,鸟击防范关键在于机场。机场内"飞鸟与银鹰比翼"(图 5-5)看似美妙,实则不妙。

为使机场尽可能免遭鸟击困扰,首先,机场在选址时要避开鸟类栖息或活动频繁的地域（如自然保护区、森林公园、江河湖海、滩涂等）和候鸟迁徙路线。其次，必须对机场内部环境和周边环境进行治理。由于机场地处郊外、区域封闭、人的活动较少，加之拥有大片绿地等多种原因，所以常常是鸟类喜欢光顾的地方，因此必须消除可能吸引鸟类的水源、食物源（水洼、昆虫、小动物、垃圾、植物浆果）和遮蔽场所（灌木、草丛、树木、农作物等），使鸟儿"无饭可吃、无家可依"。再次，采用视觉威慑、听觉威慑、触觉威慑、组合威慑等措施，对鸟实施驱赶。图5-6—图5-10为目前机场经常使用的驱鸟设备。

图5-5　飞鸟与银鹰比翼

图5-6　机场发声驱鸟设备

图5-7　机场驱鸟车

图5-8　机场驱鸟煤气炮

图 5-9 机场风动驱鸟装置

图 5-10 机场驱鸟用恐怖模型

浦东机场由于临江滨海、候鸟留鸟聚集,从生态环境和机场运行的角度来看,场址并不理想。如何处理鸟的问题,对机场建设者是一个严峻挑战,对于浦东机场可持续发展也是一个必须要解决好的问题。

5.2 浦东滩涂、群鸟眷顾

浦东机场场址处于滨海地带,南北长 8 km,东西宽 4 km,大部分区域为滩涂、湿地。我国东海岸是世界候鸟迁徙的主要路线之一,而浦东机场场址及附近地区恰好处在候鸟迁徙路线亚洲东部路线的西侧边缘。调查发现,此处出没的鸟类有越冬的冬候鸟,有在此地区繁殖的夏候鸟,有春秋两季迁徙并作短暂停留的旅鸟和常年生活在此的留鸟,鸟类资源比较丰富。调查记录鸟类共计 159 种,其中候鸟和旅鸟约占 85.6%,包括鹰类、鸳类、水禽类、鹬类等 59 种已发生过鸟撞飞机事故的鸟类,部分鸟类活动高度对航空器飞行具有严重威胁。浦东机场场址地区对飞行安全有一定威胁的鸟类信息统计见表 5-1。

表 5-1 浦东机场场址地区对飞行安全有威胁的鸟类

种名	体重（g）	体长（mm）	翅长（mm）	翼展度（mm）	飞行高度（m）
一、鹳形目					
1. 苍鹭	1 250～1 700	930～970	427～449	1 560	200～500
2. 白鹳	3 900～4 600	1 210～1 288	600～670	1 818	400～600
二、雁形目					
3. 小天鹅	5 500～7 000	1 170～1 280	486～544	1 625	400～1 000
4. 翘鼻麻鸭	1 061～1 308	583～600	313～341	946	150～400
5. 针尾鸭	735～845	520～639	254～268	356	150～400
6. 绿翅鸭	315～410	341～387	170～188	564	100～400
7. 绿头鸭	1 095～1 233	535～581	262～280	895	150～400
三、隼形目					
8. 苍鹰	700～825	470～540	303～314	1 358	200～800
9. 燕隼	180～265	295～310	240～257	862	150～600
四、鸡形目					
10. 鹌鹑	95～100	140～188	96～103	340	50～100
五、鹤形目					
11. 灰鹤	3 750～4 300	1 004～1 100	511～543	1 780	300～500
12. 黑水鸡	202	300～310	150～170	485	50～200
13. 白骨顶	550～650	360～375	204～210	754	50～200
六、鹳形目					
14. 蛎鹬		437～450	254～272	862	200～400
15. 凤头麦鸡	154～200	280～320	189～228	748	100～300
16. 金鸻	110～119	232～238	165～173	608	100～300
17. 灰斑鸻	174～182	296～301	196～200	706	100～300
18. 环颈鸻	45～49	169～172	110～115	363	50～250
19. 金眶鸻	32～37	160～175	110～116	370	50～250
20. 蒙古沙鸻	57～65	195～198	127～135	469	50～250
21. 铁嘴沙鸻	75～80	215～216	136～152	457	50～250
22. 白腰杓鹬	850～910	580～605	293～312	1 123	300～400

(续表)

种名	体重（g）	体长（mm）	翅长（mm）	翼展度（mm）	飞行高度（m）
23. 小杓鹬	180	302～320	183～188	645	300～400
24. 中杓鹬	310～332	384～405	226～238	834	300～400
25. 灰鹬	124～150	250～277	131～174	542	50～250
26. 青脚鹬	136～172	332～345	180～190	574	300～400
27. 红脚鹬	125～131	281～291	159～171	515	300～400
28. 丘鹬	298～305	320～370	184～210		100～300
29. 扇尾沙锥	92～115	259～271	122～127	408	300～400
30. 尖尾滨鹬	55～65	210～217	132～135	418	50～250
31. 黑腹滨鹬	60～69	190～217	114～124	380	50～250
32. 弯嘴滨鹬	50～67	195～210	120～138	416	50～250
33. 红胸滨鹬	27～32	142～160	97～103	310	50～200
34. 普通燕	80～95	235～240	185～190	596	200～300
七、鸥形目					
35. 银鸥	890～1 325	598～635	427～465	1 380	200～500
36. 红嘴鸥	232～295	360～395	280～295	902	200～500
37. 白翅浮鸥	61～71	220～250	204～210	540	100～200
38. 鸥嘴噪鸥		380～388	248～258	890	100～300
八、鸮形目					
39. 鸺鹠	1 925～2 275	600～690	400～475		50～200
40. 长耳鸮	241～250	304～365	285～307	905	50～200
41. 短耳鸮	300～360	337～374	312～318	903	50～200
九、佛法僧目					
42. 戴胜	60～65	254～294	143～150	418	50～200
十、雀形目					
43. 云雀	31～33	142～172	92～104	284	200～600
44. 家燕	17～22	161～189	113～120	386	50～450
45. 白脊鸰	19～23	174～192	81～84	263	20～300
46. 田鹨	25～34	185～190	36～84	299	50～100

(续表)

种名	体重（g）	体长（mm）	翅长（mm）	翼展度（mm）	飞行高度（m）
47. 水塘	19.5~20.5	162~171	85~91	352	50~100
48. 乌鹟	92~129	220~280	132~155	447	20~100
49. 白脸山雀	13~15	126~132	63~68	210	20~80
50. 黄胸鹀	18~22	125~134	71~76	254	50~100
51. 金翅	17~22	117~133	76~85	258	200~300
52. 麻雀	20~22	140~141	67~68	242	20~80

5.3 诱鸟离岸、生态奇计

上海机场在处理场址鸟类问题上，采取了非常审慎的态度。机场建设者将这一问题首先视为一个科学研究课题，而不是简单的工程问题，充分体现了人对自然环境的极度关怀，对机场建设环境影响的高度重视。机场建设指挥部委托上海师范大学的鸟类专家进行了为期2年的实地观察、调查，先后召开了由上海市环境科学研究院、中国环境科学研究院、国家民航总局、中国国际投资咨询公司等单位参加的专家评审会，对机场建设的环境影响和鸟类问题进行了反复论证。渐渐地，专家们在一些问题上达成共识。

首先，机场建设必须迫使大多数现有鸟种离开"家园"，这对于未来机场运行安全、防范航空器鸟击是十分有利的，也是十分必要的。浦东机场建设将占用大片沿海滩涂湿地，破坏这一地区原有的湿地植被、芦苇丛、海三棱藨草、芦苇滩带等，适合鸟类生存的湿地环境必然消失，鸟类的活动、生长、繁殖难以维持。同时，机场建设必将带动周边地区的开发，如办公、住宅、仓储、物流、航空制造、交通设施等，使广阔的自然植被、农业植被等农田林带环境被破坏，导致鸟类失去植被保护，生存环境恶化，丧失生活及栖息场所，鸟类活动受到抑制。鸟类生存环境被破坏以后，原先生存在广阔的农田林带和沿海滩涂湿地的低栖无脊椎动物及植物的种子和果实也不复存在，鸟类的食物来源严重缺乏，原先在机场地区出没的鸟类将无处觅食。此外，江镇、施湾原有的滨海地带的地形、地貌等将因机场的建设和开发而改变，生态环境亦将从农村景观转变为以城市景观为主，人口急剧增加，交通运输量迅速上升，由此带来的噪声和多种废气等种种因素将彻底破坏鸟类的生活习性，破坏鸟类生活和栖息的环境空间。上述种种原因必将使现有的多种鸟类被迫离开这一地区，鸟类种群数量将明显减少。

第二，本着人与自然和谐相处、保护机场周边生态环境和野生动物的精神，在建设机场的同时，必须要为原来在此栖息、驻留的鸟类再造家园。

第三，处于长江口距场址 11 km 的天然小岛九段沙（图 5-11），可以考虑作为再造鸟类家园的处所，但要对其可行性做进一步的调查和论证。

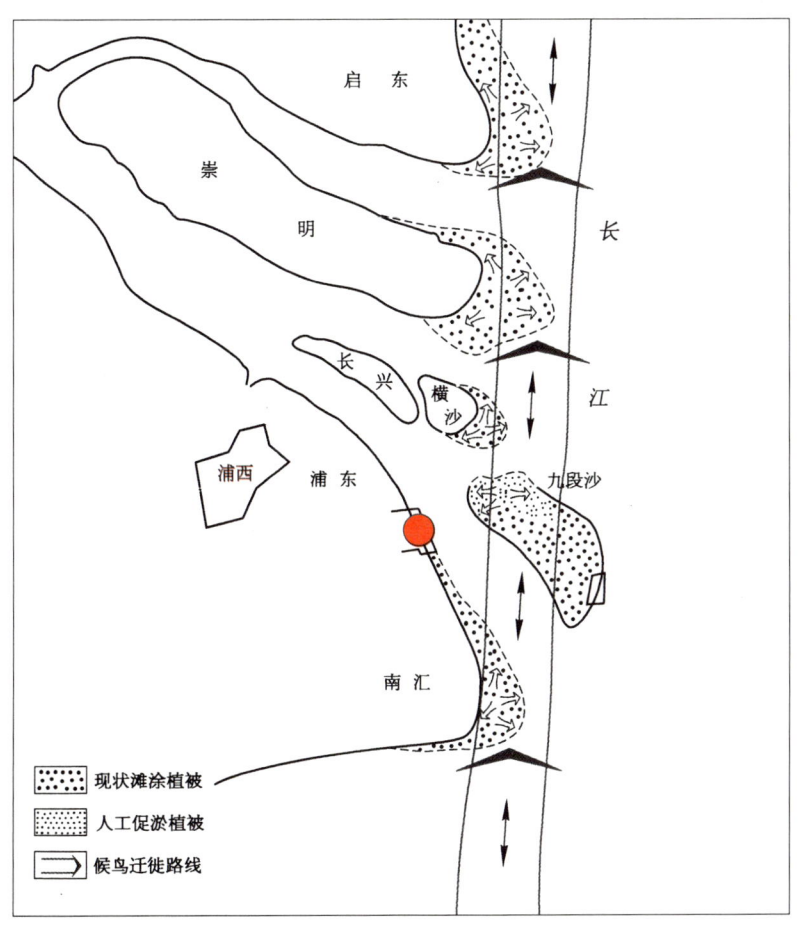

图 5-11　九段沙位置示意图

为论证九段沙再造鸟类家园的可行性，机场建设指挥部进一步组织地貌、沉积、水文、生物、生态、水利等多学科专家进行现场考察、研究，并委托华东师范大学河口海岸国家重点实验室组成课题组，对此进行专题研究，最后得出结论如下：

(1) 九段沙恰好处于候鸟迁徙路线；

(2) 九段沙是长江口自然淤积沙岛，长江口河、海相互作用，使九段沙形成和发展均比较稳定，且呈逐年扩大趋势；

(3) 九段沙自然植被面积为 8.2 km²，吴淞零米线上滩涂面积为 114 km²，其底栖生物有 21 种，具有丰富饵料及良好的饵料生长环境；

(4) 九段沙人类活动极少；

(5) 九段沙自然环境状况与浦东东滩基本一致，潮滩生物、潮滩植被群落结构相似，潮间带底栖生物的种类和数量亦与浦东东滩相似；

(6) 如在九段沙人工种植合适植物（种青），不仅能扩大植被面积，而且能加快成陆速度，在远期形成更为开阔的鸟类栖息环境。

综上所述，"九段沙种青引鸟"不仅完全可行，而且在某种意义上是为浦东东滩的鸟类找到了更适合其生存、栖息的永久性家园。因为即使不建设浦东机场，随着浦东新区的开发建设，东滩肯定也将不适合鸟类的生存和繁衍。

5.4 岛上种青、鸟类家园

九段沙种青引鸟方案形成后，第一个任务就是尽快实施岛上植物的人工种植。经过对小岛土质、潮汐、温度、水分等多方面的考察，华东师范大学专家最终选定了在九段沙种植生命力较强、有助于江砂淤积的芦苇和互花米草两种植物，种植地点选在岛上的中沙和下沙（图 5-12）。

由于长江口潮汛按规律涨落，九段沙沙滩也根据潮水的大小时露时没。为保证种青效果和青苗成活率，种植青苗时，华东师范大学与宝山区横沙海塘管理所等单位专家制订了严密的种植流程与工作计划。

专家和项目组成员将刚拔下的青苗用大船运往目的地，再将青苗从大船卸至小船，运

图 5-12　浦东机场建设指挥部在九段沙种青引鸟

送上滩地种植，实行挖苗、运送、种植一条龙操作。每棵青苗挖取时，根部带泥约 0.5~1 kg，不露根，从挖到种不超过 2 d，以保证青苗质量。利用 3—5 月小汛时机集中抢种，树立若干固定标态桩，以测定高程及定位测算植被扩散能力和促淤效果，监测青苗长势。为保证种青效果和青苗成活率，根据九段沙的实际情况，选在吴淞高程 2.5 m 种植。分别在中沙种植芦苇 0.4 km^2（长 2 000 m、宽 100 m，分两条种青带，带与带之间距离 500 m），在中沙的尾部向下游延伸与中沙毗邻地带种互花米草 0.5 km^2（长 2 500 m、宽 100 m，也分两条种青带，带与带之间距离 500 m），总计种青（芦苇和互花米草两种植物）0.9 km^2。九段沙整个种青过程前后历时一个多月，终于抢在汛期之前全部完成。

九段沙种青工程实施后，1997 年 5 月，经过上海市水利局、华东师范大学、机场建设指挥部和横沙海塘管理所等单位的联合验收，确认所种芦苇成活率约 80%、互花米草约 70%，而且这是在经历了潮汛和风浪考验后的成活率，由此证明种青工程获得圆满成功。

植被在滩涂上的扩散能力因地、因物种而异。由于九段沙位于长江口的口门区，潮流、暴风雨、泥沙等条件十分复杂，为正确估算九段沙种青后的植被扩散能力以及促淤效果，机场建设指挥部还组织后期跟踪观测，旨在获取植被扩散速率数据，为分析促淤效果提供依据。

5.5　银鹰鸥鹭、各安其所

种青工程结束后，接下来就是要全面考察"种青"的效果——"引鸟"是否能够按照预期的计划实现。为此，机场建设指挥部继续委托华东师范大学河口海岸实验室对"种青引鸟"的效果进行跟踪观测。从1998年9月至1999年6月科研人员重点对九段沙、机场江滩、南汇边滩和崇明东滩区域的鸟类活动分秋季、冬季和春季进行了调查。

根据观察，1998年初期调研中观测到迁徙鸟68种（秋季、冬季和春季分别为38种、24种和42种）；1999年调研中观测到迁徙鸟79种（秋季、冬季和春季分别为38种、28种、70种）。调研结果与初期相比，总的鸟种数增加了11种；秋季种数持平，冬季增加4种，春季增加28种。由此可见，"种青引鸟"的生态工程已取得初步成果。

在此基础上，浦东机场还在继续深入研究，对鸟类问题进行远期规划，以期系统了解机场区域候鸟活动规律。研究内容包括：浦东机场30 km半径范围内候鸟的种类和数量；各种候鸟每年的出没时间，平均飞行高度，栖息地、觅食地、聚集地和昼夜活动规律；浦东机场30 km半径范围内候鸟栖息地生态环境质量、候鸟饵料状况及变化趋势；提出"鸟击"防范措施和候鸟保护措施。

5.6　综合防范、长治久安

机场鸟击防范首先要抓好机场内部和周边环境的治理。"种青引鸟"为浦东机场的鸟击防范打下了良好的基础。但是，由于机场地处东海之滨，东侧是海岸滩涂，西侧为居民区，南北两端为农田和鱼塘；机场一期、二期飞行区分别有210万 m^2 和220万 m^2 草坪，比较容易吸引鸟类在机场内部和外部活动、栖息和觅食。为此，机场构建了综合鸟击防范体系（图5-13），通过监控、信息分析、设备防范、生态环境整治和管理制度等构建起一个全方位、全天候的立体鸟击防范体系，确保了环境适航。

浦东机场建设中"九段沙种青引鸟"工程的实施，从生态环境规划和治理角度为机场消除了鸟击事故隐患，也为原来浦东东滩栖息、迁徙的鸟类营造了温馨的家园。同时通过

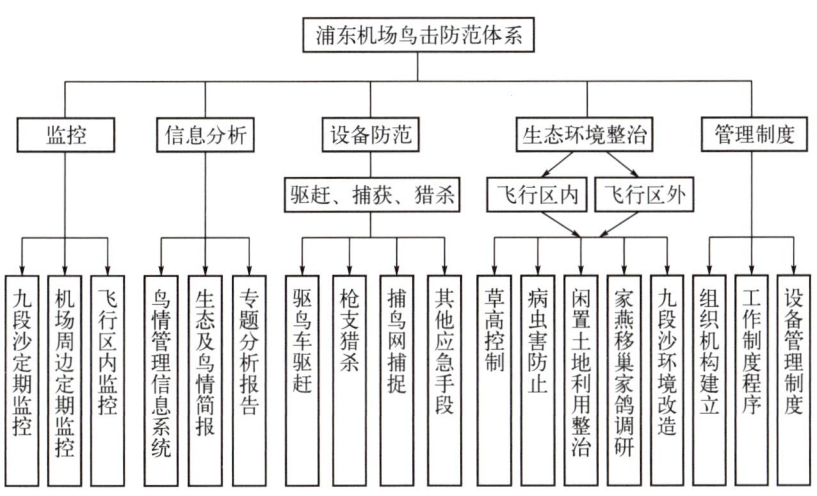

图 5-13　浦东机场综合鸟击防范体系

"综合鸟击防范体系"进一步减少了鸟类光顾机场的可能性,兼顾了航空器和野生动物的安全,从而营造出"银鹰安全起降、鸟类自由飞翔"的和谐景象。

航空港规划丛书

第 6 章

机场独立排水，保护水文环境

浦东机场临江滨海，周边水文环境十分复杂和脆弱。机场的兴建和存在，必然会在一定程度上破坏原有环境并常年向外大量排水，对机场附近的自然水系和农耕灌溉系统造成严重影响。如何妥善处理机场排水与保护水文环境的关系，事关机场和周边区域可持续发展，是摆在浦东机场建设者面前的一大难题。

6.1　河网密布、水文复杂

浦东机场位于长江三角洲前缘冲积平原，场址地势平坦，地面高程为 3.4~4.3 m。场址附近河网密布、运河交错、沟渠纵横，有大量河道和水利灌溉设施，河流平均密度达 8.85 km/km^2，水面积占 12%，与周边地区水系成为一体。原有河道水位受水闸控制，内河水位一般在 2.3~2.8 m，最高水位为 3.9 m，低水位为 1.3 m。地下水位为 3.0~3.5 m。内河水可趁外海低潮自排，高潮自引。海塘外滩地的潮汐属非正规半日浅海潮，每天两涨两落，潮差明显；200 年一遇高潮位为 5.83 m，100 年一遇高潮位为 5.66 m。区域雨水通常是先汇集到东西向河流：江镇河、施湾港、界河、六灶港、薛家泓港等，然后向西流进浦东运河，再汇往川杨河、大治河，排往长江口（东海）。

浦东机场场址地区水文环境的复杂，主要体现在以下 5 个方面：
(1) 既有自然水系，又有农耕灌溉沟渠；
(2) 直接受外海潮汐作用影响；
(3) 河流密度大、水面积广；
(4) 内河水与外海水之间存在复杂的交流与作用；
(5) 机场建设中和建成后，区域水文环境势必面临新的调整。

6.2 二级排水、自成体系

浦东机场建成后，将有大量的排水、调蓄河道被填弃，导致场区水面积和调蓄库容大减。根据 2010 年调整版总体规划，排水区域东西方向宽 2~9 km，南北方向长约 11.0 km。总排水范围面积为 59.1 km²，其中飞行区面积为 28.5 km²，其余辅助区及开发区面积为 30.6 km²。由于机场将建设大量的建筑物、构筑物等基础设施，特别是大面积不透水区域——机场道面（跑道、滑行道和机坪）的存在，势必使机场产生大量排水需求。

按照常规做法，机场建设可先通过填方来抬高机场场址地坪标高，再利用场区与周边的高度差将场区雨水排掉。但这样做有两个问题。首先，机场所在地区河道常水位一般维持在 2.5~2.8 m，规划洪涝水位为 3.8~3.9 m，地下水位为 2.5~3.5 m，为确保道面土基保持干燥或半干燥状态，跑道道面的基槽标高必须位于最高地下水位之上，这样场址须整体垫高 1~1.5 m 方能达到要求，也就意味着要从场外搬运砂土 3 000 万~4 000 万 m³，不仅代价太大，而且这在无山无坡的上海滩，根本无法组织实施。其次，"高差排水"，机场本身的排水问题是解决了，但如此大量的水排向周边，必然增加周边区域的排水负担，对周边区域的水文环境、农耕灌溉和水生生物都会造成严重影响甚至破坏性危害。

为此，指挥部组织水利和城市建设专家进行研究，经过分析，发现浦东机场在地理上有两个特殊的条件：一是其位置濒临长江口，长江口一日两潮，可利用低潮重力自排，减少排水泵站装机容量；二是机场跑道走向为南北向，与江边海塘近乎平行，无法实现场区内部排水沟管东西向布置直接外排入长江口，必须在场区周边布置沟通河道，以便满足就近排放的要求，同时也可减少二级排水系统对场区内部布置的干扰。

最终，浦东机场规划建设了环绕机场的围场河，将机场和周围的农田隔断，利用长江口巨大的潮差建造泵闸结合的独立二级排水系统（图 6-1）。常水位控制在 2.35 m 左右，低于浦东新区常水位（2.5~2.8 m）。该系统既降低了机场生产运营中的排水运行成本，又将整个机场的地下水位降到了场道地基结构层之下，从而降低了整个场区的地势标高，使得机场自身土方平衡得以实现，一举两得。

二级排水规划分别在江镇河出海口及薛家泓港出海口建挡潮闸和泵站各一座。挡潮闸的主要作用是实现二级排水的自排和从长江口引水。平时二级排水水系河道水位靠挡潮闸调节，维持在常水位；暴雨来临前开启挡潮闸，趁长江口低潮把围场河的水位预降，腾出库容以调蓄暴雨水量,从而减少泵站装机容量及运行时间。当长江口水位高于内河水位时,关闸挡水,内河需要排水时开泵抽排。为减小出海泵闸装机规模,降低基建投资及经常运行费用,同时规划了一定规模的调蓄水库。同时,在围场河与周边水系交界处设置了五座节制闸。通过节制闸,控制场区水系与周边水系的联系,实现"可分可合、调度灵活"的目标,即:平时水系完全独立;当挡潮闸下游引河需要冲淤时,则启闸引入场区周边水系的水冲淤;当场内水系需要改善水质,而周边水系水质较好时,可启闸作引清调度;当周边水系排涝能力不足,而二级排水水系排水能力富余时或周边水系水位较低有能力帮助机场二级水系排水时,可开闸调度排水。

在整个排水系统设计中,除了保护周围水文环境,还力图实现长久、经济、可靠的可持续发展。考虑到上海海平面不断上升和有可能产生地面沉降,设计方案相应提高了机场排水设施的设计标准。机场排水分为飞行区、航站区、货运区、机务维修区和工作区五个区域。机场范围内,沿围场河的区域为一级排水的自流范围。考虑到飞行区对于机场运行安全和效率的重要影响,特别是机场道面考虑若淹没对道面结构和道面承载力的严重削弱,

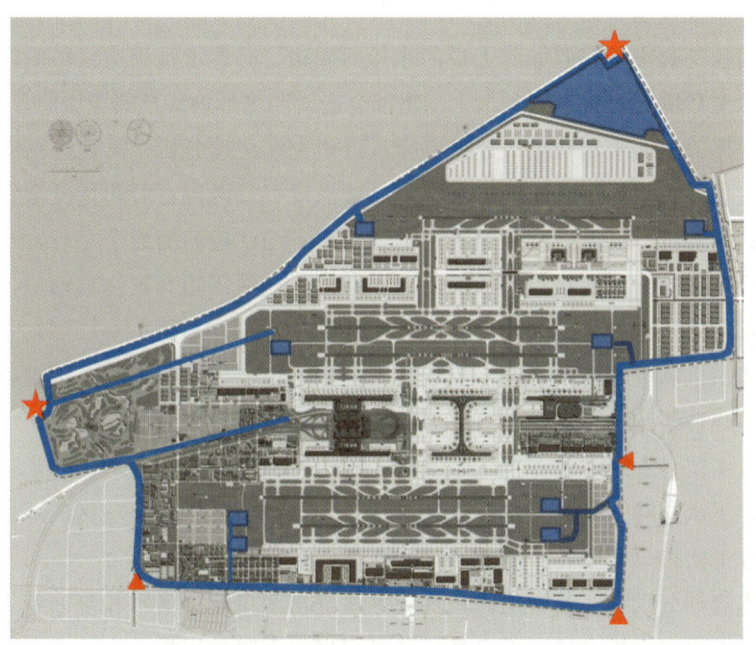

图 6-1 浦东机场二级排水系统

设计中根据民航规范采取了 5 年的雨水重现期,远远高于市政排水设计标准。考虑到出海泵闸对排水系统的重要性,机场建设指挥部特别委托有关专业单位就泵闸进行水工模型试验研究,对挡潮闸排涝、引水以及泵站抽排等不同运行工况分别进行试验,观测各工况下的泄流能力、流态和流速分布、水头损失和消能情况,并对观测成果进行分析。通过分析和实验,设计方案得以进一步优化。关于排水泵,最初曾选用常规轴流泵,但为有利于将来运行和远期发展,通过认真细致的比较、征求市政方面排水专家的意见,考虑到潜水泵具有可靠性高、安装维修方便和控制方便等优点,最终选用了潜水泵。

6.3 环境效益、显著持久

机场充分利用位于长江口的地理优势和处于水流末站的有利条件,充分利用原有河道,通过二级排水系统巧妙设计,形成了相对独立的排水系统,既彻底解决了机场本身的排水问题,还产生出相当显著的环境保护效益,突出体现在以下三个方面。

(1) 保护了机场周边的水文环境。在通向长江的机场南、北出口,各建泵闸一座。平时,二级排水水系河道的水位靠挡潮闸调节,维持常水位;暴雨来临之前,趁长江口低潮时开闸,使围场河水自流进入长江口,尽量降低水位;暴雨降临时,充分利用围场河调蓄库容,待达到一定水位高度后再开泵抽排。这样做可大大减小泵站设计流量,降低设备投资。由于没有"抬高地坪、高差排水",机场排水系统建成后,不会有大量排水直接向周边倾泻,而是在汛期直接排向长江,大大减轻了机场周边区域排水负荷。机场排水同样没有对周边区域河网、运河和沟渠等水文环境造成影响,区域自东向西的主流排水方式也没有发生改变,维持了原有排水机制。

(2) 保护、改善了机场周边的农田排灌条件。机场二级排水,使得机场周边的灌溉沟渠和农用水系没有发生变化,可继续保持其功能。考虑到机场与周边地区耕田、水环境的联系,在江镇河、白龙港、人民塘随塘河各设一个节制闸,通过节制闸与外界水系相互贯通。雨季时将节制闸关闭,靠机场本身排水系统来消化雨水,不增加周边水系的负担,甚至可在周边水系排涝能力不足而机场水系排水能力冗余时帮助周边地区排水,改善周边农田的排涝条件。在枯水季节,通过开启挡潮闸从长江口引水,用来丰沛机场围场河和临近水系的水量并改善水质,进而改善周边区域农田灌溉条件。

(3) 机场围场河的环境改善作用显著。围场河首先是作为机场排水系统的调蓄池,除此之外，在机场施工、机场排水泵站尚未建成之时，围场河能起到重要的施工排水作用；围场河作为机场与周边的"屏障"，阻隔外界人员侵入的作用不可忽视；从空中俯瞰浦东机场，围场河宛若一条环绕机场的绿色绸带，令机场充满灵动、美轮美奂。尤其值得关注的是，围场河大范围的水面，可吸附、消解大气污染物，在一定程度上改善了机场小气候，削弱了热岛效应。

通过巧妙的二级独立排水方案，浦东机场在一期工程建设中圆满解决了场区排水这一对日后运行影响巨大的难题，同时还最大限度地减少了机场排水对周边水文环境和农耕排灌的不利影响，谱写出机场建设环境友好的和谐篇章。

航 空 港 规 划 丛 书

第 7 章

标本兼治、削减噪声

民用机场在为人们带来航空运输便捷的同时，也会造成负面环境影响。其中，机场航空噪声对周边社区的影响，是最为棘手的问题。机场航空噪声，是指航空器在机场起飞、着陆、地面滑行和进行发动机试车时所产生的噪声。机场航空噪声的特点，一是噪声级高，喷气式飞机起飞噪声的声功率级高达 150 dB 以上，相当于数十万辆客车的总和；二是噪声影响范围广，呈明显的立体空间扩散特点，波及范围常常可达数十平方公里；三是噪声源为三维运动，噪声具有非稳态特性；四是噪声影响具有时空间断性，即对一架飞机来说，只在起、落点的机场附近造成短时噪声影响。机场噪声如果控制不好，则对周边社区人们的生活、工作都会带来严重影响。随着民航运输机，特别是大型飞机机队规模扩大，机场数量、规模和起降架次迅猛增加，我国机场的航空噪声影响问题已渐渐引起民航业界和社会的高度关注。国际民航组织、民航发达国家和我国都非常重视机场航空噪声的控制。

国际民航组织《国际民用航空公约附件 16 卷 I—航空器噪声》《航空器噪声管理平衡做法（Doc9829 AN/451）》；美国联邦航空条例《第 36 部—噪声标准：航空器型号和适航标准》《第 91 部——一般运行和飞行规则》《第 150 部—机场噪声相容性规划》和《第 161 部—机场噪声和进入限制》；我国《中华人民共和国环境噪声污染防治法》《机场管理条例》《民用机场使用许可规定》《运输机场总体规划规范（MH 5002—2020）》《机场周围飞机噪声环境标准（GB 9660—1988）》《航空器型号和适航合格审定噪声规定（CCAR 36）》和《机场环境影响评价技术导则》等法规、标准中，都对航空噪声控制做出了规定和建议。

能否控制好机场噪声，是机场能否实现环境友好的重要标志，更是机场能否实现可持续发展的关键。上海机场在发展过程中，新建机场、老机场和机场扩建过程中所出现的机场航空噪声问题都遇见了，如何处理好错综复杂的航空噪声问题，对上海机场可持续发展是一个非常严峻的考验。

7.1 噪声防控、环评之重

根据我国环境保护和基本建设项目管理的有关法律规定，机场建设项目必须进行环境影响评价（简称：环评）。环评的主要目的是对机场建设项目实施过程中和项目建成后的各方面环境影响进行评价，旨在控制环境污染、保证环境质量。机场建设环评，包括声环境、大气环境、水环境、自然与生态环境和固体废弃物影响评价。其中，声环境评价主要针对航空噪声的现状影响和预测影响评价。为了确保环评效果，机场建设环评须遵守严格的程序规定，具体见图7-1。

为准确确定机场航空噪声的现状影响和未来预测影响，必须明确有关条件，包括：机场跑道数量、方位和构型；各跑道在两个方向、各飞行时段（白天、晚上和夜间）的飞行架次、机型组合；机场的飞行程序（包括进近程序和起飞离场程序）；各机型的噪声特性参数和噪声-距离特性关系；机场周边的地理、人口和建构筑物信息；以及周边区域风速、气温、标高等。显然，对于像机场噪声这样多影响因素的计算、评价问题，只有在有关因素信息准确的情况下，方能得到相对准确的结果。

机场噪声环评的成果，通常包括机场及其周边区域的噪声调查和监测情况、航空噪声等值线图（Airport Noise Contour Map）和评价建议。《环境影响评价技术导则——民用机场建设工程（HJ/T 87—2002）》规定了机场飞机噪声现状影响调查范围，即跑道两侧2 km、跑道两端延长线各8 km，重要敏感点至跑道两端延长线各15 km的区域；以及飞机噪声现状监测范围，即机场跑道两端5 km、跑道两侧1km区域内重要敏感点及近台附近。

航空噪声等值线图给出了机场及其周边各声级水平下的区域范围。根据我国机场噪声评价标准《机场周围飞机噪声环境标准（GB 9660—1988）》，机场噪声评价量采用"计权等效连续感觉噪声级（Weighted Equivalent Continual Perceptional Noise Level，WECPNL）"，噪声等值线图通常要给出 WECPNL = 70.0～75.0 dB、75.0～80.0 dB、80.0～85.0 dB 和 ≥85.0 dB 的区域范围。噪声等值线图对于机场周边的噪声相容性规划（Airport Noise Compatibility Planning）具有重要指导价值。环评建议，则是要对机场降低噪声影响的具体对象和措施提出意见。

在虹桥机场的历次扩建和西区扩建中，在浦东机场一期、二期工程和三跑道建设中，包括在虹桥、浦东两机场总体规划的历次修编中，上海机场都将航空噪声环评作为重要工作内

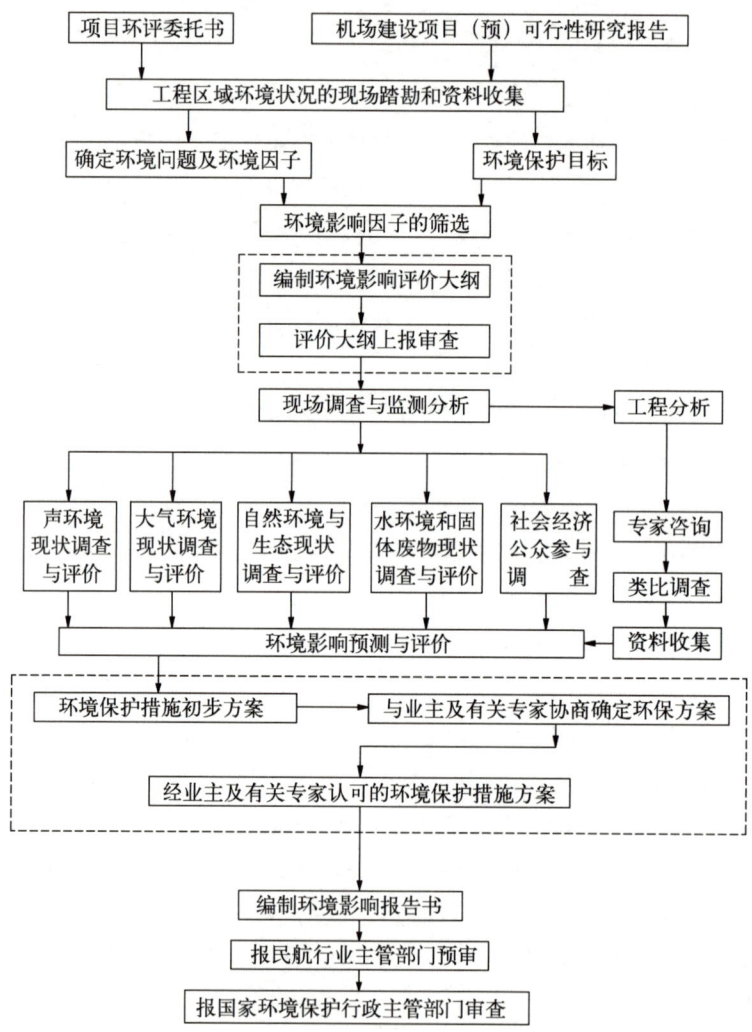

图 7-1 机场建设环境影响评价程序

容，对机场可持续发展发挥了重要作用。其成功经验主要体现在以下三个方面。

（1）高度重视机场建设噪声环评，从未将环评作为履行建设程序的过场，积极配合环评实施单位，在机场总体规划、飞行程序、机型组合、跑道使用规则、周边地理人口信息等方面提供翔实、可靠的数据，从而为取得准确的噪声环评结果奠定了基础。

（2）充分利用机场噪声环评结果，优化、调整机场总体规划，使其在削减机场噪声影响方面切实发挥作用。

（3）坚持预防为主方针，认真落实环评建议和减噪措施，包括土地使用的重新规划和对超标建筑实施搬迁。例如，在浦东机场二期工程中，机场建设指挥部根据环评意见，对位于机场西侧、受飞机噪声影响较大的潘泓村、滨海村（含滨海三村、四村等）及军民村等分批实施了搬迁，东亭小学、薛洪小学因不适合教学活动而改为他用。虹桥西区扩建后，东、西跑道的南、北两端居民区噪声严重超标，机场根据环评意见坚决动迁了上述居民。

7.2 场址东移、凭海减噪

通过场址的合理确定和调整来控制机场噪声，常常能收到事半功倍的噪声削减效果。

浦东机场最早选址在施湾中心地区，由于地质条件较好，一期工程原位于望海路地带。但是，如此建成机场后，人口密集的川沙镇、南汇镇以及江镇、施湾、祝桥、合庆、蔡路等将分别置于机场跑道南、北两端延长线之下，频繁起降的飞机势必造成严重噪声污染（图7-2）。为此，就要对5 000户居民进行动迁，造成严重社会影响。不仅如此，机场二期乃至远期建设完成后，机场噪声对周边的社会影响将会更大（图7-3）。为此，经多方论证，机场调整了总体布局规划，将场址整体向东侧海边东移700 m。这样既可通过填海造地获取机场建设、发展用地，还将机场一期工程完成后的噪声影响最大限度地压向海边，将远期机场噪声影响区域集中到了海上（图7-4），从而比较彻底地解决了机场噪声影响问题。

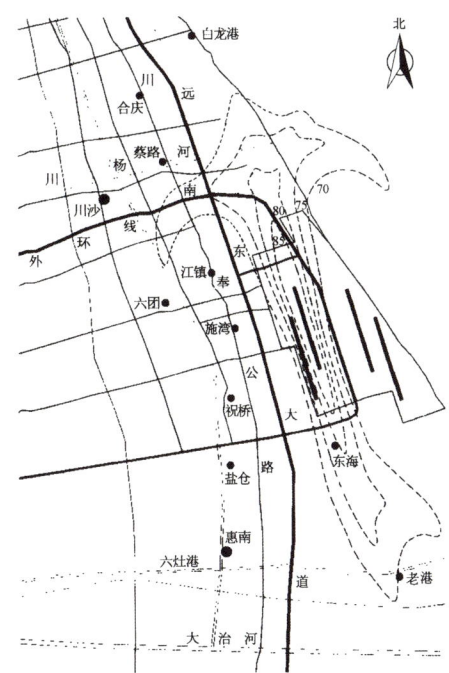

图7-2 原场址一期完工后噪声影响

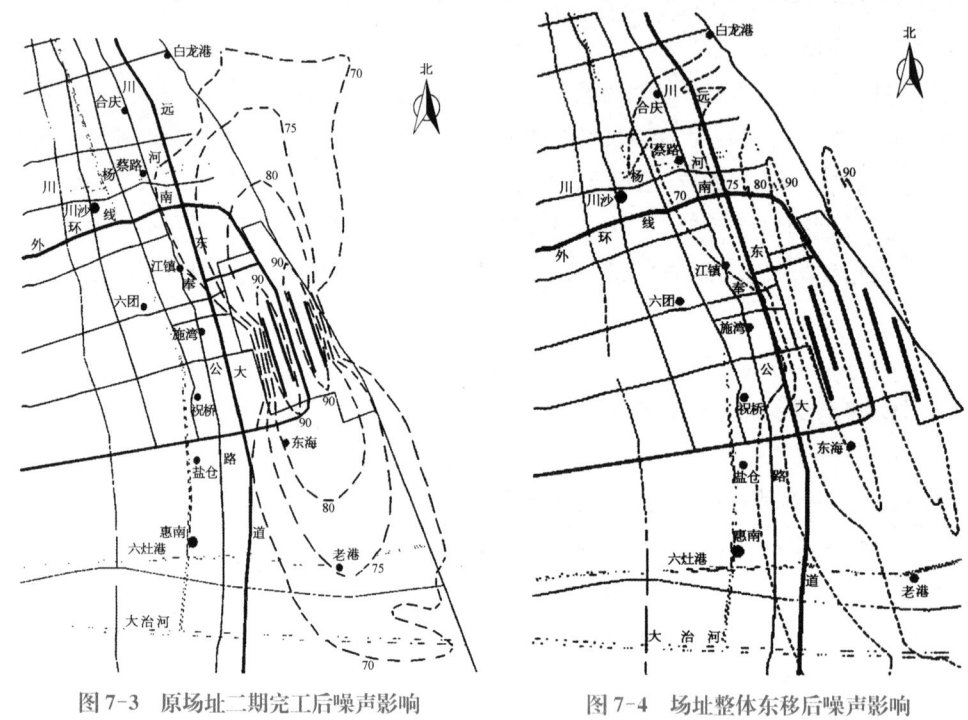

图 7-3　原场址二期完工后噪声影响　　　　图 7-4　场址整体东移后噪声影响

7.3　减噪降声、规划先行

2004年，虹桥机场单跑道典型高峰小时飞行架次已达36架次。根据预测，机场未来年客运量将达3 000万~4 000万人次。因此，建设第二跑道势在必行。但是，第二跑道与现有跑道采用何种空间关系，即采用何种飞行区构型，在研究论证和规划设计中曾提出多种方案。在方案的不断优选中，是否有利于机场航空噪声削减始终是方案评价与决策的重要依据。

图7-5所示是虹桥机场飞行区跑道构型规划的六种方案。

方案A，二跑道位于横沥港西侧，跑道入口平齐，距现有跑道1 700 m。双跑道可实现独立平行进近，但要大规模征地、拆迁，实施几乎没有可能。

方案B，二跑道位于现跑道以西785 m处，跑道可按一起一降和独立平行离场模式运行，

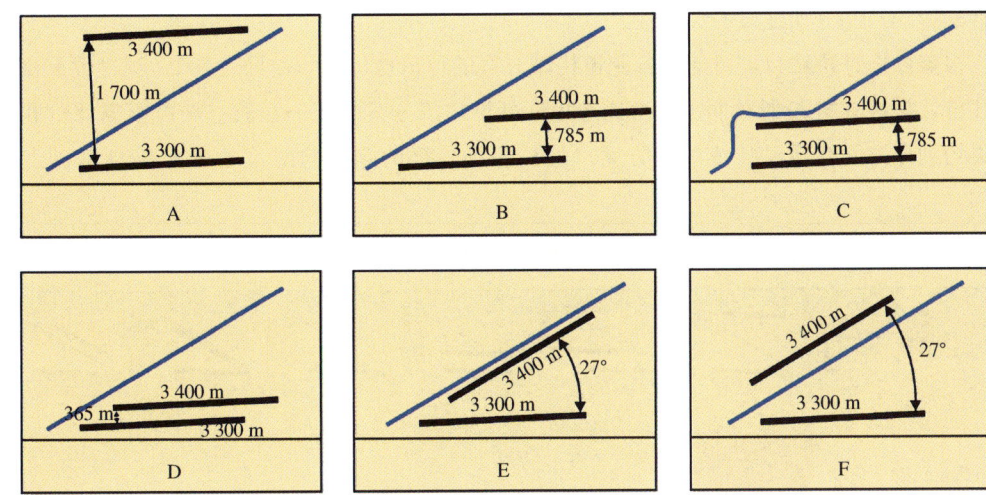

图 7-5 虹桥机场跑道构型中间方案

每条跑道均有 E 类双滑行道空间。跑道端头向北错开 704 m，避免对横沥港产生影响。

方案 C 与方案 B 相似，间隔也是 785 m，但跑道端对齐。横沥港部分区域需要改道以绕过第二条跑道南端，跑道可按一起一降和内侧跑道辅助降落模式运行。

方案 D，该构型采用 E 类飞机所允许最小跑道间距 365 m，跑道间设置一条与跑道等长的 E 类平行滑行道。此时，跑道南北向均为非独立运行，可采用一起一降运行模式。

方案 E 为交叉跑道（在横沥港东边），旨在最大限度利用跑道之间土地来设置航站楼和货运设施，同时不会对横沥港产生影响。二跑道方向的风负荷比现有跑道大，将有更多的飞机起降。跑道采用一起一降的运行模式。

方案 F 与方案 E 类似，也是交叉跑道，区别在于二跑道位于横沥港西侧，此时跑道之间有足够建设发展空间。跑道采用一起一降的运行模式，方案评价和遴选的主要依据：①与虹桥机场在上海机场系统中功能定位的一致性；②飞行区容量充足性，即能否满足年旅客吞吐量 3 000 万人次以上目标，飞行区能否在北流向和南流向条件下满足每小时 60～80 架次的飞机起降容量需求；③与浦东机场的空域冲突程度；④位于跑道中心延长线上的高层建筑、构筑物成为潜在飞行障碍物的可能性；⑤双跑道运行情况下，对周边区域的航空噪声影响；⑥为满足国际民航组织规定的跑道端安全区、跑道保护区要求，方案所需土地面积大小；⑦对横沥港的影响，以不迁移横沥港为佳；⑧二跑道建设和扩建施工对机场运行的影响；⑨分期建设的灵活性。

根据以上评价项目，可建立各跑道构型方案的评价比选矩阵，见表7-1。经过慎重比对和评价，最终方案D脱颖而出。由比选矩阵可见，该方案是唯一在航空噪声影响评价和土地集约利用方面获得最佳成绩的方案。虹桥机场最终的跑道构型就是在方案D基础上形成的。

表7-1 飞行区构型方案比选矩阵

评估准则	可选方案A	可选方案B	可选方案C	可选方案D	可选方案E	可选方案F
与系统定位的一致性	3	2	2	2	2	2
飞行区容量的充足性	1	2	2	3	2	2
与浦东机场空域之间的冲突	3	2	2	2	1	1
潜在的航空飞行障碍	1	2	2	1	2	2
噪声的影响	2	2	2	1	3	3
土地征购的多少	3	2	2	1	2	2
对周边影响的大小	3	2	2	1	1	2
横沥港的保存	2	1	3	1	1	2
对运营的影响	1	2	2	2	1	1
分期开发的灵活性	3	2	2	2	1	2
总计	22	19	21	16	16	19

注：■表示优越；■表示相似；■表示较差。

7.4 近距跑道、非凡成效

与远距平行跑道相比，近距平行跑道不仅在节约土地资源方面成效显著，在削减机场航空噪声影响方面同样作用明显。根据机场总体规划，浦东机场规划了两组近距平行跑道（间距分别为440 m和460 m），虹桥机场为一组近距平行跑道（跑道间距为365 m）。

根据飞机噪声影响特性，对于两侧均进行起降的跑道，其噪声等值线图一般呈纺锤形环绕在跑道周围，纺锤形的长度要比宽度大很多。高噪声等值线（85 dB以上）往往呈规则的纺锤形围绕跑道，而低噪声等值线（75 dB以下）则与飞机的进近、离场程序有关，在非直线进近和起飞后转弯离场情况下，等值线会发生弯曲。与一组远距平行跑道相比，一组近距平行跑道的噪声影响范围基本相当于一条跑道，从而使得近距跑道在噪声削减方面独具优势，见图7-6。

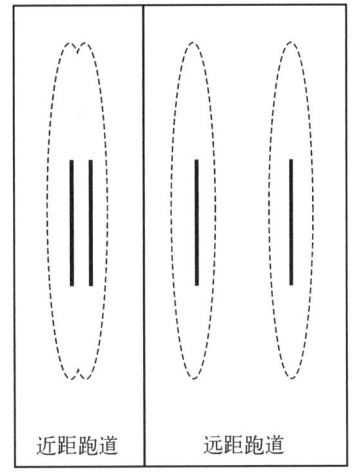

图7-6 近距与远距跑道噪声影响比较示意图

浦东机场由于东侧滨江临海，所以就其噪声影响来说，越靠西侧的跑道对周边影响越大。因此，关键是减少一、三跑道之间的间距。1996年版浦东机场总体规划将一、三跑道间距确定为520 m，后来调整为460 m，向东压缩了60 m。压缩后的一、三跑道对机场以外西侧区域的噪声影响明显减少。另外，二、四跑道具有靠海的优势，因此起飞和进近航道都可通过飞行程序设计向海上偏移来减少噪声影响。

图7-7为浦东机场2011年噪声影响等值线图，表7-2为2011年各声级所覆盖面积及影响人数统计。显然，就具有三条跑道的大型民用机场来说，其噪声影响范围和人数都比较小，噪声削减效果明显，近距跑道构型发挥了相当大的作用。

虹桥机场规划二跑道与一跑道间距经历了三次变化。1964年虹桥机场扩建为国际机场时，在现跑道西侧1 500 m处规划了一条平行跑道。1993年在编制机场总体规划时，平行跑道间距调整为1 700 m。2005年版《上海虹桥国际航空港总体规划》修编，最终调整为近距平行跑道，两跑道间距确定为罕见的365 m，中间设一条平行滑行道。

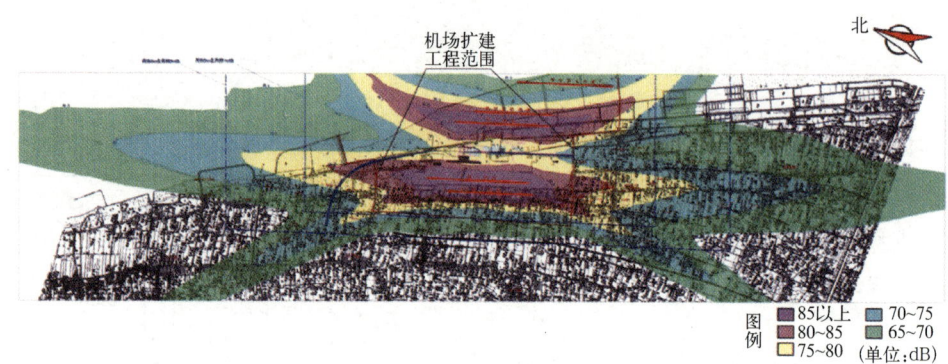

图 7-7 浦东机场 2011 年噪声等值线图

表 7-2 浦东机场 2011 年各飞机噪声级覆盖面积及影响人数

序号	飞机噪声级 L_{WECPN} (dB)	对应面积 (km²)	村 庄	学校医院	对应人数 (人)	超标量 (dB)
1	小于 70	—	其余村庄	—	—	达标
2	70.0~75.0	126.067	红三村、长兴村、六如村、西沙村、牛肚村、义鸿村、朝阳农场、营前村、营房村、陈胡村、东滨村、美国别墅	东海镇敬老院、美国学校	—	达标
3	75.0~80.0	57.910	先进村、竞新村、东海花园及东海镇、东海村、新路村、路庄村、朝阳农场北部、海岸村、小圩村、新龙村一部、新和村	东海镇幼儿园、东海镇小学及东海镇中学、东海镇卫生院	19 900	0.0~5.0
4	80.0~85.0	25.144	薛南村	无	3 800	5.0~10.0
5	大于 85.20	11.415	无	无	—	大于 10

注：1. 东亭小学及薛洪小学已经改作其他非教学用途。
2. 军民村、滨海村、潘泓村、洪北村及亭东村位于本工程范围内，工程拆迁后不再存在。

与 1993 年版的总体规划方案相比，采用近距平行跑道后，机场噪声的影响范围大为缩小。首先，原来远距平行跑道西侧和跑道两端的噪声影响不会出现。其次，双跑道运行时，航站区将以西区为主、东区为辅。根据近距双跑道运行规则，通常采用内侧起飞、外侧着陆运行方式。这样相对于西区，东跑道（现跑道）将用于着陆，西跑道（新建跑道）将用于起飞。因此双跑道组合运行后，东跑道对于东侧的噪声影响在近期仍可维持现状，甚至有可能因为西跑道投入运行后造成起飞分流而略向西侧收缩（一般起飞噪声大于着陆噪声）。第三，虹桥机场航站楼和综合交通枢纽建筑体量巨大，其高度和沿跑道方向的长度均较大，对来自东侧两条跑道的噪声会形成显著的声障作用，进而明显削减对机场西区的噪声影响。第四，双跑道运行后与目前的单条跑道运行相比，在跑道两端的噪声影响会有所增加，但由于机场采取了其他措施（动迁紧邻跑道两端的居民、入口内移），结果使得机场在跑道两端的噪声影响也没有显著增加，见图7-8。

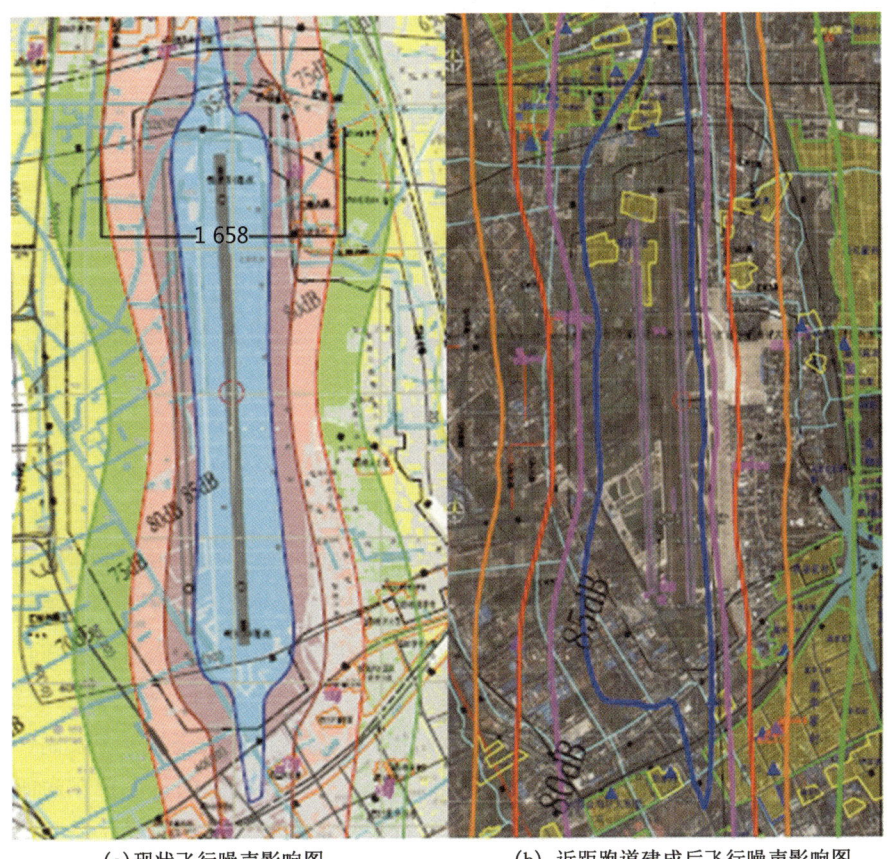

(a) 现状飞行噪声影响图　　　　　(b) 近距跑道建成后飞行噪声影响图

图7-8　虹桥机场现状噪声影响和近距跑道建成后噪声影响

7.5 入口内移、影响收缩

跑道入口（Runway Threshold）通常为跑道铺筑面在两端的物理界限，如图 7-9 中的 A 点。但在有些情况下，如出于运行安全、运行效率等方面的考虑，需要对跑道入口进行内移（Runway Threshold Displacement）。以图 7-9 为例，由于跑道一端或两端出现了障碍物，其高度超出了相对于原来入口 A 所设置的障碍物限制面，无法保证飞机着陆安全，为此可采取跑道入口内移措施，即将跑道入口由 A 点内移至 B 点，这样即可保证障碍物在限制面以下。但是，跑道入口内移后，跑道的可用着陆距离（Landing Distance Available，LDA）将减少，减少的数值就是入口内移距离。

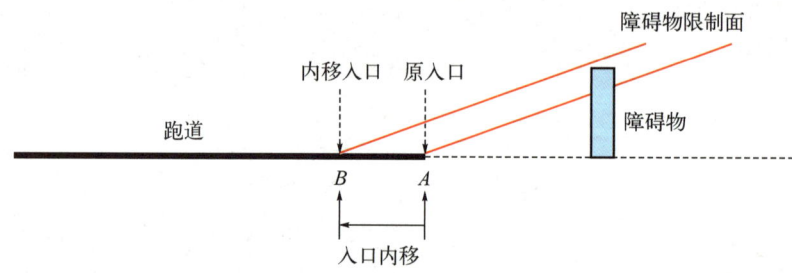

图 7-9　机场跑道入口内移

虹桥机场西区扩建中，缓解噪声影响始终是重要规划决策目标。当确定采用 365 m 近距平行跑道构型后，抑制噪声向机场东、西两侧蔓延的目标已基本实现，下一步就是如何解决跑道两端噪声影响问题。为此，规划设计者提出了跑道南北两端入口内移 300 m 的方案。其合理性在于：首先，虹桥机场因地处城市腹地，周边已有和规划的高层建筑较多，为保证飞行安全，避免周边一些建筑物成为障碍物和不对城市建设施加过多限制，确有必要作入口内移；第二，入口内移后，为在东、西跑道南、北两端之间建设旨在沟通两条跑道、提高机场运行效率和减少飞机穿越跑道的绕行滑行道（图 7-10）创造了条件，使绕行飞机不致突破跑道两端障碍物限制面；第三，入口内移将使纺锤形噪声影响区域在长度上明显回缩，使跑道端外噪声影响范围明显减少；第四，跑道入口内移，增加了机场跑道端安全区（Runway End Safety Area，RESA）长度，大大减少飞机冲出跑道（Overrun）和提前接地（Undershooting）的安全风险。如此看来，跑道入口内移可谓"一箭四雕"。但关键是，跑道两端入口均内移后，机场的跑道长度能否满足机型性能要求。为此，规划设计者又针对虹桥机场的功能定位、运行机型和最大航程（1 900 nmile）进行分析，证明跑道入口内移后，跑道长度完全能够满足机场运行需求。

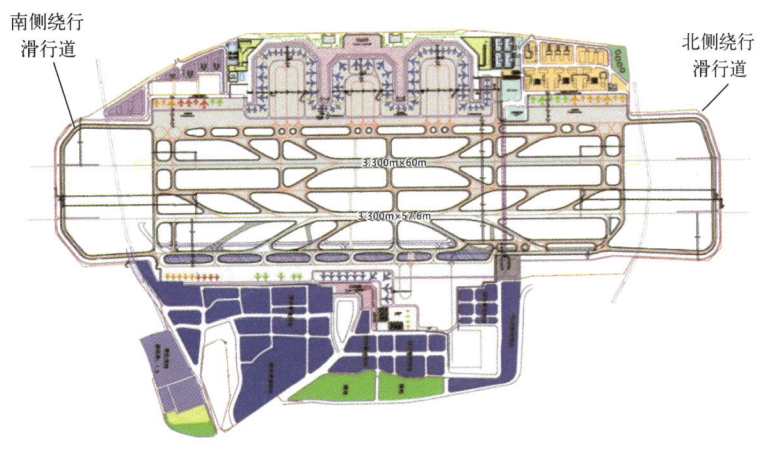

图 7-10　跑道入口内移为建设绕行滑行道提供了可能

跑道入口内移后，与不进行内移相比，噪声影响范围在跑道端部回缩了 300 m，致使 85 dB 以上噪声影响范围全部缩入机场，减噪成效非常显著，见图 7-11。

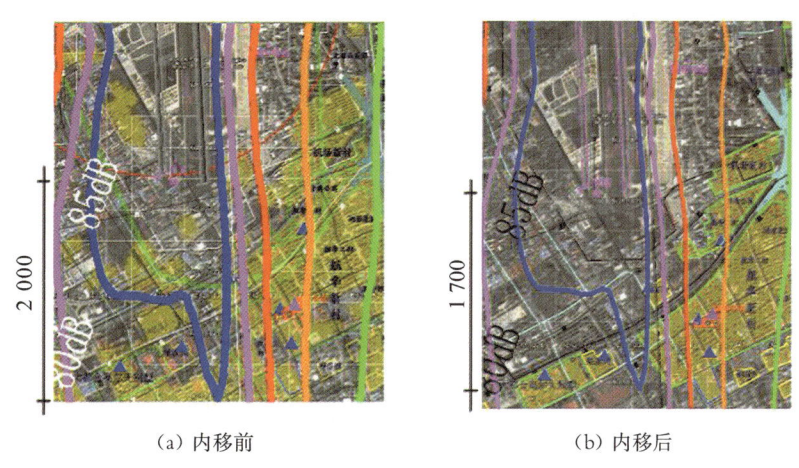

(a) 内移前　　　　　　　　　　　(b) 内移后

图 7-11　跑道入口内移前后的噪声影响范围对比

7.6 多管齐下、控制声源

从机场噪声的源头——航空器来控制机场噪声，是削减噪声影响的重要手段和途径。

结合浦东、虹桥两机场区位特点，上海机场在实现未来长远发展目标的战略规划中，明确了两机场的定位、功能与分工，并充分发挥"一市两场"在环境影响控制方面的优势。2002年10月，上海机场按预定计划实施"航班东移"，实现国际定期航班与国内定期航班分离。根据分工，未来更多架次的大型飞机，尤其大型远程客、货运输机，将主要集中在浦东机场，而国内航班包括公务机等将主要在虹桥机场起降，架次也相对较少。根据规划，2015年浦东机场与虹桥机场负担架次之比为1.6～1.8。这样，可充分利用滨海的浦东机场噪声相容性好的优势，来容纳噪声相对较大的大型客货运输机，从而使地处城区腹地的虹桥机场主要接纳D类以下飞机，以减少噪声影响。

2007年，浦东机场根据《国际民用航空公约附件16卷Ⅰ—航空器噪声》和我国《航空器型号和适航合格审定噪声规定（CCAR 36）》，禁止噪声超标的俄罗斯飞机进出机场，因特殊原因必须进场的飞机，则必须在规定时间采用规定航线。

由于背景噪声小和人们大多处于休闲、睡眠状态，航空器夜间起降时对周边影响要比白天大很多。因此，控制夜间航空噪声在机场噪声削减中占有重要位置。为减少夜间噪声，虹桥机场原来大都在夜间飞行的货运飞机全部移至浦东机场起降。

航空器地面运行噪声，包括滑行噪声、开车噪声（飞机静止但发动机打开）和发动机试车噪声等。这些噪声对机场工作人员，特别是站坪机务和地面服务人员，以及临近社区有严重影响。为减少航空器地面噪声，上海机场要求航空器在站坪尽可能采用飞机拖车，使用专用试车坪进行发动机试车，飞机关闭辅助动力装置（Auxiliary Power Units，APU）而利用桥载电源和桥载空调（飞机运行APU和空调时会产生较大噪声，见表7-3），等等。上述措施在削减航空器噪声方面均收到一定成效。

表 7-3 运行 APU 及机上空调系统时的飞机噪声级　　　　　　　　（dB）

型号	737—200	757	767	747—400
货舱门前	89	79	83	85
货舱门后	90	81	82	85
中翼	90	81	80	88
轮	98	77	—	—
1.5 m 半径	88	—	—	—
1.8 m 半径	—	—	—90	—

注：数据来源于波音公司；分贝数在地面以上 5 m 处测量（A 声级）。

7.7　相容规划、长治久安

　　对于机场来说，向周边区域辐射航空噪声是难以避免的。即使到了遥远的未来，大概也很难制造出完全没有噪声的航空器。所以，只要机场有航空器活动，噪声影响就难以避免。对如何控制机场噪声，人们经历了漫长摸索，认识也在不断深化。美国联邦航空条例第 150 部（FAR Part150），建议通过机场噪声相容性规划（Airport Noise Compatibility Planning）来实现机场噪声影响的削减。国际民航组织提出了"机场周边噪声管理的平衡方法（Balanced Approach to Noise Management around Airports）"，其中"合理规划和管理机场周围土地"是重要措施，其他还包括噪声源控制、降噪飞行程序和航空器运行限制。实际上，上述所谓"合理规划和管理机场周围土地"就是机场噪声相容性规划。目前，国际民航界对通过"土地相容性规划"实现机场噪声控制已达成广泛共识。可以毫不夸张地说，周边土地相容性规划是机场噪声影响控制的不二法门，是最根本和最有效的措施。所谓噪声相容性规划，简而言之，就是使机场周边的土地利用方案与该区域的声环境相适应，噪声不致对周边土地利用产生负面影响。上海机场在两场噪声影响削减方面，自觉运用"相容性规划"这一利器，并收到了良好效果。

　　浦东机场总体规划中，针对《机场周围飞机噪声环境标准（GB 9660—1988）》在噪声适用分区划分过于简单的缺点（该标准将机场周边只划分了两类，即 70dB 及以下的Ⅰ类区域，适用于特殊住宅、居住、文教区；75 dB 及以下的Ⅱ类区域，适用于除Ⅰ类区域以外的生活区),对航空噪声级与土地利用方式进行了相容性分析。通过分析,将机场周围土地进一步划分为A、B、C三个区域。A区域,声环境较好,属于Ⅰ类区域,适于各种城市建设,但要注意建筑高度不能超过机场净空标准,以免影响飞行安全;B区域,声环境一般,在不影响机场运营条件下,需采取某些措施方能用于城市建设;C区域,声环境较差,不允许建设居住区、学校和医院,对其他建筑需增加防护措施,并符合机场净空限制要求。在此基础上,制订了机场噪声与土地使用的相容关系表(表7-4),并在周边土地利用规划中予以实施,从根本上解决了机场周边的噪声影响问题。

表7-4 机场噪声与土地使用的相容关系表

土地用途	>80 dB	70~80 dB	<70 dB
住宅	否	否	A
学校	否	否	A
医院	否	否	A
商业建筑	否	C	B
工业和手工业	C	B	可
仓库和临时设施	C	可	可
农业	可	可	可

特别需要指出,浦东机场噪声相容性规划并非单单着眼于噪声控制,还与电磁环境、净空、生态环境控制等环境适航行为联合实施,同时密切结合机场与周边区域的可持续协同发展("机场区—控制区—发展引导区"模式),因而在达到理想控制效果的同时,周边区域并没有感到来自机场的限制,在看似不经意之间,实现了机场与周边区域的和谐共处。

与浦东机场相比,虹桥机场噪声控制更具挑战性,进行周边土地噪声相容性规划难度更大。由于周边城市格局基本定型,相容性规划很大程度上是通过"练内功"实现的。结合西区扩建工程和虹桥交通枢纽建设,虹桥机场抓住机遇,尽最大可能实现与周边土地利用的噪声相容性规划:通过近距跑道控制噪声在东西方向的蔓延;通过入口内移限制噪声在南北方向的加剧;通过综合交通枢纽建设,止住噪声敏感建筑向机场靠近的步伐。

航 空 港 规 划 丛 书

第 8 章

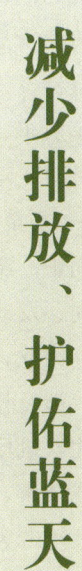

减少排放、护佑蓝天

大气环境是地球上人类和动植物赖以生存的最基本物质条件之一。随着全球气候变暖和大气污染的不断加剧，大气环境保护已成为国际社会普遍关注的焦点。

民用机场作为航空器、地面勤务车辆、各种陆侧交通载运工具的汇集和使用场所，作为大量电能、热能、冷能的消耗场所，作为周期性改建、扩建的交通基础设施，在其建设和日常运行中对大气环境有重要影响。机场日常运行中，会有大量污染物排入机场大气环境，这些污染物来自航空器发动机和辅助动力装置（APU）、地面勤务车辆（引导车、罐式加油车、管线加油车、牵引车、电源车、气源车、空调车、垃圾车、清水车、污水车、食品车、行李拖车、传送带车、客梯车、除冰车、消防车、救援车等），场道维护保障车辆（巡视检查车辆、压路机、割草机、标志喷涂车、道面维修车辆、除冰雪车辆等），能源供给设施（发电机、供热锅炉、制冷机等），供油设施（油罐、加油栓井、加油站）和机务维修设施（机库、喷漆车间、发动机试车台等）。另外，在机场施工中还会有大量的粉尘、机械设备车辆尾气排放等。因此，机场大气污染情况非常复杂，涉及众多设施设备，涉及机场的新建和改扩建施工，涉及日常运行的方方面面。

与机场航空噪声相比，机场大气污染具有累积性。只要航空器飞行停止或减少，机场航空噪声就会立即消失或缓解，但机场大气污染物往往会发生积聚、沉淀和累积，以至长期影响大气质量。机场环境专家预言，随着相容性规划等措施实施，未来机场的航空噪声影响会逐渐缓解，而大气污染会成为机场的头号环境问题。

国际民航组织早已注意到了民用航空活动对大气环境的影响。《国际民用航空公约附件16卷Ⅱ—飞机发动机排出物》对飞机发动机排放做出了严格规定，国际民航组织环境保护委员会（ICAO Committee on Aviation Environmental Protection，CAEP）多年来致力于机场大气环境保护，2007年4月专门发布 ICAO Doc9889《机场大气质量指导手册》（*Airport Air Quality Guidance Manual*）。我国机场空气质量，目前执行国家标准《环境空气质量标准》（GB 3095—2012）。标准根据空气中二氧化硫（SO_2）、二氧化氮（NO_2）、一氧化碳（CO）、臭氧

(O_3)、颗粒物 PM_{10}、颗粒物 $PM_{2.5}$、总悬浮颗粒物（TSP）、氮氧化物（NO_x）、铅（Pb）和苯并[a]芘（BaP）等浓度限值，将空气质量分为一类区和二类区标准。

如何有效减少机场建设和日常运行有害气体和温室气体排放，进而保护机场及其附近的大气环境质量，已成为民用机场建设和管理者的重要课题。上海一市两场，虹桥机场位于上海市区，浦东机场位于浦东新区且滨江临海，两场所处区位对机场大气环境保护都提出了较高要求。

8.1 能源集中、规模减排

大型民航运输机场由飞行区、旅客航站区、货运区、机务维修设施、供油设施、空中交通管制设施、安全保卫设施、救援和消防设施、行政办公区、生活区、生产辅助设施、后勤保障设施、地面交通设施等组成，区域广大，设施繁多，能源（电能、热能和冷能）消耗惊人。如何进行机场的能源转换和输配规划，对于大型机场是非常复杂和关键的问题。规划思路是否正确，将直接对机场今后的总体能源利用效率、能否可靠输配、利用是否便捷产生重要影响。早在浦东一期工程建设时，机场建设者就根据冷热能用户空间分布、用能数量和时间分布，确定了"大集中、小分散"能源供给布局策略。对负荷高、区位集中用户，采用能源集中供应方式，即所谓"大集中"，浦东机场偌大场区只设置了3个能源中心。对负荷低、区位分散的用户，采用分散供应方式，即所谓"小分散"。"大集中"有利于提高能源利用率和转换率、减少设施占地，发挥规模效益；"小分散"则有利于减少能源输送损失、实现按需供应，避免长距离的"大马拉小车"。

根据能源工程理论，集中、大规模进行能量转换、输送与分散、小规模方式相比，具有转换效率高和输送损耗低的优点。大集中还给能源集中管理、集中计量和集中优化创造了条件。以集中供热与分散供热为例，据粗略测算，同比可节能10%～30%，减少 SO_2 排放90%，减少烟尘排放50%。这也就意味着，在同样用能需求情况下，"大集中"模式具有明显节能优势，且规模越大优势越显著。而"节能"就意味着"减排"，包括大气污染物（SO_2、粉尘等）和温室气体（CO_2）的排放减少。以浦东机场二期工程建成时的燃气消耗量，如果能源利用率减少10%，则要多消耗燃气 3 962 m^3/h，折合排放 CO_2 为 3 962×1.96 = 7 766 kg/h，即每小时要多向空中排放 7 766 kg 的 CO_2，由此可见大型能源中心对机场节能减排的作用。

8.2　系统创新、技术减排

采用何种能源供应系统，对机场整体能源利用效率和供能可靠性、经济性和便利性都有重要影响。浦东机场科学论证、大胆创新，在国内首次集成了燃气轮机、余热锅炉、蒸汽锅炉、吸收式制冷机和离心式制冷机，形成了冷热电三联供（Combined Cooling, Heating and Power, CCHP）系统，开创了我国机场CCHP能源系统的先河。作为世界第二代能源技术发展重要方向，CCHP系统克服了热电联产的缺点，不仅能集中产生冷能、热能和电能，而且将普通热电系统效率从40%提高到70%～90%。浦东机场CCHP系统综合能源利用率达到78%，远高于常规系统。CCHP系统在能源利用效率上的优势，也同样会转化为减少污染物和温室气体排放的优势。

浦东机场CCHP系统采用余热锅炉，最终排烟温度大大降低，可有效减少"热岛效应"。机场能源中心制冷设备采用蒸汽双效溴化锂冷水机组，与电力离心式冷水机组相比，由于不需要氟利昂等卤代烃物质作为制冷剂，故不存在对大气臭氧层的消耗和破坏作用。

8.3　清洁燃料、源头减排

采用何种燃料进行冷热电三联供，对浦东机场大气品质有重要影响。还在建设之初，机场建设者就坚持清洁发展道路，做出了以天然气为机场主用燃料的决策，迄今也没有发生变化。

由表8-1、表8-2可见，与柴油、燃煤相比，工业锅炉以天然气作为燃料时，其污染物排放量最低，灰分可以忽略不计。

根据燃烧化学反应和计算，每产生10 000 kJ热量所需消耗的天然气、柴油和烟煤以及燃烧后所产生的CO_2、SO_2见表8-3。根据表8-3可知，在产生相等热值情况下，天然气、柴油和烟煤所产生的CO_2质量比为1∶1.33∶2.34，天然气燃烧后没有SO_2生成。因此，浦东机场采用天然气作为主用燃料，与全用柴油相比CO_2减排25%，与全用烟煤相比CO_2减排

57%。从这个意义上讲,天然气不仅是清洁燃料,还是低碳排放燃料。

表 8-1 工业锅炉以燃煤、柴油和天然气作燃料时的污染物排放量

燃料 污染物	燃煤(g/kg) (链条炉)	燃柴油 (g/L)	燃天然气 (g/m³)
颗粒物	$1W_A$	1.8	0.080~0.240
SO_2(以 SO_2 计)	$19W_S$	$17.2W_S$	$0.209W_S$
CO	0.5	0.5	0.272
CH(以 CH_4 计)	0.15	0.35	0.048
NO_2(以 NO_2 计)	27.5	9.6	1.920~3.680

注:W_A——燃料中灰分的百分数;W_S——燃料中硫分的百分数。

表 8-2 燃煤、柴油和天然气的灰分和硫分百分数　　　　　(%)

成分	煤	≠0 轻柴油	天然气
灰分	5~35	<0.01	
硫分	0.7~5.5	<0.5	<0.1

表 8-3 产生 10 000 kJ 热量所需消耗燃料和 CO_2、SO_2 产量

燃料种类	燃料消耗	CO_2 产生	SO_2 产生
天然气	0.280 m³	0.554 kg	0 kg
柴 油	0.233 kg	0.736 kg	0.000 11 kg
烟 煤	0.416 kg	1.295 kg	0.002 08 kg

8.4 跑道优化、飞机减排

航空器是机场大气污染的主要"贡献者",其在机场起飞、着陆、滑行和开车等待时,发动机(在站坪时还包括辅助动力装置)会产生一定量的污染排放。航空器排放气体中,主要是碳氢化合物(H_xC_y)、一氧化碳(CO)、氮氧化合物(NO_x)、二氧化硫(SO_2)和

微颗粒（PM）等有害成分和二氧化碳（CO_2）等温室气体。其中，NO_x 在各种有害气体中占有的份额较大。

图 8-1 所示是 1970—1998 年间美国 NO_x 在各发生领域的增长情况，由图可见，工业、道路车辆所致 NO_x 的增长率仅为 3% 和 2%，发电厂所致 NO_x 呈负增长，但航空器所致 NO_x 增长率达到惊人的 133%。

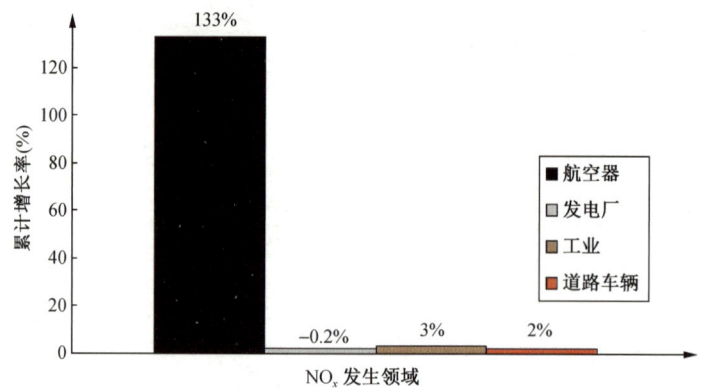

图 8-1　1970—1998 年美国 NO_x 在各发生领域的增长情况

根据国际民航组织调查统计，飞机在一个起降循环（Landing and Take-off Cycle, LTC）中，各运行状态的统计平均时间和各状态下的发动机推力如表 8-4 所示。由表可见，在一般的 LTC 中，飞机处于滑行/怠速的时间，约占 80%。此时，飞机发动机处于低转速或怠速状态，很容易发生不完全燃烧，产生较多的 CO 和 H_xC_y 气体。

表 8-4　飞机起降循环中各状态的平均时间

运行状态	起飞	爬升	下降	进近	滑行/怠速
持续时间（min）	1.2	2	1.2	2.3	26
时间比例	3.7%	6.1%	3.7%	7.0%	79.5%
发动机推力设置	100%	85%	—	30%	7%

表 8-5 为不同型号飞机在每个起降循环的温室气体和污染物排放量。由表中数值可知，飞机起降时的 NO_x，特别是 CO_2 排放量还是很大的，对机场大气环境有重要影响。

表 8-5 每个起降循环的飞机排放量

机 型	一个起降循环的污染物排放 (kg/LTC)					燃料消耗 (kg/LTC)
	CO_2	H_xC_y	NO_x	CO	SO_2	
A300	5 450	1.25	25.86	14.80	1.72	1 720
A310	4 760	6.30	19.46	28.30	1.51	1 510
A319	2 310	0.59	8.73	6.35	0.73	730
A320	2 440	0.57	9.01	6.19	0.77	770
A321	3 020	1.42	16.72	7.55	0.96	960
A330-200/300	7 050	1.28	35.57	16.20	2.23	2 230
A340-200	5 890	4.20	28.31	26.19	1.86	1 860
A340-300	6 380	3.90	34.81	25.23	2.02	2 020
A340-500/600	10 660	0.14	64.45	15.31	3.37	3 370
707	5 890	97.45	10.96	92.37	1.86	1 860
717	2 140	0.05	6.68	6.78	0.68	680
727-100	3 970	6.94	9.23	24.44	1.26	1 260
727-200	4 610	8.14	11.97	27.16	1.46	1 460
737-100/200	2 740	4.51	6.74	16.04	0.87	870
737-300/400/500	2 480	0.84	7.19	13.03	0.78	780
737-600	2 280	1.01	7.66	8.65	0.72	720
737-700	2 460	0.86	9.12	8.00	0.78	780
737-800/900	2 780	0.72	12.30	7.07	0.88	880
747-100	10 140	48.43	49.17	114.59	3.21	3 210
747-200	11 370	18.24	49.52	79.78	3.60	3 600
747-300	11 080	2.73	65.00	17.84	3.51	3 510
747-400	10 240	2.25	42.88	26.72	3.24	3 240
757-200	4 320	0.22	23.43	8.08	1.37	1 370
757-300	4 630	0.11	17.85	11.62	1.46	1 460
767-200	4 620	3.32	23.76	14.80	1.46	1 460
767-300	5 610	1.19	28.19	14.47	1.77	1 780
767-400	5 520	0.98	24.80	12.37	1.75	1 750

(续表)

机型	一个起降循环的污染物排放(kg/LTC)					燃料消耗(kg/LTC)
	CO_2	H_xC_y	NO_x	CO	SO_2	
777-200/300	8 100	0.66	52.81	12.76	2.56	2 560
DC-10	7 290	2.37	35.65	20.59	2.31	2 310
DC-8-50/60/70	5 360	1.51	15.62	26.31	1.70	1 700
DC-9	2 650	4.63	6.16	16.29	0.84	840
L-1011	7 300	73.96	31.64	103.33	2.31	2 310
MD-11	7 290	2.37	35.65	20.59	2.31	2 310

民用机场欲减少飞机的污染物排放，主要可通过以下两条途径：一是减少飞机地面滑行距离，即减少出港飞机从机位到跑道端、进港飞机从跑道脱离位置到机位的距离；二是提供与需求相适应的跑道、滑行道、站坪和机位容量，避免飞机的空中和地面等待。因此，凡有助于提高机场运行效率的举措（如提高跑道容量、减少滑行距离等），都有助于机场飞机的节能、减排。

机场运行效率与多方面因素有关，但飞行区规划设计很大程度上具有决定性。多年来，与国内其他机场相比，上海机场在总体规划研究、编制和修编方面倾注了大量心血，通过专题立项研究、委托国内外专业公司进行咨询服务，在飞行区规划设计方面获得了丰硕成果，使得规划方案在提高机场运行效率方面具有显著优势。下面就从机场飞行区规划设计角度，对西区改扩建后虹桥机场有利于飞机节能减排的规划和运行措施进行分析。

（1）占地较小、功能集约。根据第4章"集约利用、节省土地"的分析，虹桥机场在以单位占地面积来衡量的年旅客吞吐量、年货邮吞吐量、年起降架次、机位数（远机位和近机位），在世界各大型繁忙机场中名列前茅。实际上，如能以较小占地面积承担较大的航空业务量，必然意味着飞行区具有较合理的规划布局，适应的跑道、滑行道、站坪和机位容量，较高的运行效率，飞机的平均滑行距离也必然较短。

（2）跑道容量与飞机起降需求相适应并有一定冗余。在虹桥机场终端规划设计中，跑道容量始终作为一个核心和首要问题。采用近距跑道构型，也是在对近距跑道能够满足高峰小时起降65~80架次的充分论证以后的决定。

（3）与远距相比，近距平行跑道构型使外侧着陆飞机向航站区的滑行距离明显缩短。

（4）飞机滑行道网络优化设置。平行滑行道、快速出口滑行道、垂直联络道、绕行滑行道、机坪滑行道和机位滑行通道等,为飞机在地面织成了一张四通八达、紧密衔接的滑行道网,能确保飞机选择安全、快捷的滑行路线。

(5) 快滑出口位置优化。为有效减少着陆飞机的跑道占用时间(Runway Occupying Time,ROT),设计中采用跑道出口设计交互式模型(Runway Exit Design Interactive Model,REDIM)对跑道快滑位置进行优化,使着陆飞机跑道占用时间平均控制在 50 s 左右,从而增加了跑道容量。

(6) 设置绕行滑行道(End-Around Taxiway,EAT)。绕行滑行道的设置可避免机场 D 类及以下机型穿越跑道,从而有助于提高跑道容量。

(7) 跑道入口内移。在跑道长度够用情况下,入口内移后可大大减小绕行滑行长度,进而减少滑行距离。

(8) 跑道运行方式合理。相对于二号航站楼,机场采用"内侧跑道(西跑道)起飞、外侧跑道(东跑道)着陆"运行方式。优点是:重量大的飞机起飞用内侧跑道,滑行距离较短,有利于减少油耗;根据管制规则,飞机起飞间隔小于着陆间隔,因而起飞跑道容量一般大于着陆跑道,但内侧跑道由于飞机穿越而容量有所降低,"一增一减"有助于两条跑道容量平衡;外侧跑道没有穿越干扰,有利于飞机随时着陆、符合"着陆优先"管制原则,有利于增加着陆容量。

(9) 允许适当穿越跑道有助于减少大型着陆飞机(E 类飞机)滑行距离。如图 8-2 所示,

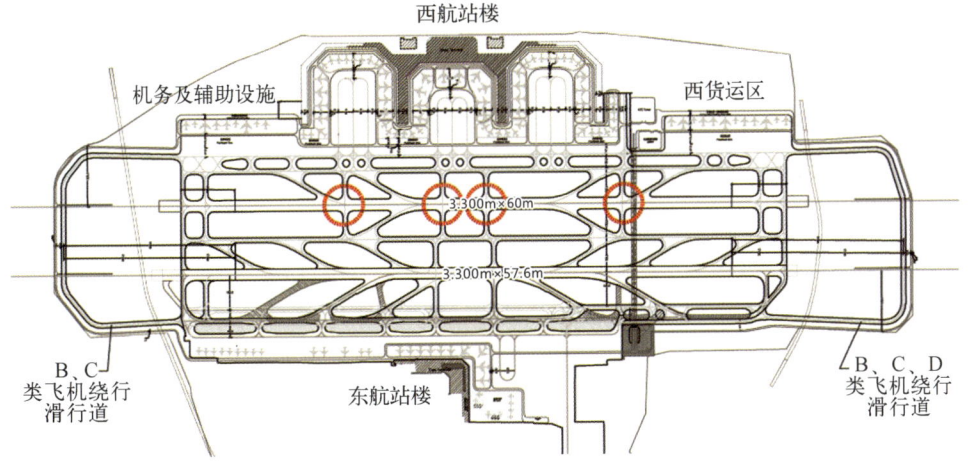

图 8-2 虹桥机场跑道穿越位置

虹桥机场规划了4处跑道穿越点，同时建议尽量使用距跑道入口较近的穿越点，以便运行更加快捷和安全。

（10）科学设置航站楼空侧与站坪、机位的布局。如图8-3所示，虹桥机场航站楼空侧边的大幅延展，为集中布置尽可能多的近机位创造了条件；站坪采用三条滑行通道，有利于飞机便利、快捷地进出机位；采用组合机位，增加了机位对机型的适应性；站坪紧邻多条平行滑行道，极大便利了众多飞机的地面滑行调度。

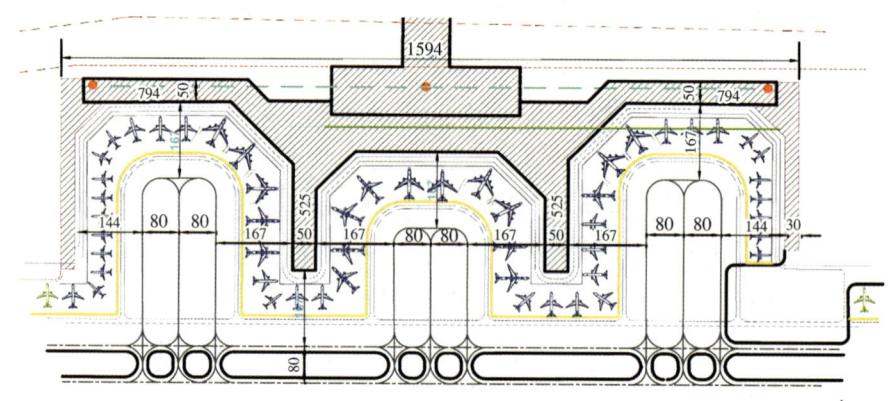

图8-3　虹桥机场二号航站楼站坪机位布局

通过以上10项措施，虹桥机场提高了飞机的空中和地面运行效率，取得了显著的节能、减排成效。

8.5　桥载设备、地服减排

辅助动力装置（APU）是飞机上的一台小型涡轮发动机，靠燃烧燃油来工作。APU能独立向飞机提供气源和电源，少量APU还能给飞机提供附加推力。通过APU供电、供气，即可启动飞机发动机，使之开始工作。发动机空中停车时，也要依靠APU来重新启动。当飞机在机场地面滑行和停靠机位时，可只借助APU来实现飞机机载设备供电和机舱空调、照明。如果飞机在机场时APU不工作，则飞机发动机启动、机载设备供电、机舱空调和照明的保障，必须借助电源车、气源车和空调车等地面勤务车辆才能实现。

飞机 APU 工作也会对机场大气环境造成污染。表 8-6 为远程、短程飞机 APU 污染物排放的统计平均值。同样，地面勤务车辆，如电源车、气源车和空调车等，工作时也会对大气环境造成负面影响。显然，如果飞机在站坪上关闭 APU，也不用电源车、气源车和空调车，而是代之以没有大气污染的设备，则对保护机场大气环境颇有益处。图 8-4 为浦东机场的桥载电源（Bridgemounted GPU）和桥载空调（Bridgemounted PCAU）。

表 8-6 飞机 APU 污染物排放量

机 型	短程飞机	远程飞机
APU 工作时间	45 min	75 min
燃油消耗	80 kg	300 kg
NO_x 排放	700 g	2 400 g
H_xC_y 排放	30 g	160 g
CO 排放	310 g	210 g
PM_{10} 排放	25 g	40 g

注：来源于 ICAO DOC 9889。

图 8-4 浦东机场桥载电源和桥载空调

桥载电源和桥载空调的优势何在？简而言之，就是"减排；节能、经济；降噪；安全"。下面分别进行分析。

（1）减少排放。利用桥载电源、桥载空调而不使用 APU 来向飞机供电、供空调时，由于APU完全关闭，其大气污染（包括温室气体排放，见表8-7）完全消失。

(2) 节能、经济。对航空公司而言，不用APU或电源车、气源车而代之以桥载设备，具有节约航油、延长APU寿命、减少维修成本、减少地面供电/空调费用支出等优势。表8-7为B738—300飞机采用不用供电方式的费用比较，采用静变电源组的经济优势可见一斑。

表8-7　B738—300采用不用供电方式的费用比较

设备类型	使用能源	能耗率	CO_2排放	排放比	能源单价	小时费用	费用比
APU	航空燃油	160 L/h	387 kg/h	1	4.5元/L	720元	1
90 kVA 电源车	柴油	30 L/h	79 kg/h	0.20	3元/L	90元	0.13
90 kVA 静变电源组	工业用电	72 kW·h/h	72 kg/h	0.19	0.76元/(kW·h)	54.72元	0.08

(3) 降低噪声。桥载电源、桥载空调工作时也有噪声，但与APU噪声相比是"小巫见大巫"。因此利用桥载设备，有利于站坪区域降噪，对改善航站楼附近声环境，改善勤务和机务人员劳动环境、减少事故都有利。

(4) 提高站坪安全水平。使用桥载电源和桥载空调，而不是用电源车、气源车，可减少站坪保障车辆，有助于降低航空器、车辆、人员碰撞事故，改善站坪安全状况。

鉴于桥载电源、桥载空调的诸多优势，上海机场在国内率先大规模开展了桥载设备应用探索。浦东机场自2000年起，通过组建项目组、召开推广介绍会、调整收费标准、延伸产品附加服务等一系列营销手段，积极进行推广。

浦东机场一号航站楼空侧共有28个桥位，每个桥位均配置了400 Hz电源和飞机空调，2000年投入使用。其中，400 Hz GPU采用丹麦AXA动力公司（AXA Power ApS）和中国威海广泰空港设备公司产品，PCAU是美国杰特威公司（Jetway）产品。

2008年3月，浦东机场二号航站楼登机桥400 Hz电源和飞机空调各44台投入使用。其中400 Hz电源主要是美国浩博特地面电源公司（Hobart Ground Power）产品，飞机空调是美国推来超公司（Trilecttron）和我国西安飞豹公司产品。

到2009年，已有36家国内外航空公司利用浦东机场提供的桥载电源和桥载空调。GPU、PCAU在浦东机场的推广应用，对减少站坪有害气体和温室气体排放发挥了显著作用。

8.6　交通枢纽、陆侧减排

陆侧交通对机场大气环境有重要影响。对于大型民用机场而言，大量的旅客及其迎送者、机场员工、航空公司和各种地面服务、客货代理机构工作人员，通过各种陆侧交通工具进出机场，大量的人流、物流和车流在机场区域汇集，向机场空中散发大量的有害气体和温室气体。如何有效减少机场来自陆侧交通工具的大气污染（Emissions from Ground Access Vehicles），已成为机场大气环境保护的重要课题。

上海机场在陆侧交通规划中，通过浦东机场"一体化交通中心"和虹桥机场"综合交通枢纽"这些富于远见和成效的陆侧交通方式，为机场客货运输的可持续发展，包括为陆侧交通大气污染的防控奠定了良好基础。其中，特别值得推崇的就是"公交优先"理念的践行。"公交优先"在一定程度上使浦东和虹桥机场最大限度地减少了陆侧交通工具的污染排放。

浦东机场通过集中航站楼附设指廊的概念设计，成功实现了空侧与陆侧的集成和统一，使"一体化交通中心"的规划、建设具有必要性和可能性。"一体化交通中心"通过相对独立的客运交通系统、人车分离的旅客换乘步行系统和多车道边的人车转换系统，构成了完善的交通体系，见图8-5。进出机场的人群不论采用何种交通方式，都能享有通达、快捷和舒适的交通品质，从而最大限度地避免了机场外、机场内和航站楼前的交通拥堵。

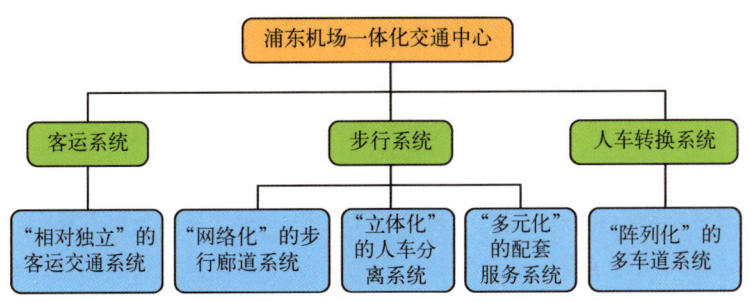

图8-5　浦东机场一体化交通中心交通体系

机场在陆侧交通规划中，坚持"既适应又引导"的策略。所谓适应，就是根据目前的交通状况采用合适交通方案，保证机场陆侧交通的有效、通畅；所谓引导，就是密切结合上海国际大都市未来交通发展趋势、发展规划以及浦东机场的终端容量，因势利导，牢固确立"公交优先、公交主体"的交通方式架构，统一规划、分期实施。

根据预测，机场远期的交通方式结构见表8-8。机场终端规划年客运能力为8 000万人次，对陆侧交通的有效性、可靠性要求之高可想而知。我们欣喜地看到，浦东机场陆侧交通正一步步朝既定方向迈进。目前，磁浮、地铁、机场专线公交、长途公共汽车、旅游巴士等公共交通方式已在机场中发挥着重要的交通支撑作用。没有"一体化交通中心"，没有"公交优先、公交主体"的交通架构，机场的现实和未来运行都难以想像，遑论陆侧交通的节能、减排。

表 8-8　远期浦东机场的交通方式结构

序号		交通方式	出发	到达
1	公共交通	轨道交通（磁浮、地铁等）	40%	40%
2		机场专线公交	15%	15%
3		长途公共汽车	5%	5%
4		旅游巴士	8%	8%
5		社会车辆	18%	16%
6		出租汽车	14%	16%

虹桥综合交通枢纽主要由机场航站楼、铁路车站、磁浮车站和东西两个交通中心（公交换乘）、车库、停车场等组成，按日处理旅客110万人次进行设计。铁路车站设30股道，10股为城际铁路使用，20股为高速铁路使用；磁浮设10股道，供城际线和机场快线使用；轨道交通5条线，在枢纽两侧设东、西两站，东站主要为机场和磁浮服务，西站主要为铁路和地区开发服务。

虹桥综合交通枢纽已将机场陆侧交通"公交优先"和"节能减排"推向了极致，其节能减排的意义也大大超越了航空运输范畴，成为国际领先综合交通集约建设和节能减排典范。其在减少城市交通（包括机场陆侧交通）污染排放方面的意义，主要体现在以下两个方面。

（1）不仅服务于上海，而且服务于长三角乃至更大区域。综合交通枢纽在将交通服务辐射出去的同时，也使节能减排的社会效益惠及更大地域范围。

(2) 集成了民用机场、高速铁路、城际铁路、城际磁浮、机场间磁浮、高速巴士、地铁、长途汽车、公交汽车等多种公共交通设施和交通方式，并可实现各种交通方式的换乘乃至联运。快速、便捷、舒适和全旅程时间节约，足以吸引大众利用综合交通枢纽，加之枢纽所具有的巨大客运处理能力，节能减排效益难以估量。

8.7 废物收集、无害处理

机场在运行中，要产生相当数量的固体和液体垃圾。固体废弃物主要包括航空器垃圾、航站楼垃圾和地面垃圾。液体垃圾则主要包括航空器污水和航站楼污水。机场垃圾如果处理不当，会对生活、大气、水环境以及土壤等造成污染。特别是来自外航飞机的垃圾，如不进行严格的焚烧和消毒处理，还可能造成病菌及病毒传播、疫情扩散，危及人体健康和环境卫生。

浦东机场从一期工程开始，就非常重视机场废弃物处理，分别针对固体和液体废弃物，建立了严格的处理标准，建设了处理设施。浦东机场固体和液体废物处理流程分别见图8-6、图8-7。

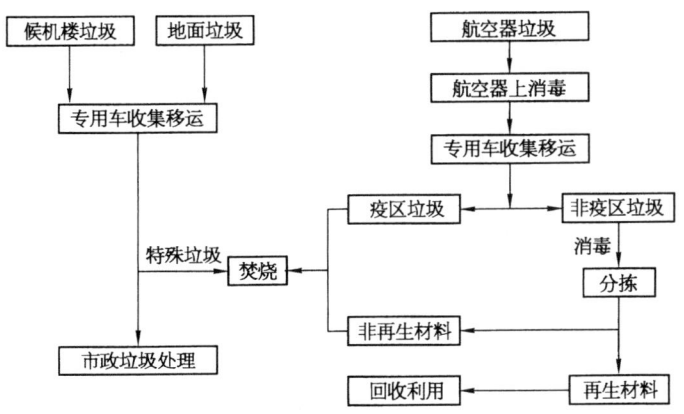

图8-6 浦东机场固体废弃物处理流程

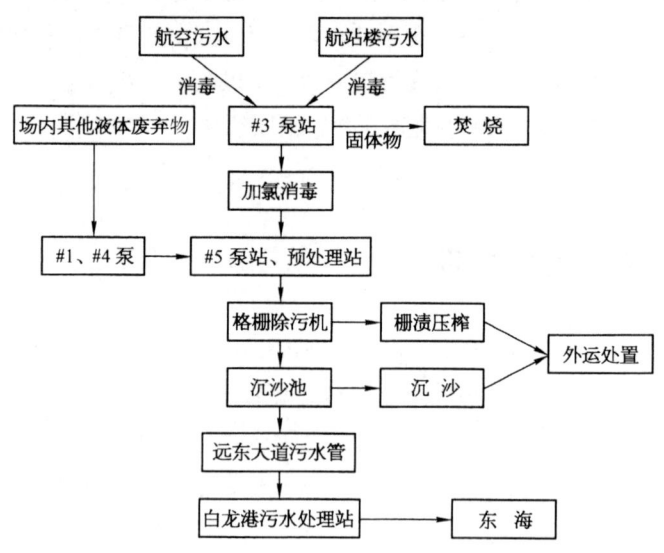

图 8-7 浦东机场液体废弃物处理流程

为处理航空垃圾，浦东机场一期工程建设了处理能力 30 t/d 的垃圾焚烧系统。航空垃圾焚烧厂工艺流程见图 8-8。系统采用性能稳定、工艺简单、运行方便的回转窑焚烧处理工艺，能够实现航空垃圾、废油及垃圾渗沥水等不同类型废弃物的混合焚烧。燃烧烟气净化除尘采用了国内外较成熟的石灰乳脱酸和布袋除尘，运行费用低，处理后烟气污染物排放浓度完全符合控制标准。进料系统采用水平给料机同双道液压控制闸门协同工作，有效解决了垃圾堆积架桥问题，确保了垃圾进料系统无故障运行。自控系统可根据炉内烟气温度、含氧量、烟气成分来控制一次燃油、一次风机与二次燃油、二次风机工作，实现了焚烧系统全过程自动控制。燃烧残渣用密闭专用车辆运至垃圾填埋场进行处理，燃烧烟气经二次燃烧后，通过布袋除尘器后排放。

第 8 章 减少排放、护佑蓝天

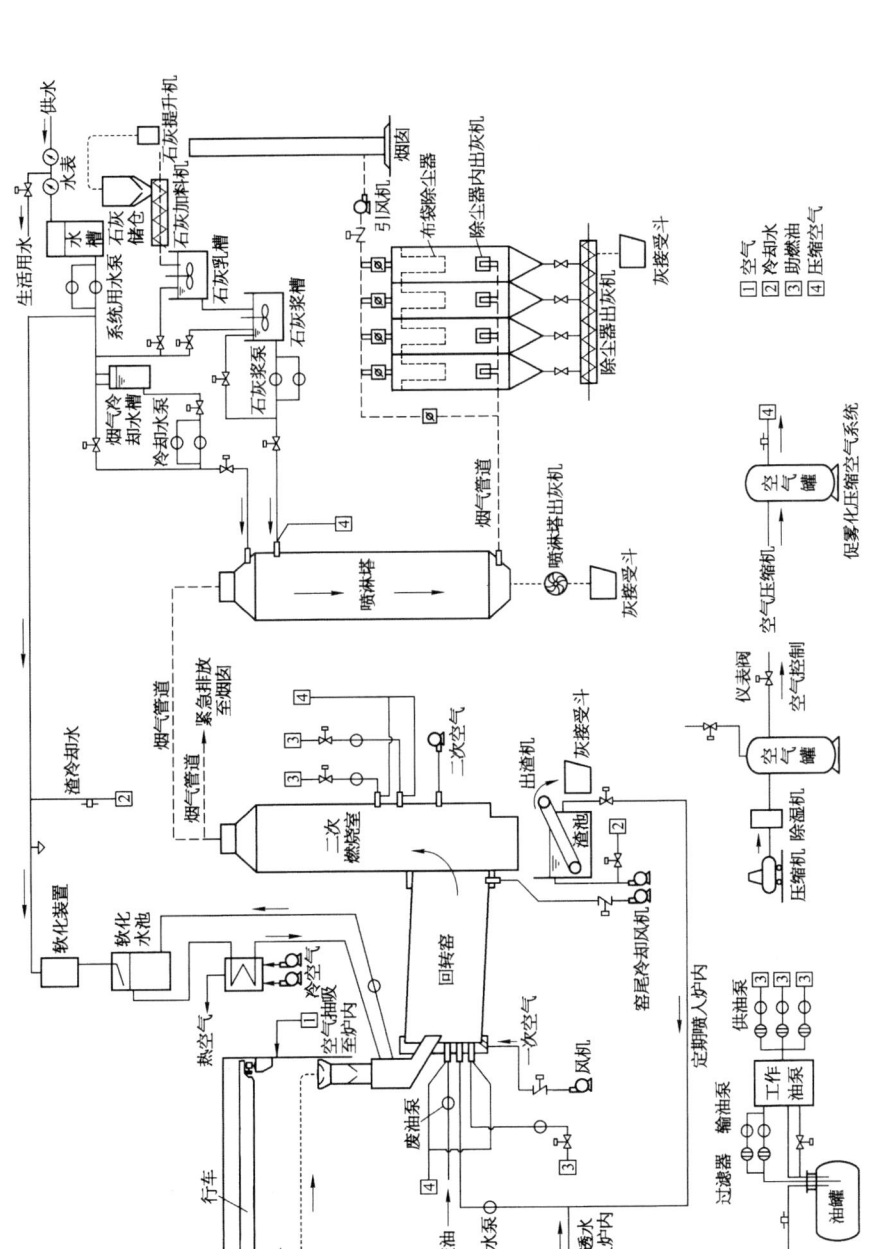

图 8-8 浦东机场航空垃圾焚烧工艺流程

航 空 港 规 划 丛 书

第 9 章

能源系统、创新节能

大型民用机场为了保证客货运输，需要种类繁多的设施和设备。机场飞行区、航站区、工作区、生活区，以及空管、通信导航、货运、航油、机务维修与保障、航空食品、安全保卫、信息管理和基础配套设施等的日常工作，要消耗大量的电力和能源。毫不夸张地说，大型民用机场的能源消耗模式和数量几乎与一座小型城市相当。例如，2010年浦东机场、虹桥机场的年用电量分别达到1亿kW·h和8 000万kW·h。因此，采用何种能源、如何进行能源的转换和输送，便成为机场能源系统的首要问题，直接关系到未来机场的能源利用效率，关系到节能减排。

上海在虹桥机场和浦东机场能源系统的规划设计、施工建设和运行管理中，始终围绕着"节能减排"这一主题，组织研究、系统谋划。通过"大集中、小分散"的能源布局，通过集成创新的"汽电共生、冷热联供"能源系统，通过"避峰用谷"的空调蓄冷，通过"冷水直供"的航站楼冷水系统，通过光伏发电的可再生能源利用，通过常规节能技术的系统应用，在机场能源系统节能方面取得了显著成效。

9.1 大集中、小分散

浦东机场占地约40 km²，南北长约8 km，东西平均长约4 km，呈狭长形，机场场区面积大、建筑多。根据"以功能分区为主，以行政分区为辅"的原则，整个机场分为四大区域：飞行区、航站区、工作区和生活区。工作区按不同服务功能进一步分为：货运区、飞机维修区、航空食品配套区、飞行保障设施区、综合办公区、商务设施区、航空公司基地、油库区、污水污物处理区等。由于采用功能分区，市政公用基础设施，如给排水、供配电、邮电通信、供冷供热、燃气工程等分别针对不同功能区域，以确保机场整体高效运行。

根据"一次规划，分期发展，滚动建设"原则，浦东机场航站区、工作区、航空公司基地区、机务维修区等的冷热能供给,从浦东一期工程开始即确立了"大集中、小分散"的能源供给策略。

"大集中"即采用"能源中心"模式,服务于供冷供热负荷大、区位相对集中的用户,如航站楼、综合办公区、商务设施区、航空食品配餐区等。"大集中"可有效发挥能源系统规模效益,实现多形式、高效率的能源转换和利用,有利于能源集中输送、调控,有利于平衡、协调不同用户用能需求,有利于提高供能可靠性。与分散供能相比,能源中心机房具有节省土地资源、空间利用率高、自动化程度高等显著优点。由于能源中心布置在服务区域中心,还可有效减少输能功耗和沿程损耗。

"小分散"则是针对区位相对独立、能耗较小的用户(如航空公司基地、机务维修区等),单独配置供冷供热站。这样可减少冷、热能长距离输送所带来的沿程管路损耗,避免能源中心因长距离冷、热媒输送而配置大流量、高扬程循环水泵,减少输送能耗,为能源中心腾出更多空间。"小分散"供能方式也更有利于根据分散用户实际需求供给能源,做到供需匹配、减少供过于求的浪费和供小于求的保障不良。

二期工程结束后,浦东机场整个机场只设 2 个能源中心,另外预留了三期能源中心,见图 9-1。一期能源中心服务区域包括:一号航站楼、综合办公区、航空食品配餐区、货运

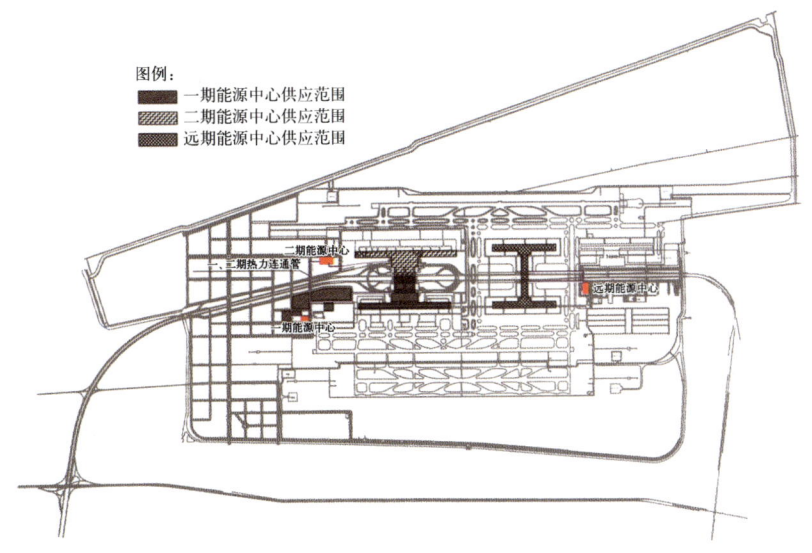

图 9-1　浦东机场能源中心设置及其服务区域

区、飞行保障区、商务设施区等，各区域冷热负荷详见表 9-1。二期能源中心服务区域包括：二号航站楼、交通中心。二期工程建设时还规划预留了为卫星厅服务的三期能源中心。

表 9-1　浦东机场一期能源中心服务对象及冷热负荷

区　块	项目名称	夏季冷负荷或冷冻水用量（kW）	冬季热负荷或蒸汽用量（kW）	全年生活蒸汽用量（t/h）
航站区	航站楼	53 000	51 300	2.2
综合办公区	机场当局办公楼	1 401	1 373	0.815
	餐饮娱乐中心	960	814	1.5
	海关边防联检楼	1 485	1 683	0.8
航空食品配餐区	机场配餐	4 850	3 880	8
货运区	机场货运	5 200	2 900	
动力设施区	医疗急救中心	450	340	无
飞行保障区	消防中心等	340	530	无
商务设施区	机场宾馆	3 140	2 442	5
	航空公司办公楼	1 700	840	无
	浦东发展银行金融中心	2 326	1 395	0.7
二期可以增加的用户	宾馆 1	约 3 000	约 2 500	5
	宾馆 2	约 3 000	约 2 500	5
	宾馆 3	约 3 000	约 2 500	5
	商务中心	约 1 400	约 800	0.4
总负荷		85 252	75 797	34.4

9.2　汽电共生、冷热联供

浦东机场一期工程在国内首次集成了燃气轮机、余热锅炉、蒸汽锅炉、吸收式制冷机和离心式制冷机，形成了冷热电三联供 CCHP 系统，开创了我国机场 CCHP 能源系统的先河。

浦东机场一期能源中心 CCHP 系统总供热能力为 121 t/h、总供冷能力为 77 MW（折合 22 000 RT，1 RT = 3.517 kW）、供电能力 4 000 kW。主要设备包括：油气两用燃气轮机发电机组，电功率 4 000 kW、电压 10.5 kV；锅炉设备，包括利用燃气轮机高温排烟产生 0.9 MPa 饱和蒸汽、蒸发量为 11 t/h 的余热锅炉和总蒸发量为 110 t/h 的 4 台油气两用蒸汽锅炉（其中 30 t/h 蒸发量 3 台、20 t/h 蒸发量 1 台）；制冷设备，包括 4 台总制冷能力为 56 MW（16 000 RT）的离心式冷水机组［每台制冷量为 14 MW（4 000 RT）］，4 台总制冷能力为 21 MW（6 000 RT）的蒸汽双效吸收式制冷机组［每台制冷量为 5.28 MW（1 500 RT）］。系统和主要设备及参数见图 9-2。

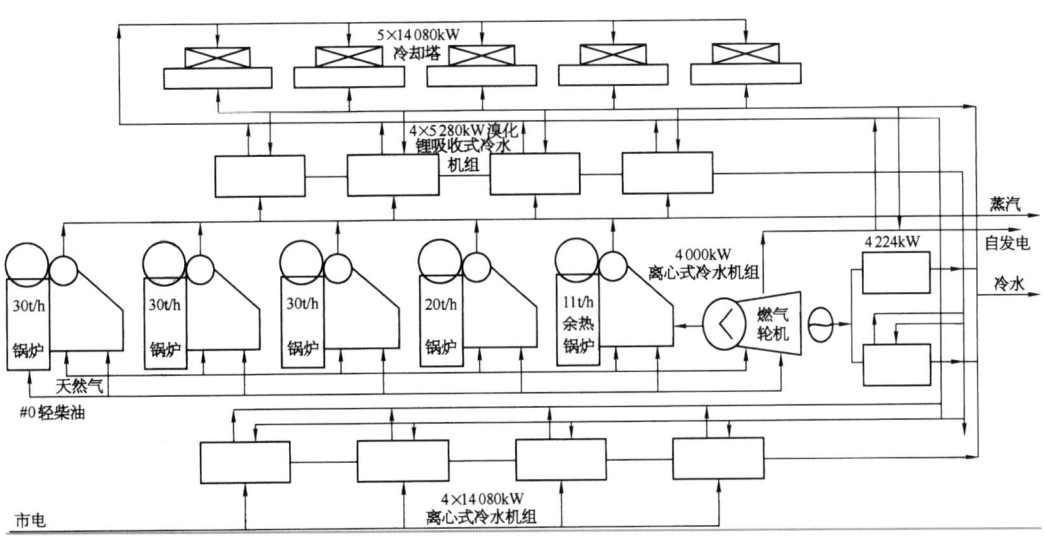

图 9-2　浦东机场一期能源中心冷热电三联供系统和主要设备

冷热电三联供系统工作原理是燃料（燃气或燃油）化学能在燃气轮机燃烧器中转化为烟气热能，高温烟气在燃气轮机中冲击涡轮叶片做功，使烟气热能转化为机械能，进而带动燃气轮机发电机组转子转动，将机械能转化为电能。在燃气轮机做功后的中温烟气进入余热锅炉与水进行热交换而产生水蒸气，较难利用的低温烟气最后被排放。余热锅炉产生的蒸汽供给溴化锂吸收式制冷机组，用于热能制冷；燃气轮机发电部分供给离心式制冷机组，用于电制冷。

冷热电三联供系统的优势，主要体现在以下 5 个方面：

（1）在"能量"和"能质"两个方面显著提高了一次能源利用率。燃气后产生的烟气热能，根据其温度不同，系统采用"分质利用"方案，即高品位的高温烟气用于发电，低品位的中温烟气引入余热锅炉产生蒸汽，因而获得了较高的一次能源（天然气）利用率。浦东一期能源中心额定工况下，燃气轮机发电效率为 29%，蒸汽发生热效率为 49%，总的一次能源利用率达到 78%。而相近规模的小型发电机组效率为 30%～36%，大型发电机组效率为 40%。对于常规蒸汽锅炉，尽管其热效率可达 90%，但燃料化学能全部被转换为品位较低的热能，没有高品位电能产生。

（2）能源利用具有多样性、备用性和可靠性。系统利用天然气同时产出了"热、冷、电"三种能源形式，供热以常规锅炉和余热锅炉互为备用，供冷以电制冷和吸收式制冷互为备用，供电以市电和自发电互为备用，大大提高了机场电、冷、热供应的备用性和可靠性。

（3）有助于缓解社会能源供需的结构和时间矛盾。系统在夏季发电并采用热能制冷，有助于缓解夏季市电供应紧张的状况，同时增加天然气用量（夏季社会天然气用量较少），发挥"削电峰、填气谷"作用；在冬季，系统借助热能综合利用率高和烟气余热利用优势，可减少天然气消耗，同样有益于缓解冬季社会天然气供需紧张局面。

（4）设施集约、占地较少；使用寿命长，保养适当时可达 20～30 年；设备简单，易于维护和运行；启动快，能快速投入运行；系统用水少、自用电少。

（5）减少污染物排放，减少热污染，减少温室气体排放。由于系统以天然气为燃料，排烟中的 CO 和 NO_x 较少，没有 SO_2；由于采用余热锅炉，系统额定工况排烟温度仅有 148℃，远低于一般锅炉排烟温度（180～220℃），有助于减少"热污染"和"热岛效应"；根据第 8 章可知，在产生相等热值情况下，采用天然气作为燃料，与柴油相比 CO_2 减排 25%，与烟煤相比 CO_2 减排 57%。蒸汽双效溴化锂冷水机组，与电力离心式冷水机组相比，由于不需要氟利昂等卤代烃物质作为制冷剂，所以也就不存在对大气臭氧层的消耗和破坏作用。

9.3 避峰用谷、蓄冷空调

对于大都市而言，城市用电供需矛盾常常体现为时间结构的不匹配和不均衡，即在白天（尤其是上午）和晚间（18:00—21:00），由于大部分生产、服务和事业单位以及居民同时有较高用电需求，电力供不应求；而到了夜间，情况刚好相反，电力供大于求。为了协调和解决用电的时间结构矛盾，很多城市开始实行"分时电价"。例如，自2002年起，上海市供电局对浦东机场实行分时电价制：22:00—6:00为谷值时段，电价为0.227元/（kW·h）；8:00—11:00和18:00—21:00为峰值时段，电价为1.032元/（kW·h）；其余为平价时段，电价为0.661元/（kW·h）。峰谷电价比为4.5∶1，绝对价差为0.805元/（kW·h）。因此，如果企业用电能够"避峰用谷"，则既可减少电费支出，给企业带来经济效益，又可缓解社会用电紧张，具有社会效益。

正是在这样的背景下，浦东机场二期能源中心采用了蓄冷空调技术。二期能源中心的供冷供热服务面积为88.5万 m^2，主要服务于二号航站楼、交通中心，总设计冷负荷为85 179 MW（24 400 RT），热负荷为501 665 MW。

蓄冷式空调系统，也称"热储能系统（Thermal Energy Storage System，TES）"，其工作原理就是在用电低谷时间（也是建筑空调用冷低谷时间），开启电动制冷系统，并采用蓄冷设备进行冷能储蓄；在用电高峰时间（一般也是建筑空调用冷高峰时间）将储蓄冷能释放出来用于空调，此时电制冷机可以不开或少开。由此可见，"蓄冷空调"对城市电网的利用采取了"避峰用谷"策略。

冷能储蓄，可利用水、冰、共晶盐水混合物等热媒。其中，水为显热热媒，其蓄冷、放冷是通过热媒自身温度下降和上升来实现的，蓄冷、放冷过程中热媒保持液体状态不变，只有温度变化，属于"显热"蓄冷；冰、共晶盐水混合物为潜热热媒，其蓄冷、放冷是通过热媒自身的温变和相变（液相变固相、固相变液相）来实现的，相变过程中，热媒释放或吸收大量的凝固潜热或溶解潜热，属于"显热+潜热"的蓄冷方式。目前，共晶盐水混合物蓄冷系统由于受蓄冷介质相变次数限制，蓄冷、释冷过程的换热性能较差、系统初投资和运行费用高，使用较少。空调蓄冷系统中水蓄冷和冰蓄冷应用较多。

水蓄冷系统可直接与常规空调系统匹配，制冷机组蓄冷时蒸发温度为4℃，机组性能系数能效比（Coefficient of Performance，COP）较高。系统可利用消防水池、蓄水设施或建筑物地下室作为蓄冷容器，降低水蓄冷系统初始投资。系统设备投资少、运行效率高、使用维护简单，缺点是单位体积热容量小，蓄冷装置占地较大。当蓄冷量大于7 MW·h或蓄冷容积大于760 m^3 时，只要场地、空间许可，水蓄冷系统的经济性优势非常显著；且蓄冷罐体积越大，单位蓄冷量投资越低。因此，浦东机场二期能源中心采用了水蓄冷系统。

水蓄冷系统主要由制冷机组、蓄冷槽、蓄冷水泵和自控系统等设备组成。其中的关键技术，就是在满足供冷负荷需求前提下，维持较大的蓄冷温差，提高蓄冷效率，防止蓄水槽热回水与储存冷水之间混合。目前，常用的蓄冷装置有温度自然分层式、隔膜式、迷宫式、溢流式、多联组合式等。自然分层水蓄冷是一种结构简单、蓄冷效率较高、经济性较好的蓄冷方式，应用广泛，为浦东机场二期能源中心所采用。

蓄冷罐对系统蓄冷效果和运行稳定有重要影响。浦东机场二期能源中心蓄冷罐为钢制直立罐，见图9-3，罐直径为26 m，高21.86 m，容积为11 600 m^3，罐顶和底板分别均匀布置5 327个圆柱形布水口；外壁用聚乙烯材料保温。蓄冷罐利用水的温度-密度特性，实现冷水、温水的自然分层。水的密度与温度密切相关，水温大于4℃时，温度升高，密度减小；0～4℃（准确值为3.98℃）范围，温度升高，密度增大，4℃时密度最大。在蓄冷罐中，温度为4～6℃的冷水沉在罐体下部，10～18℃的温水聚升到罐体上部，从而实现冷热水自然分层。蓄冷罐上、下部设置布水器，分别供温水、冷水流入或流出。为保证自然分层效果，应控制水流的雷诺数（Re）、弗劳德数（Fr），以防水的流入或流出对蓄冷罐造成扰动。

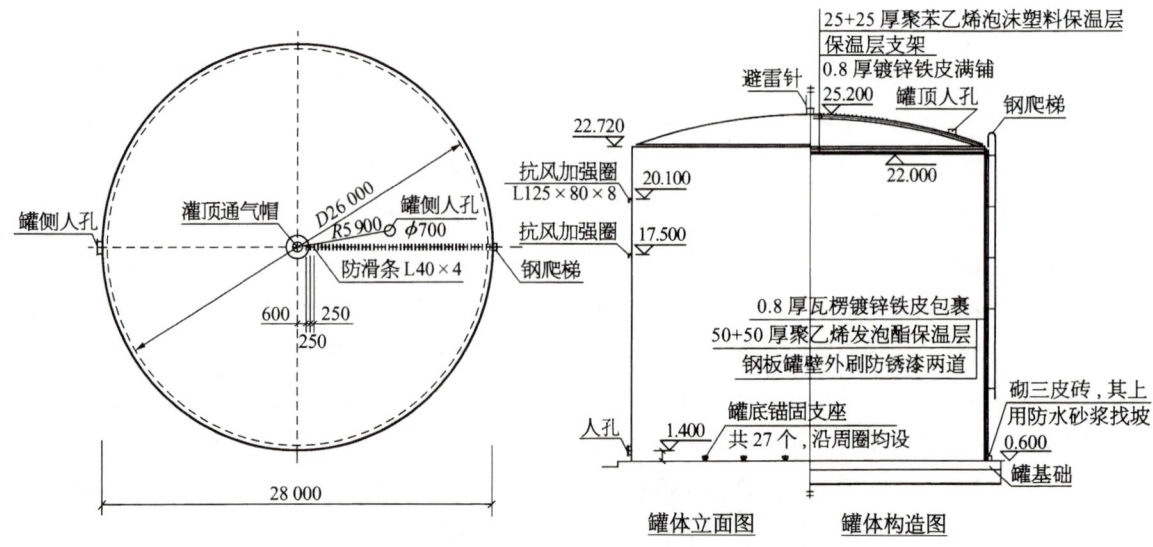

图9-3 浦东机场二期能源中心蓄冷罐

蓄冷罐内温水和冷水过渡区，会因水的导热而形成斜温层，见图9-4。稳定的斜温层对蓄冷效果非常重要。一般应将斜温层厚度控制在0.3~1.0 m之间。斜温层过厚，会减少可用蓄冷容积，导致蓄冷量下降。

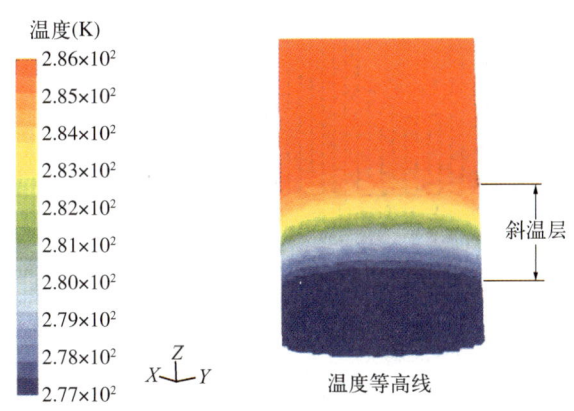

图9-4　浦东机场二期能源中心蓄冷罐斜温层

浦东机场二期能源中心蓄冷罐体积庞大，国内尚无先例，国外亦属罕见。为保证水蓄冷系统运行可靠、高效，机场委托研究机构采用计算流体力学方法对水蓄冷罐进行了建模、仿真计算，得出直观的罐内温度场、速度场及其随时间的变化。深入、系统的研究，为蓄冷罐的设计优化奠定了基础。

浦东机场蓄冷空调可采用四种工作模式，即：①主机（电动冷水机组）供冷；②主机供冷＋罐蓄冷；③主机供冷＋罐放冷；④蓄冷罐供冷。上述③、④模式，蓄冷罐都参与承担空调冷负荷。根据计算，二期能源中心每年供冷期总计180 d，其中100%、75%、50%和25%冷负荷率（实际供冷负荷/设计冷负荷）所对应天数分别为24 d、60 d、60 d和36 d。不同的冷负荷强度应采用不同的蓄冷空调运行策略。图9-5—图9-8分别为不同负荷率条件下的水蓄冷空调运行策略。

当蓄冷能量承担17%空调冷负荷时，在不同负荷率条件下的电制冷、冰蓄冷和水蓄冷的耗电量和电费比较见表9-2。可见，水蓄冷在节省运行经费方面优势十分显著。与水蓄冷相比，冰蓄冷电费支出要高12%，电制冷要高36%。

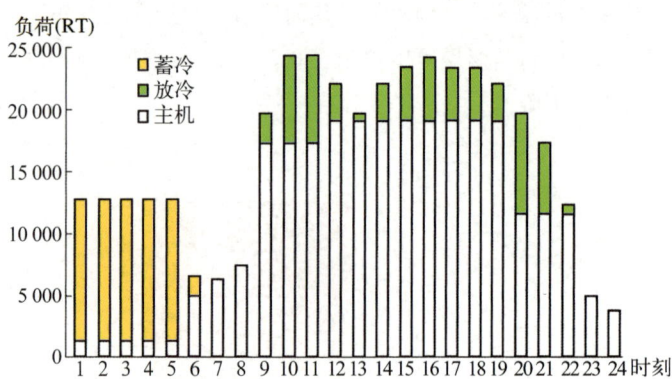

图 9-5　冷负荷率为 100% 时的蓄冷空调运行策略

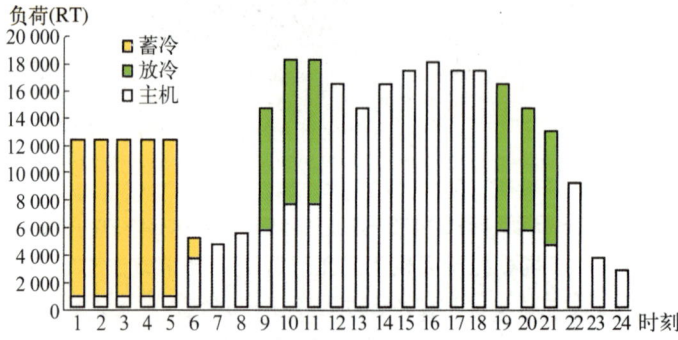

图 9-6　冷负荷率为 75% 时的蓄冷空调运行策略

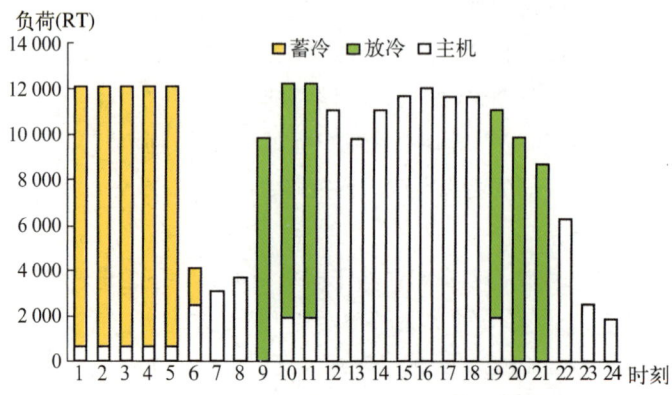

图 9-7　冷负荷率为 50% 时的蓄冷空调运行策略

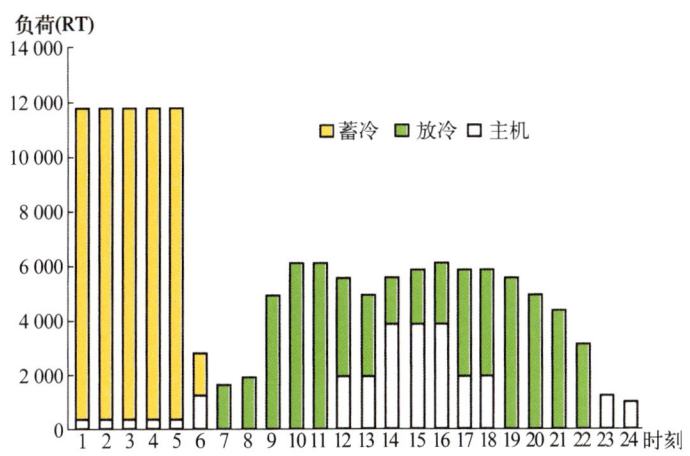

图 9-8　冷负荷率为 25% 时的蓄冷空调运行策略

表 9-2　采用 17% 蓄冷量时水蓄冷、冰蓄冷和电制冷比较

负荷分布	天数(d)	电制冷耗电量(kW·h)			冰蓄冷耗电量(kW·h)			水蓄冷耗电量(kW·h)		
		高峰	平段	谷段	高峰	平段	谷段	高峰	平段	谷段
100%	24	2 785 034	4 014 647	427 453	2 314 965	3 475 878	2 164 300	2 073 611	3 470 992	1 622 038
75%	60	5 223 750	7 559 719	818 977	2 660 601	7 675 070	5 168 023	2 218 388	7 510 755	3 783 512
50%	60	3 474 632	5 027 831	561 228	789 383	5 185 472	4 917 760	533 852	5 048 583	3 558 517
25%	36	1 047 558	1 521 430	181 449	137 863	770 524	2 799 834	74 000	681 084	1 981 478
合计	180	12 530 974	18 123 627	1 989 107	5 902 812	17 106 944	15 049 917	4 899 851	16 711 414	10 945 545
总电量(kW·h)		32 643 708			38 059 673			32 556 810		
电价[元/(kW·h)]		1.003	0.621	0.229	1.003	0.621	0.229	1.003	0.621	0.229
电费(万元)		1 257	1 125	46	592	1 062	345	491	1 037	251
总电费(万元)		2 428			1 999			1 779		

电制冷、冰蓄冷和水蓄冷的机房经济性比较见表 9-3。可见，在机房配电容量和一次性建设投资两个方面，水蓄冷优势明显。以建设初投资为例，与水蓄冷相比，电制冷要高 3%，冰蓄冷要高 48%。

表 9-3 水蓄冷、冰蓄冷和电制冷的机房经济性比较

内容		冰蓄冷	水蓄冷	电制冷
制冷机组容量(RT)		18 320	19 000	24 700
机房设备用电功率(kW)		18 630	18 265	23 212
机房设备配电容量(kVA)		21 918	21 488	27 308
一次投资（万元）	机房设备概算	14 296.4	9 123.3	9 015.8
	机房配电设施费	1 753.4	1 719	2 184.6
	合计	16 050	10 842	11 200

综上所述，浦东机场二期能源中心采用水蓄冷空调，获得了以下技术、经济和环境效益：

（1）实现了对社会电力的"避峰用谷"。由于二期能源中心冷负荷巨大，故"水蓄冷"方案对缓解城市用电供需矛盾作用显著。

（2）与常规电力冷水机组制冷和冰蓄冷方案相比，水蓄冷具有节约建设投资、日常运行费用低的显著优势。

（3）由于水蓄冷空调电力消耗小（比电制冷减少用电 0.3%，比冰蓄冷减少用电 17%），因此有助于机场节能减排。

9.4 取消板交、冷水直供

公共建筑往往体量巨大，机场航站楼就是其中的典型，其空调水系统作用半径通常可达到 2 000 m 以上。由于航站楼内一般无法设置冷冻机房，通常采取航站楼外设置能源中心的供冷方案。在设置能源中心的方式下，往往在航站楼内设置多个热力交换站房，通过板式热交换器（简称：板交）进行各用户冷能交换，将二、三次水泵扬程控制在合理范围内，以节约水泵运行能耗。

虹桥综合交通枢纽一个能源中心位于二号航站楼的北侧，距二号航站楼的最北端约 300 m，服务于二号航站楼（其中设 8 个热力交换站房）、配套宾馆和北指廊；另一个能源中心服务于东交通中心和磁浮车站，位于东交通中心和磁浮车站的北侧，距离两座建筑约

800 m。上述两个能源中心的供冷方式均为大型电动离心式冷水机组加水蓄冷方式。由于水系统定压原因，虹桥机场二号航站楼 +24.650 m 以下层采用了取消板交的三次泵冷冻水直供系统。

三次泵冷冻水直供系统原理见图 9-9。其中，能源中心一次泵用于输送从制冷机和蓄冷罐出来的冷冻水，采用定流量泵，这样不同厂家的冷水机组均能适应，系统运行稳定性高。能源中心二次泵采用变流量泵，根据二次水系统环路最不利处压差值进行变频调速，以满足最不利热力站（一般为最远用户）的流量要求。

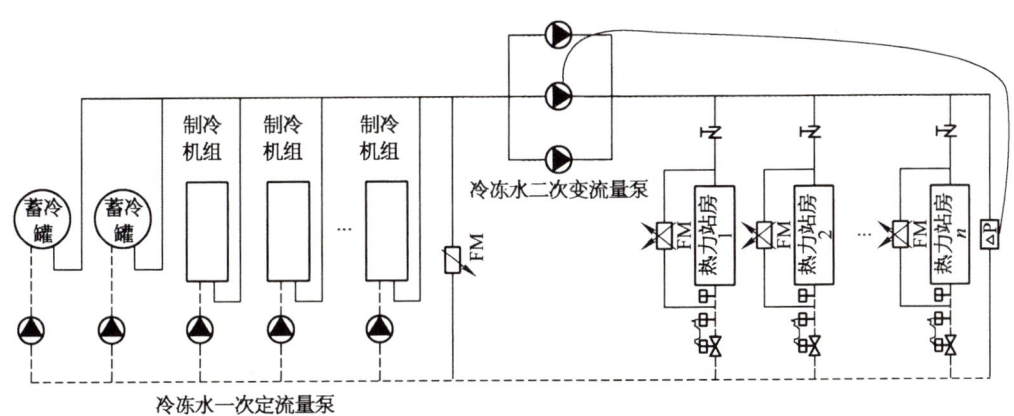

图 9-9　虹桥机场二号航站楼三次泵冷冻水直供系统

各用户热力站内部，冷冻水直供系统和常规板交系统的区别从图 9-10 和图 9-11 可以看出。采用板交时，二次环路与三次环路通过板交间接连接，以使各三次环路之间相对独立，为此需要增加许多设备和配件。另外，板交本身具有较高的水阻力，使二、三次泵能耗增加。冷冻水直供系统的最大优点在于取消板交的情况下利用共用管低阻力特点，将各三次水环路进行水力解耦，以解决相互干扰问题。直供系统的二、三次环路连接可采用以下三种形式。

(1) 二、三次泵串联系统，见图 9-12。这一连接方式的优点是，近端用户（如 A）可利用二次冷水供水管连接处的较高压力，三次泵扬程可适当降低；远端用户（如 C）可借助三次泵扬程来克服回水沿程阻力，二次泵扬程也可适当降低，有利于二次泵节能。但采用串联系统时，各三次泵独立环路间干扰大，在热力交换站房较多、系统较复杂的情况下，不易实现流量平衡。

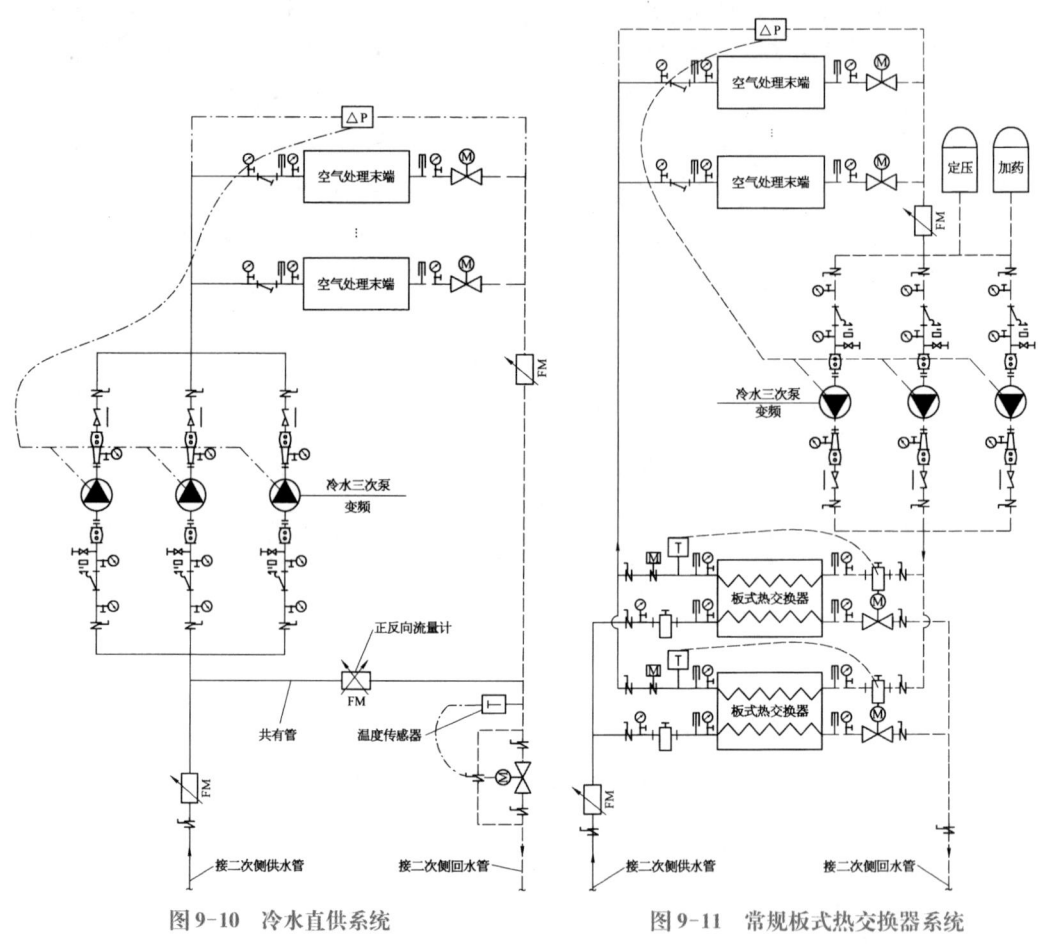

图 9-10 冷水直供系统　　　　图 9-11 常规板式热交换器系统

（2）独立三次环路系统，见图 9-13。每个三次环路之间独立，其扬程由三次泵提供，不依赖于二次泵。这样，能源中心二次泵只需提供合适扬程满足最不利用户处的流量需求即可。因为二次泵流量很大，扬程降低意味着二次泵用电量显著减少，对系统运行节能作用明显。在各个三次环路里，由三次泵负责将冷冻水送至各空调箱和风机盘管。在三次泵前增加共有管路，旨在使三次环路之间相对独立。在三次环路回水管上安装二通控制阀，实现各三次环路冷冻水流量的按需控制，同时还可减少相邻三次环路热力交换站负荷突然变化所引起的流量干扰。

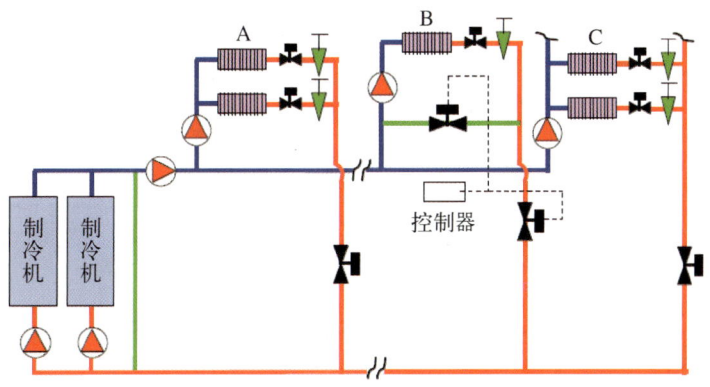

图 9-12　二、三次泵串联连接

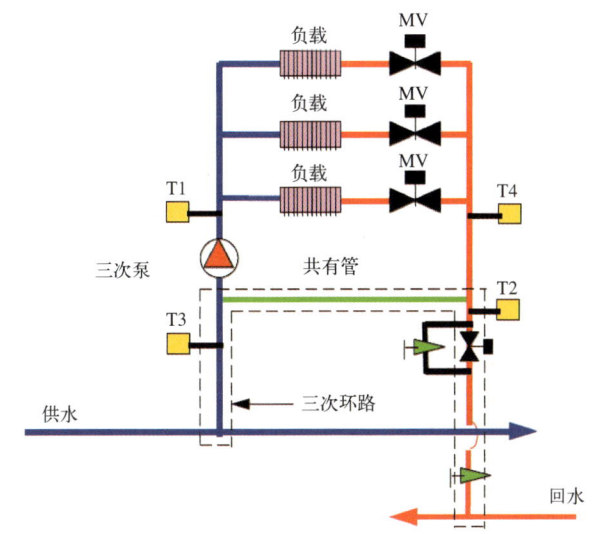

图 9-13　独立三次环路系统

（3）共有管设正反向流量计系统作为流量平衡的辅助手段，见图 9-14。在共有管上设置正、反向流量计，尽管对流量计的控制精度不如温度计高，但控制反应速度快。

为使直供系统运行达到较好的安全性、可靠性和控制精度，虹桥机场二号航站楼及东交通中心、磁浮车站的冷水直供系统将上述"独立三次环路系统"和"共有管设正反向流量计系统"结合起来，采用以回水管温度传感器控制回水管流量为主、以共有管正反向流

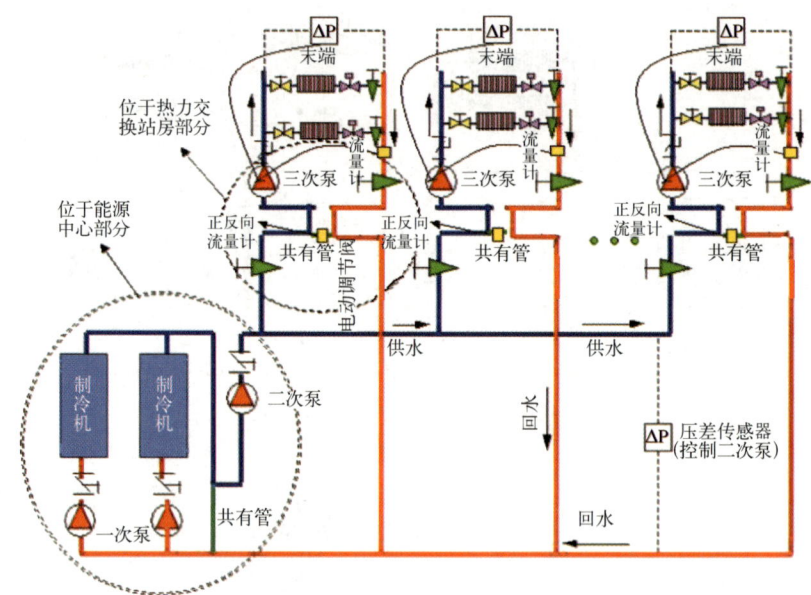

图 9-14 共有管设正反向流量计系统

量计为辅的控制模式,两种控制模式可以相互切换,见图 9-15。这一控制方式的优点是:两种控制模式相互备份,可靠性好;正反向流量计不仅参与系统控制,手动状态也能起到很好的作用;结合了两者控制的优点,即温度控制精度高、流量控制反应快。

现阶段能源中心为二号航站楼 8 个热力交换站房和南侧宾馆服务。由于能源中心定压原因,二号航站楼+24.650 m 以下层,采用冷水直供系统;+24.650 m 及以上层,仍采用板式热交换器连接。能源中心冷冻水供、回水温度为 5.0/13.0℃,考虑沿途温升,至二号航站楼的冷冻水供、回水温度为 5.2/12.8℃。

冷冻水直供系统与板交间接连接系统相比的优势,主要体现在初投资和运行费用两个方面。下面以虹桥机场二号航站楼为例进行分析。

(1) 初投资比较。

① 冷水机组投资。由于必须有足够的换热温差,板交系统冷冻水供水温度要比直供系统低 1℃,即能源中心冷水机组出水温度要低 1℃。在此工况下,冷水机组制冷量下降约 1.95%,即板交系统所需冷水机组装机容量比直供系统要大 1.95%。以二号航站楼为例,直供系统电动离心冷水机组近期总装机容量为 15 200 USRT(造价约为 4 100 万元),则采

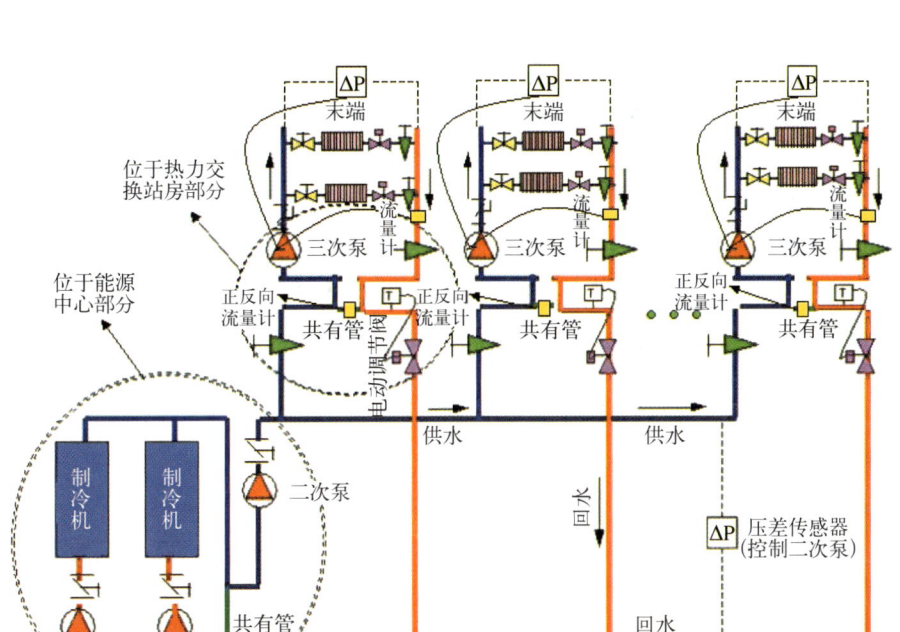

图 9-15　虹桥机场二号航站楼冷水直供系统及其控制

用板交系统后总装机容量需要增加 296.4 USRT，相应冷水机组造价增加约 79.95 万元。

② 二次水泵投资。板式热交换器存在 58 840 Pa（6 m H_2O）阻力，因此能源中心二次泵的扬程需要增加 58 840 Pa（6 m H_2O），造成水泵和变频控制器等配件投资增加 60.576 万元。

③ 航站楼热力站造价。在用户热力站，板交系统与直供系统的设备、管路配件、控制器件等都存在一定差异。据计算，虹桥机场二号航站楼 #1—#8 热力交换站造价，直供系统仅为板交系统的 30.34%，节约造价约 1 255 万元。另外，采用板交时 #1—#8 热力站房总计要增加面积约 380 m^2，按 1 000 元/m^2 造价估算，需增加 38 万元；二次泵扬程减少导致变频器及输、配电系统容量减少，折合投资减少约 100 万元。

以上三项总计，冷冻水直供系统比板交间接连接系统节省投资 1 533.5 万元。

(2) 运行费用比较。

差异主要体现在能源中心冷水机组运行能耗、二次泵运行能耗以及用户三次泵运行能耗。

① 冷水机组运行能耗。依据 Johnson Controls 公司提供的离心式冷水机组特性，采用 TRNSYS 系统仿真平台，计算得到：板交系统全年电耗为 17 750 440 kW·h，直供系统全年电耗为 17 375 137 kW·h，直供系统节能 375 303 kW·h，节能率 2.11%。

② 二次泵运行能耗。使用 ITTIndustries 的 EPS PLUS 软件对直供系统与板交系统所需冷水二次泵进行选型和能耗计算，计算得到：直供系统二次泵全年能耗为 1 379 923.4 kW·h，板交系统二次泵全年能耗为 1 517 293.4 kW·h。直供系统比板交系统年能耗少 137 370 kW·h，节能率约为 9%。

③ 三次泵运行能耗。仍利用 EPS PLUS 软件计算二号航站楼♯1—♯8 热力站三次泵年运行能耗，板交系统为 1 496 329 kW·h，直供系统为 1 384 508 kW·h，年运行能耗少 111 821 kW·h，节能率约为 7.5%。

综上，与板交系统相比，冷水直供能节省初投资总计 1 533.526 万元；每年减少运行能耗 624 494 kW·h，总节能率达到 3.1%。以上分析都是针对二号航站楼建设阶段实施项目，北指廊及酒店项目建成投用后，初投资节省和运行节能的效益将更为显著。取消板交后，换热效率提高、系统阻力降低，使冷水直供系统直接投资少、运行费用低、综合节能率高和有助于减轻大气污染、温室气体排放。直供系统在大体量机场航站楼的应用是可靠、安全与节能的，对我国机场航站楼节能将发挥重要作用。

9.5 光伏发电、光热利用

太阳能是取之不尽、用之不竭的清洁能源。民用机场对太阳能的合理利用，对于能源节约、减少排放、改善能源结构都有重要意义。上海市年日照时数为 2 014 h，年均太阳辐射量为 4 565 MJ/m^2，太阳能资源比较丰富。虹桥机场西区扩建工程中，实施了西货运站太阳能光伏并网发电项目，这在我国机场新能源利用中跨出了实质性的一步。

"光伏发电"源于"光生伏特效应（Photovoltaic effect）"。光生伏特效应是指半导体材料在受到光照时产生电动势的现象。光伏发电系统的核心组件是太阳能电池，担负着将光能转化为电能的任务，它实质上就是一个大面积的 PN 结。根据材料，太阳能电池分为单晶硅、多晶硅和非晶硅等。光伏发电系统由太阳能电池板、蓄电池组、充放电控制器和逆变器等部件组成。蓄电池组用于储存太阳能电池发出的电能并向负载供电；充放电控制器旨在防止蓄电池电能的过充和过放；逆变器是将直流电转换成交流电的设备。

虹桥机场西货运站可用屋顶面积总计约 3 万 m^2，是布置太阳能电池板的良好场所。虹桥机场光伏发电系统采用性价比较高的多晶硅电池组件，安装太阳能电池组件 15 392 块，敷设面积 23 242 m^2，光伏电池组件标准峰值功率为 2 848 kW，理论年发电量达 323.8×10^4 kW·h，平均每年上网电量达 277×10^4 kW·h。

虹桥机场西货运站光伏并网发电项目，对我国民用机场能源系统规划具有重要示范作用，其意义主要体现在以下 5 个方面：

（1）属于国内装机容量较大、机场装机容量最大的光伏发电场之一，改变了以往国内机场太阳能利用分散、量小的"点缀式"作法，具有明显的规模效益。

（2）用太阳能发电，而不是简单地热能利用，具有新能源高品位利用特点。

（3）利用建筑屋顶敷设太阳能电池板，实现了机场"光伏建筑一体化"，既有利于机场节约土地资源，又有利于新能源利用。

（4）实现并网发电，既服务机场，又服务社会，体现了协同发展。

（5）节能、减排效益显著。太阳能属于清洁能源，其利用没有有害物排放。按虹桥机场西货运站每年上网电量 277×10^4 kW·h 计算，一年可节约标准煤 987 t［火电煤耗按 2007 年全国平均值 357 g/(kW·h) 计算］。

虹桥机场二号航站楼在 VVIP（重要旅客）候机区域，利用太阳能进行卫生间热水制备和供应。太阳能热水供应系统共设置 3 个集热罐和 2 个储热水箱。太阳能集热器采用内置 U 形铜管的金属-玻璃真空集热管。系统有效集热面积总计 81 m^2，按每组集热面积 3 m^2 进行分配，总共设置太阳能集热器 27 组，系统热水供应能力达到 5 m^3/d。根据技术经济分析，与采用电热水器的热水供应系统相比，该系统每年可节省电费 7.43 万元，5.7 年即可回收系统投资成本。

除"节能"效益外，太阳能热水供应系统还具有显著的"减排"环境效益。经计算，虹桥机场二号航站楼 VVIP 候机区域太阳能集中热水供应系统每年可减少 CO_2 排放 18.4 t，按系统使用寿命 15 年计算总计可减少 CO_2 排放 276 t。浦东机场的武警用房、员工过夜用房等，也使用了相同的系统。

9.6 常规节能、精心实施

在机场能源系统大胆创新的同时，上海机场还十分重视常规、成熟的节能技术和能源系统技术改造在提高能源利用率方面的重要作用，常规节能技术和节能技术改造也成为上海机场在能源利用方面保持节能、高效的重要手段之一。在常规节能技术应用方面，上海机场坚持遵照"适用即采纳、采纳即见效"原则。

浦东机场二期能源中心，对蒸汽凝结水进行回收，回收率达到85%；安装锅炉节能器，利用排烟温度加热锅炉给水，使烟气温度由241℃降至150℃，锅炉效率从90%提高到94%；利用锅炉排污废热进行给水加热、闪蒸二次蒸汽用于热力除氧等。上述常规节能技术大大提高了系统的热能利用率。

机场普遍应用水泵、风机的变频调速进行节能。根据流体力学，水泵、风机的流量、扬程和功率分别与转速呈1、2、3次方关系。流量减少，扬程呈2次方关系下降，功率呈3次方关系下降。因此，当空调负荷减少时，如果通过水泵、风机电动机变频技术相应减少叶轮转速而减少流量，则电能消耗会大幅下降。例如，当流量为设计流量的80%时，功率减少为设计工况功率的 $0.8^3 = 0.512$ 倍，节能48.8%。由于空调负荷巨大，浦东机场二期能源中心供冷系统二次泵和航站楼空调风机都采用了变频调速技术，取得了显著的节能效果。

上海机场常规节能技术，还包括对新能源的常规应用。例如，在虹桥机场二号航站楼站坪层VVIP区域设置太阳能生活热水系统，通过太阳能集热器系统提供热水供应。

上海机场十分重视集中监控系统的节能作用。浦东机场二期能源中心对电力、照明、空调、供热、给排水等实施集中设备监控，凭借先进技术，实时对各种设备的运行状态和参数进行测量、记录、分析和控制。设备监控系统由电能管理系统、供冷设备控制系统、供热设备控制系统等子系统构成，监控系统根据可靠、高效和节能原则预先设定控制策略，可针对不同情况发出最佳控制指令，从而获得了显著的节能效果。例如，冷水机组群控节能运行策略包含冷水机组的启动控制、冷水机组监测与控制、自动加减机组策略等，一方面，能合理控制冷水机组运行台数，避免机组处于低负荷、高能耗运行状态；另一方面，可根据空调建筑热负荷特性、蓄热特性以及机组性能曲线等，恰当预设冷水机组的启停时间。

航 空 港 规 划 丛 书

第 10 章

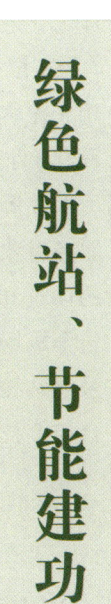

绿色航站、节能建功

航站楼是机场航站区最重要的功能建筑。航站楼一侧与机场陆侧交通相连，使旅客能方便地进出；另一侧与站坪相连，使旅客能便捷地登机、到达。旅客在航站楼办理乘机手续、托运行李，空余时间还可用于餐饮、购物、休闲或商务。航站楼是机场陆侧与空侧的交界面，是旅客地面交通与空中交通的转换场所。浦东机场二号航站楼主要由主楼、连廊和候机长廊（指廊）组成，均为三层结构（候机长廊还附设夹层），总建筑面积为48.5万 m^2。主楼是航站楼核心部分，用于旅客值机、安检、行李托运、办理出入境手续等。指廊连接主楼与站坪机位，是乘客候机和抵达的中转空间。连廊主要是工作区，与主楼工作区相连，包括边防、卫检、安检、海关等联检区。

航站楼功能繁多，服务对象涉及旅客及其迎送者、航空公司和机场工作人员，大型机场航站楼往往具有巨大的体量和复杂的功能分区。空调、照明、给排水和各种强弱电设备运转，使航站楼能耗在整个机场能耗中占比高达60%，如何减少航站楼能耗是机场节能减排的关键。浦东机场二号航站楼通过围护结构优选，通过自然通风、自然采光利用，通过空调、照明节能和楼宇自控等技术途径，在航站楼综合节能方面进行了系统探索，并取得了显著成效。

10.1　围护结构、性能优选

建筑物围护结构是指墙、窗、门、屋顶、地板等围挡物。围护结构对建筑保温、隔热、采光、遮阳、通风、隔声、视野等有重要影响，是决定建筑物冷热能耗的重要因素。上海的气候夏热冬冷，从建筑热工角度来看，这一地区的建筑围护结构须夏能避暑、冬能保温，以减少夏季冷负荷、冬季热负荷，实现建筑节能。为此，必须从保温性能、隔热性能、热阻和热惰性、光透射率、防潮性能和经济性等几个方面综合评价围护结构材料的适用性。

在浦东机场二号航站楼设计中，项目组利用英国建筑工程服务注册学会（CIBSE）认证的 IES（Integrated Environmental Solutions）程序，对航站楼采用不同围护结构时的得热、散热等进行动态热模拟，为科学评价和遴选适用围护结构材料提供依据。浦东机场二号航站楼为减少建筑能耗，主要对以下围护结构进行了优选。

（1）主楼和长廊天窗玻璃。根据分析，主楼天窗对值机厅的东、中、西部阳光得热影响很大，而长廊天窗对国际候机厅阳光得热影响最大。天窗遮阳膜对减少阳光得热作用显著，天窗覆膜后值机厅夏季东部阳光得热减少至最大值的 81%，国际候机厅更是减少至夏季最大值的 1%。针对不同玻璃类型（表 10-1）的分析计算表明，天窗玻璃材料不同，对阳光辐射热的隔绝能力差异很大。其中，"(8) 中空高透低辐射玻璃"虽然价格较高，但辐射削减能力最好，为二号航站楼所采用，其颜色、厚度、传热系数、遮阳系数 SC，对可见光和太阳辐射能的透射率、反射率、吸收率等见表 10-1。

表 10-1 供选用的主楼和长廊天窗玻璃材料

编号	材料种类	材料特性				可见光			太阳辐射能		
		颜色	厚度(mm)	传热系数 U[W/($m^2 \cdot K$)]	SC	透射率	反射率	吸收率	透射率	反射率	吸收率
(1)	透明浮法玻璃	本色	12	5.50	0.89	0.86	0.08	0.06	0.71	0.07	0.22
(2)	夹层透明浮法玻璃	本色	6+6	3.80	0.88	0.81	0.10	0.09	0.69	0.05	0.26
(3)	热反射镀膜玻璃	银	12	5.70	0.87	0.78	0.18	0.04	0.72	0.14	0.14
(4)	中空高透玻璃	本色	6+12+6	2.80	0.71	0.76	0.16	0.08	0.66	0.21	0.13
(5)	中空高透低辐射玻璃	本色	6+12+6	1.80	0.69	0.72	0.14	0.14	0.46	0.22	0.32
(6)	本体着色玻璃	绿	12	5.70	0.60	0.70	0.07	0.23	0.38	0.06	0.56
(7)	中空双银低辐射玻璃	本色	6+12+6	1.60	0.45	0.70	0.10	0.20	0.33	0.27	0.40
(8)	中空高透低辐射玻璃	本色	6+12+6	1.60	0.45	0.73	0.14	0.14	0.46	0.11	0.43
(9)	中空遮阳低辐射玻璃	冷灰	6+12+6	1.60	0.32	0.46	0.41	0.13	0.24	0.46	0.30
(10)	中空遮阳低辐射玻璃	蓝绿	6+12+6	1.70	0.24	0.35	0.25	0.40	0.16	0.17	0.67

（2）立面玻璃。为增加航站楼通透性，二号航站楼设有大面积玻璃幕墙，其特性对夏季建筑得热和冬季散热影响较大。根据动态热模拟分析，为减少建筑能耗和节约投资，应在航站楼不同朝向、位置的立面采取不同特性玻璃幕墙，有所侧重地加强遮阳或削弱传热。最终选用的玻璃幕墙材料见表 10-2。

表 10-2 玻璃幕墙选用材料

位置	编号	名称	材料特性			
			颜色	厚度（mm）	U [W/($m^2 \cdot K$)]	SC
主楼东立面	(2)	夹层透明浮法玻璃	本色	6+6	3.80	0.88
主楼南立面	(8)	中空高透低辐射玻璃	本色	6+12+6	1.60	0.45
主楼北立面	(4)	中空高透玻璃	本色	6+12+6	2.80	0.71
主楼西立面	(2)	夹层透明浮法玻璃	本色	6+6	3.80	0.88
长廊东立面	(8)	中空高透低辐射玻璃	本色	6+12+6	1.60	0.45
长廊南立面	(8)	中空高透低辐射玻璃	本色	6+12+6	1.60	0.45
长廊西立面	(8)	中空高透低辐射玻璃	本色	6+12+6	1.60	0.45
长廊北立面	(8)	中空高透低辐射玻璃	本色	6+12+6	1.60	0.45

（3）主楼和长廊屋顶。航站楼主楼和长廊屋顶面积巨大，采用常规屋顶，势必造成较大的建筑能耗。为此，采用了"铝合金面板＋100 mm厚玻璃棉"的保温屋顶。动态热模拟表明，进一步加厚玻璃棉对改善航站楼热工性能帮助不大。保温屋顶玻璃棉还有助于改善航站楼隔声性能。

（4）登机桥。二号航站楼共有登机桥42座。为增加通透性，登机桥侧壁采用玻璃幕墙。由于玻璃幕墙一般具有夏季辐射得热高、冬季散热多的特点，因此选用遮阳系数高、传热系数小的幕墙材料有助于减少登机桥冷热负荷。最后选用了表10-1中的"(5)中空高透低辐射玻璃"。为减少登机桥顶的得热和散热，桥顶采用了"铝合金面板＋100 mm厚玻璃棉"或"铝合金面板＋300 mm厚玻璃棉"的保温结构。

10.2　春秋两季、自然通风

目前，大部分机场航站楼采用空调机械通风方式，特点是能对室内温度、湿度和空气流速等参数进行较好的控制，但能耗巨大。与空调机械通风相比，自然通风有很多优点。首先，外部清新空气在建筑物内保持流通，空气品质好，有利于人体健康；其次，空气自然流动，不需要风机工作，能显著减少建筑物空调能耗；最后，适当利用自然通风，可减少建筑物空调冷热负荷设计容量，进而减少制冷、供热设备投资。

建筑物的自然通风包括风压自然通风和热压自然通风两种形式。如图10-1所示，当风吹向建筑物并受到阻挡时，建筑物迎风面会产生正压力，而在气流绕过的建筑物侧面和背面会产生负压力，建筑物依靠迎风面、背风面之间的压差即可实现"风压自然通风"。"热压自然通风"源于"烟囱效应"，即空气受热上升。如图10-2所示，从建筑物下部进入的空气受热后密度减小而向上浮升，最后从高处的出口排出，这就是热压自然通风。实际上，建筑物自然通风往往是"风压"和"热压"的综合作用，常常是你中有我、我中有你，只不过有主次作用之分罢了。

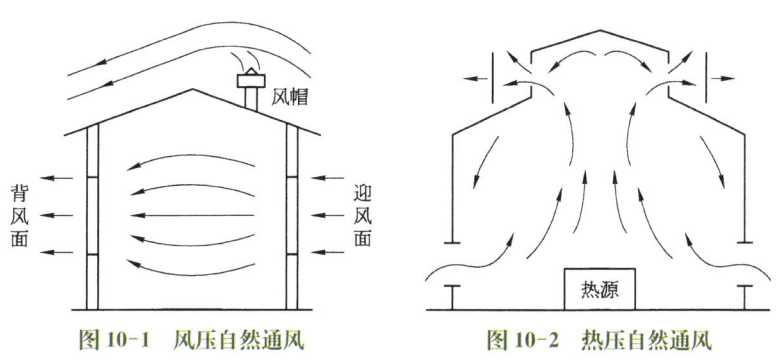

图10-1　风压自然通风　　　　图10-2　热压自然通风

实现良好的建筑物自然通风效果是有条件的。首先是适宜的外部气候和空气质量，如机场采用桥载设备就非常有利于航站楼自然通风；其次是建筑物本身具有良好的自然通风条件，例如周边没有遮挡，尽量接近当地主导风向的建筑朝向，一定比例的侧墙开窗面积，高大且有天窗，进、出风口距离较近，等等。

上海市全年温度分布见图10-3。夏季受东南暖湿季候风影响比较炎热，冬季寒冷而干燥。相比之下，春、秋两季气候温和，适合建筑自然通风。浦东机场地处海边，年均风速为3.5 m/s。春、秋两季的主导风向为东风和东南风，风资源丰富，空气洁净，为航站楼利用自然通风创造了良好条件。

航站楼自然通风时，必须保证内部环境的舒适性。浦东机场二号航站楼自然通风设计，以美国采暖、制冷与空调工程师学会标准（ASHRAE STANDARD 55—2004）为依据，确定以室内人员热舒适度达到90%为目标，根据上海室外最高月平均气温19℃的自然通风设计条件，查图10-4，得出自然通风时航站楼室内温度不得超过26℃的设计标准。

空调设计人员利用CDadapco公司开发的计算流体力学（Computational Fluid Dynamics，

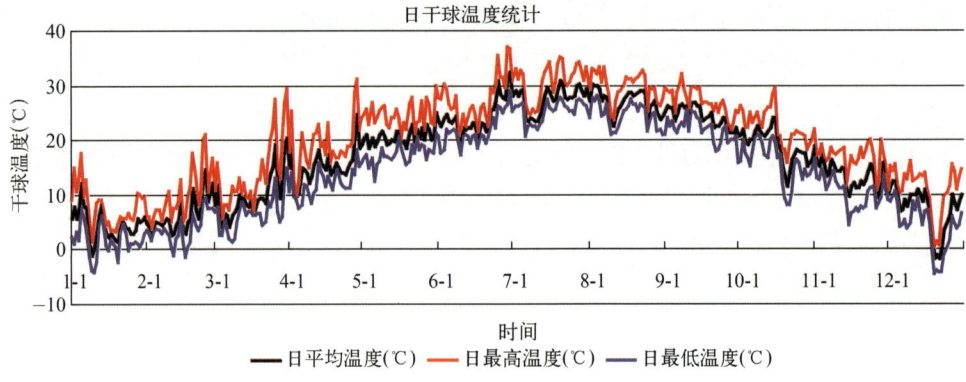

图 10-3　上海地区全年温度分布

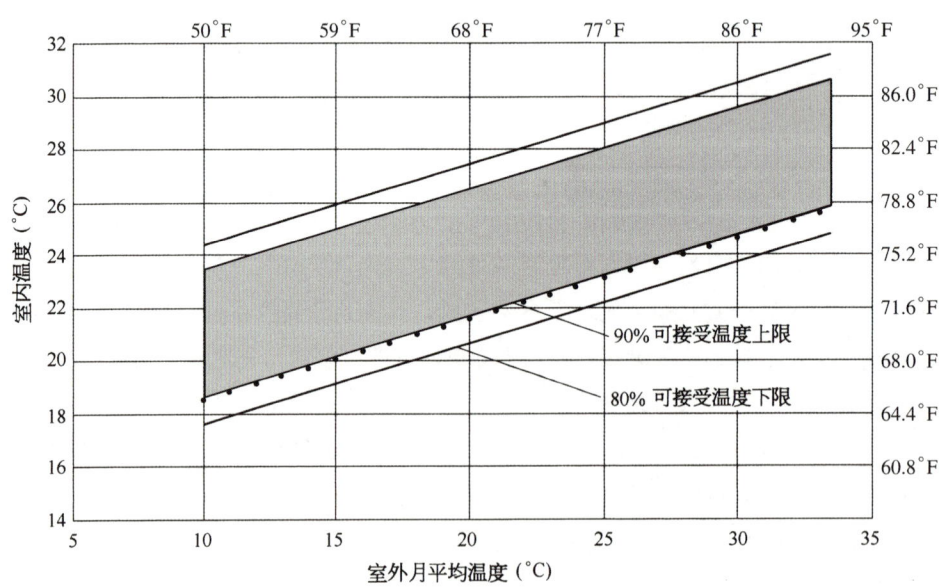

图 10-4　ASHRAE 自然通风舒适度图

CFD）软件 STARCD 进行航站楼自然通风建模计算，得出建筑内部温度场和流速场，进而评价不同设计方案的自然通风效果。

指廊临近站坪，航空器噪声大，如开窗通风，不仅外部空气品质不佳，还会严重破坏候机厅的声环境，所以指廊不适合自然通风。因此，航站楼自然通风的重点是主楼。自然通风可采用屋顶天窗自然通风和外壁侧窗自然通风两种方案。根据 CFD 模拟分析计算,发现天窗自然通风效果要优于侧窗自然通风。但是,由于建筑施工和天窗质量很难保证水密性,为防止雨水渗漏,从谨慎考虑,二号航站楼还是选择了侧窗自然通风方案。

侧窗通风时,由于主楼屋顶结构不利于南、北侧高位排风口的开启与关闭,故将排风口设在东、西侧墙。表 10-3 为最终采纳的自然通风入、排风口设计方案。

表 10-3　浦东机场二号航站楼主楼侧窗自然通风设计方案

位置	排风口设计		入风口设计		
	东侧主面	西侧主面	南侧短边	北侧短边	西侧出口
四楼	200 m（长）×1 m（高)				
三楼		400 m（长）×1 m（高)	100 m（长）×1 m（高)	100 m（长）×1 m（高)	门:3 m（宽）×2 m（高),6个;其他位置:100 m（宽）×0.5 m（高)
二楼					门:3 m（宽）×2 m（高),6个;其他位置:150 m（宽）×0.5 m（高)
一楼					门:3 m（宽）×2 m（高),8个;其他位置:100 m（宽）×0.5 m（高)

图 10-5—图 10-7 分别为浦东机场二号航站楼主楼、一层迎客厅和航站楼值机厅在秋季自然通风条件下的温度、流速分布。由图可见,在人的活动高度和活动空间,温度、风速等室内参数都达到了设计标准要求。

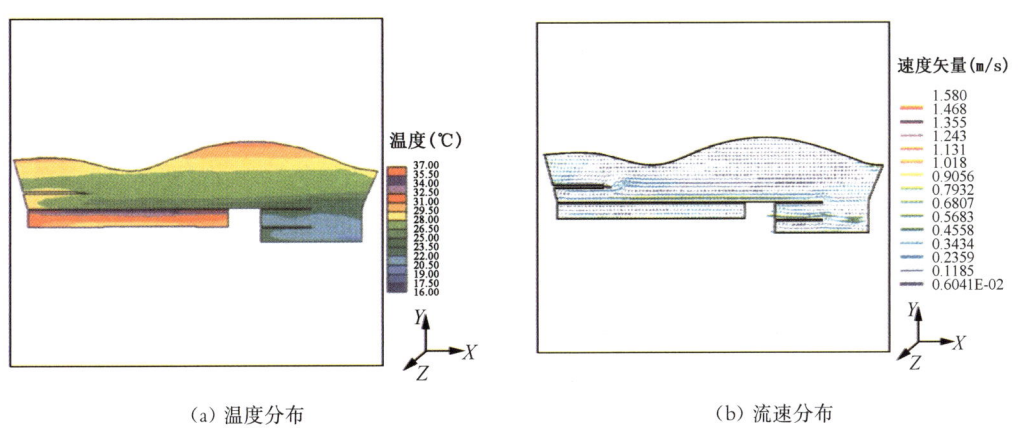

(a) 温度分布　　　　　　　　　　(b) 流速分布

图 10-5　浦东机场二号航站楼主楼（秋季）自然通风的温度、流速分布

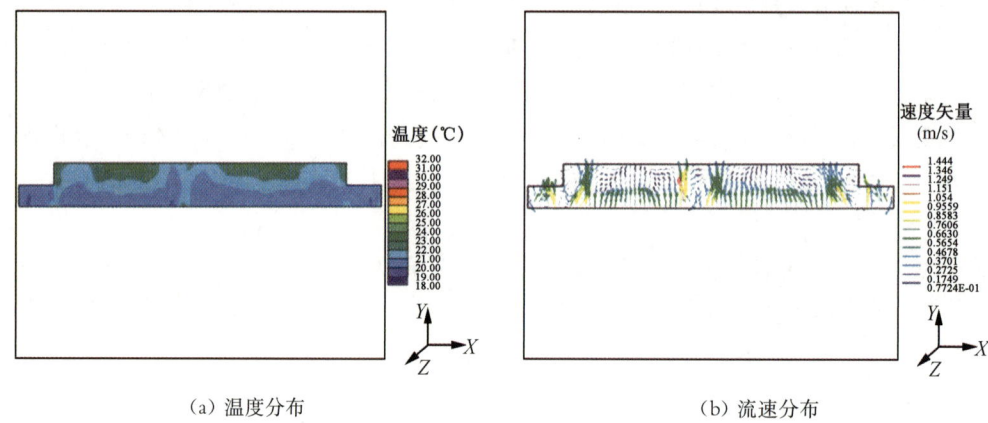

(a) 温度分布   (b) 流速分布

图 10-6　浦东机场二号航站楼一层迎客厅（秋季）自然通风温度、流速分布

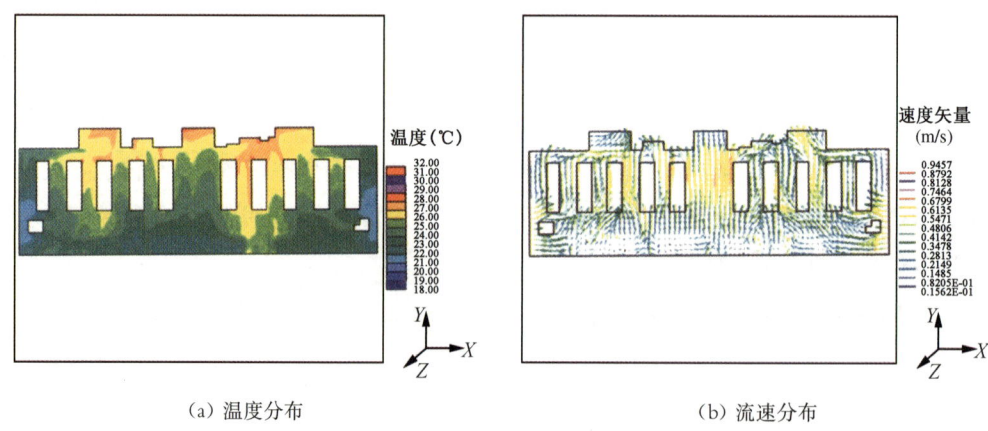

(a) 温度分布   (b) 流速分布

图 10-7　浦东机场二号航站楼值机厅（秋季）自然通风的温度、流速分布

10.3　自然采光、柔和通透

　　自然光不仅为人们提供必要的视觉条件，而且适度的自然光照射对人体健康、室内卫生也是必需的。自然光有助于人体保持生物钟节律和心理健康，帮助体内营养物质的合

成、吸收,具有一定杀菌能力,能清除室内霉气,抑制微生物生长,改善室内卫生环境。建筑物借助于自然光,能形成丰富的光影层次和立体空间感,营造敞亮、舒适和温馨的室内氛围。合理利用自然光使建筑物内部达到适宜照度,对节约照明用电、减少空调负荷有重要作用。通过有效的自然光利用来减少建筑物能耗,是浦东机场二号航站楼的重要设计追求。

航站楼欲实现良好的自然采光,前提是建筑设计必须为自然采光创造良好的条件,如适当控制空间规模。航站楼自然采光设计有多方面技术要求。首先,照度要够,能满足值机、安检、候机、登机、行李提取等功能区的要求。其次,视觉要舒适,室内环境应照度适宜,避免过强或过弱;采光要均匀、亮度对比小和无眩光等。第三,要有助于降低建筑能耗。通常大面积透光围护结构,如玻璃幕墙、天窗等,有助于改善室内照度,但是透光围护结构面积过大,不仅可能造成室内光照过度,还将大大增加空调能耗,结果会导致照明能耗是下降了,但建筑总能耗却增加了。因此,不能孤立、片面地盲目追求增加自然光照,须从减少建筑总能耗角度来进行建筑物自然采光利用和设计。

由于云层覆盖,天然采光在某点产生的照度同时受到天空散射和太阳直射的影响。阴天时,室外照度通过天空散射形成。当晴朗无云时,室外照度由太阳直射和天空散射而形成。由于太阳位置、云层厚度、天气情况等因素影响,不同季节乃至一天中的室外照度水平都在不断变化。表10-4为上海四季日照信息表,图10-8为上海地区太阳轨迹图。

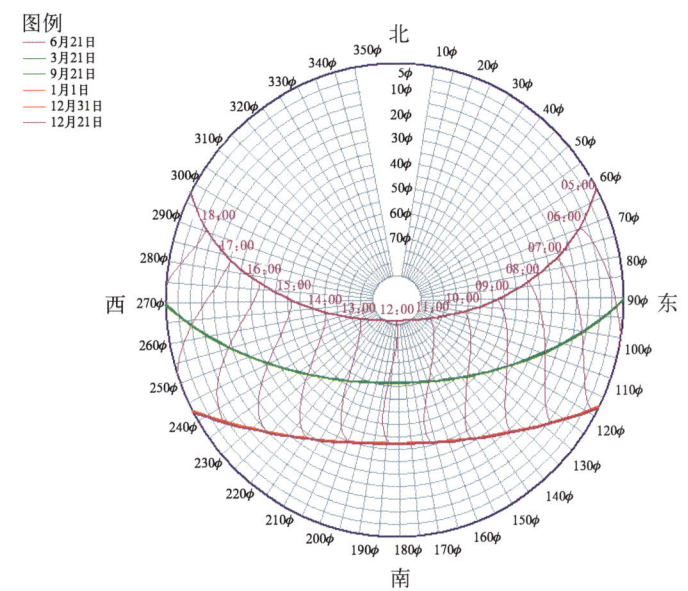

图10-8 上海地区太阳轨迹图

表10-4 上海地区四季日照信息表（2010年）

日　期	节　气	日升时刻	日落时刻	日照时间（h）
3月21日	春分	5:59	18:05	12.1
6月21日	夏至	4:51	19:01	13.9
9月23日	秋分	5:42	17:53	12.2
12月22日	冬至	6:49	16:56	10.1

航站楼内自然采光照度和视觉舒适度性能，主要通过下列三个参数来评价，即"照度（lx）""采光系数 DF（Daylight Factor）"和"采光均匀度（平均-最小对比率）"。根据我国《建筑采光设计标准》（GB 50033—2001）和美国《绿色建筑评估体系》（LEED），采光系数 DF 最低值为2%，二号航站楼设计以此为标准。

为对自然采光设计方案进行评价，需确定各种方案在航站楼各区域的采光系数。为此，设计人员采用了美国劳伦斯伯克利国家实验室（LBNL）开发的采光计算分析软件Radiance。该软件可以对建筑照明和自然采光作定性和定量分析，主要输出结果为模拟计算的采光系数、照度在室内空间的三维分布。图10-9 为浦东机场二号航站楼值机厅和国际候机厅的自然采光研究分区，表10-5 为各分区的采光系数，图10-10 为航站楼采光仿真分析视点位置，图10-11 为值机厅采光系数空间分布，图10-12 为国际候机厅采光系数空间分布。根据表10-5，值机厅和国际候机厅均达到 $DF \geqslant 2\%$ 的技术要求。平均采光系数，值机厅为4.9%，国际候机厅为6.8%，靠近玻璃幕墙位置超过10%。可见，自然光照完全满足航站楼内部环境采光要求。

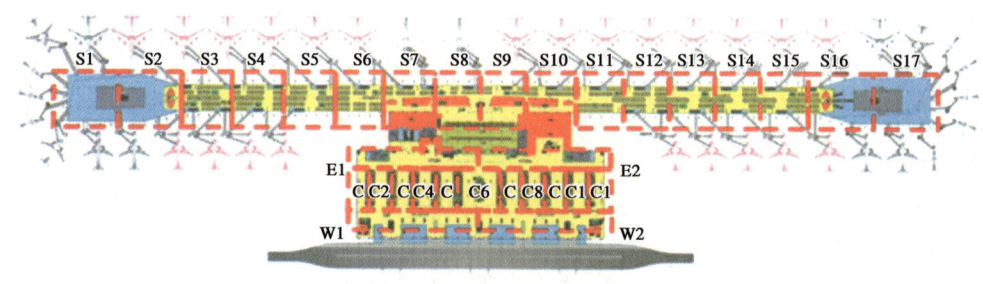

图10-9　浦东机场二号航站楼值机厅和国际候机厅采光研究分区

第 10 章　绿色航站、节能建功

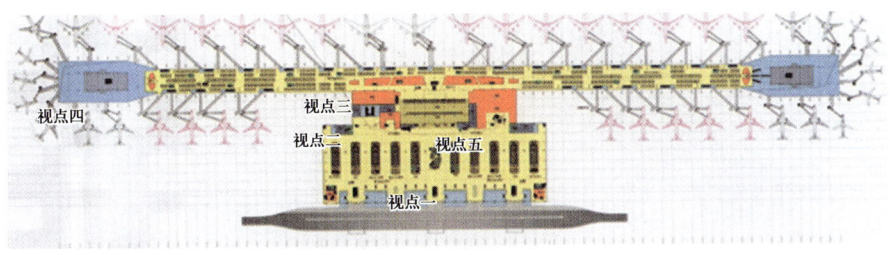

图 10-10　浦东机场二号航站楼采光仿真分析视点位置

图 10-11　浦东机场二号航站楼值机厅采光系数空间分布

图 10-12　浦东机场二号航站楼国际候机厅采光系数空间分布

表 10-5　浦东机场二号航站楼值机厅和国际候机厅各区域采光系数

值机厅		国际候机厅		值机厅		国际候机厅	
位置编号	采光系数（%）	位置	采光系数（%）	位置编号	采光系数（%）	位置	采光系数（%）
C1	13.9	S1	16.5	C10	3.5	S10	4.4
C2	2.4	S2	20	C11	10.6	S11	5.8
C3	2.5	S3	5.9	E1	3.7	S12	5.9
C4	3.1	S4	5.6	E2	3.6	S13	5.2
C5	4	S5	5.7	W1	4.2	S14	6.2
C6	9	S6	5.4	W2	4.3	S15	4.8
C7	4	S7	5.1	平均	4.9	S16	11
C8	2	S8	4.8			S17	19.8
C9	3.3	S9	6.2			平均	6.8

为防止日光直射在航站楼产生眩光，设计中对有太阳的全晴天条件进行了照度模拟，表明航站楼不会出现大范围眩光。图10-13为国际候机厅的采光照度空间分布。

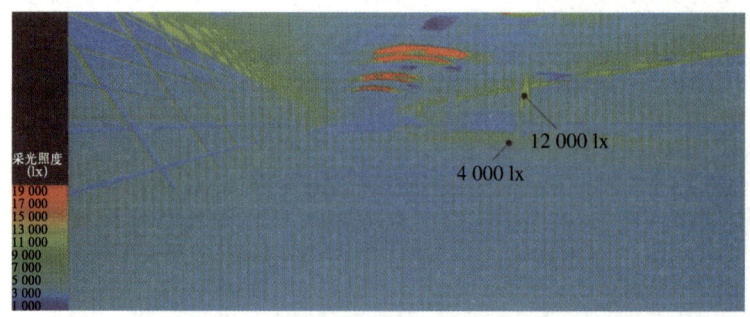

图 10-13　浦东机场二号航站楼国际候机厅采光照度空间分布

为实现航站楼良好采光，对少数未达到2%采光系数区域，进行了设计优化和改造。如在值机岛顶部加设辅助照明系统，或将聚四氟乙烯（PTFE）遮阳板可见光透射率升高至0.3。航站楼主楼和候机长廊屋面设置138个巨型"龙眼"天窗，实现了高水平自然采光，同时辅助设置低透射镀膜遮阳结构满足值机大厅和国际候机厅的采光均匀性要求。航站楼各立面玻璃幕墙为自然采光提供了有利条件,通过不同透射系数优选,在达到采光系数的同时,满足了室内采光均匀性要求。

总之,浦东机场二号航站楼通过精心的自然采光设计,实现了预期设定的目标,即:不增加夏季建筑空调能耗;达到照度和视觉舒适度技术标准;最大限度利用自然采光、减少人工照明,节约照明用电。根据计算,航站楼每平方米建筑面积节约照明能耗130 kW·h,总计达到全年电力照明能耗的50%。

10.4 巧妙遮阳、削减辐射

10.4.1 建筑物遮阳

太阳照射到天窗、玻璃幕墙等透明围护结构上,使大量辐射热进入建筑物。冬季太阳辐射给建筑物带来温暖,有助于减少冬季供热负荷;夏季太阳辐射则会大量增加建筑物得热,使空调冷负荷增加,不仅不利于建筑节能,还会在室内造成眩光和过大光差,影响视觉环境舒适性。因此,夏季可通过适当遮阳来减少建筑能耗。另外,建筑物遮阳设计还应考虑其对自然采光的削弱,需在两者之间取得平衡。

阳光照射玻璃时,太阳能中的红外线被玻璃吸收,辐射能转换成热能,使玻璃变热;阳光中的可见光、紫外线则穿透玻璃进入室内,并被室内物体吸收后转化成热能,使室内温度升高。为削减太阳辐射对室内环境影响,可考虑两种遮挡方法,即内遮阳和外遮阳,见图10-14。内遮阳在玻璃里面遮挡,外遮阳则在玻璃外面遮挡。显然,外遮阳效果较好,但影响自然通风和建筑美观。工程设计中,应根据实际情况选择合理的遮阳方式。

浦东机场二号航站楼分别针对面积较大的航站楼主楼和登机指廊屋顶天窗、立面幕墙进行了精心的遮阳设计。

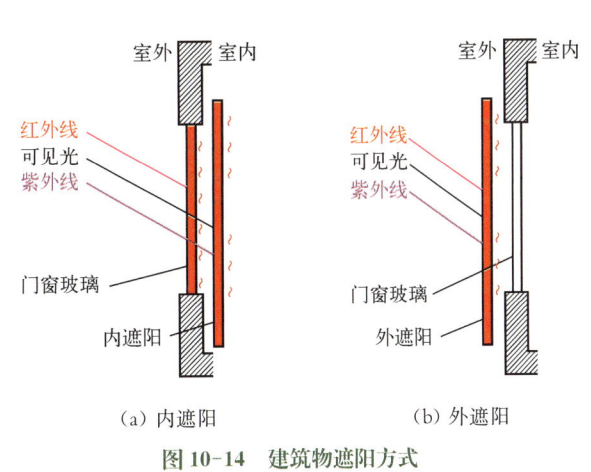

图10-14 建筑物遮阳方式

10.4.2 浦东机场二号航站楼天窗遮阳

浦东机场二号航站楼主楼屋顶呈弧形，天窗面积覆盖率达13%。天窗呈"眼形"，每组有天窗2个，间距9 m；每两组天窗，间距36 m，见图10-15。主楼中部天窗最大，每个长49m，面积为87 m²。主楼天窗呈水平位置，夏季太阳高度角大时，大量太阳辐射热会通过天窗进入顶层值机厅。因此，必须通过适当遮阳和采用低透射玻璃或膜结构来削减太阳直射和透射。需要注意的是，火灾时天窗还起排烟口作用，因此遮阳措施不得妨碍天窗排烟功能。为优化设计方案，设计人员先后比较了6种遮阳方案，分别见图10-16和表10-6。

(a) 天窗内部 　　　　　　　　(b) 天窗外部

图 10-15　浦东机场二号航站楼主楼屋顶天窗

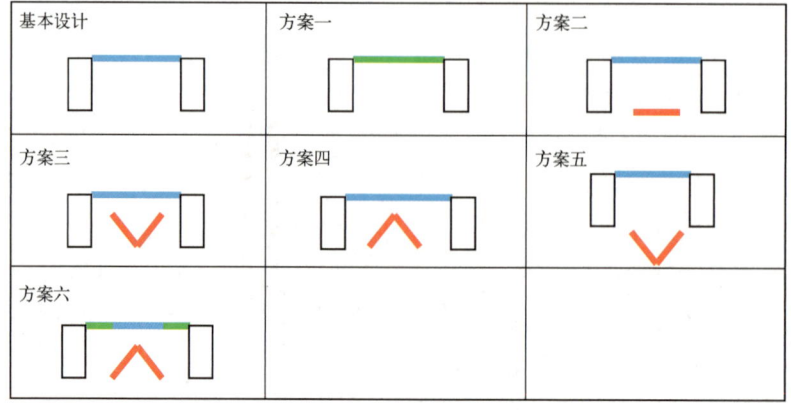

图 10-16　浦东机场二号航站楼主楼天窗遮阳方案

表 10-6　主楼天窗遮阳材料及其特性

材料	图例	透过率	反射率
透明玻璃		0.88	0.12
磨砂玻璃		0.49(全漫射)	0.12
PTFE 遮阳板		0.21(全漫射)	0.71
柱子、内墙、天花板及地板			0.50
地面			0.20

利用自然光模拟方法，对上述 6 种方案自然采光效果（光亮度和光差）进行计算，分别得到最大光亮度、最小光亮度和光差，见表 10-7。

表 10-7　各种天窗遮阳方案的光差

设计方案	最大光亮度(lx)	最小光亮度(lx)	光差
基本设计	≈71 200	≈3 500	≈20.3
方案一	≈8 500	≈4 000	≈2.1
方案二	≈70 000	≈3 500	≈20.0
方案三	≈70 000	≈3 500	≈20.0
方案四	≈70 000	≈3 500	≈20.0
方案五	≈68 000	≈3 500	≈19.4
方案六	≈16 000	≈3 500	≈4.5

显然，在所有内遮阳方案中（方案二、三、四、五、六），只有方案六的光差小于标准值 5，因此最后被选做主楼天窗遮阳方案。方案六的亮度和采光照度模拟结果见图 10-17。

图 10-17　浦东机场二号航站楼主楼天窗遮阳方案六的亮度、采光照度模拟

浦东机场二号航站楼登机指廊天窗面积覆盖率达到11%，天窗也呈"眼形"，每组由5～6个间距9 m的天窗组成；每两组天窗间距27 m。指廊采光均匀性要求比主楼值机大厅低，但对光影要求较高，因此最后选择了图10-16中光影较小的方案五作为登机指廊天窗遮阳方案。

10.4.3 浦东机场二号航站楼幕墙遮阳

浦东机场二号航站楼主楼东立面倾斜设计，立面倾角达60°，且立面外部设有水平百叶雨棚，夏季高角度太阳辐射基本被阻隔。加之立面东侧酒店可将早晨太阳直射光阻挡，故主楼东立面无需安装遮阳装置。

主楼南立面在值机厅层高为玻璃幕墙，下部为不透光围护结构，故只需考虑值机厅的玻璃幕墙遮阳。由于南立面太高，屋面5～6 m宽的水平遮阳板作用不大。根据计算，若将夏季南向太阳直射减至最低，需设60°遮阳板，主楼南立面需安装17 m深的水平遮阳板或每隔1.8 m高的玻璃立面要有1片1 m深的水平遮阳板。17 m深遮阳板会对屋面形成较大负荷，而错高多片遮阳板会影响建筑美观，故最后决定放弃遮阳板方案而采用遮阳膜。遮阳膜可分为多片遮阳膜和单片遮阳膜两种方案，考虑多片式光影深度小，故被采用，其遮阳效果参数见表10-8。

表10-8 浦东机场二号航站楼主楼南立面多片式遮阳膜遮阳效果 (m)

遮阳膜之距离	遮阳膜深度	光影深度	遮阳膜之距离	遮阳膜深度	光影深度
2	0.8	10	1.2	0.5	12
1.5	0.5	14	1.2	0.8	6
1.5	0.8	8			

主楼西立面车道边上的巨型雨棚可完全将夏季来自西面的太阳直射挡住，相当于一个完美的遮阳装置。

主楼北立面受太阳直射影响最小，故遮阳要求也最低。考虑到光影深度控制效果，最后也选用了多片式遮阳膜方案，其遮阳效果见表10-9。

表10-9 浦东机场二号航站楼主楼北立面多片式遮阳膜遮阳效果 (m)

遮阳膜之距离	遮阳膜深度	光影深度	遮阳膜之距离	遮阳膜深度	光影深度
2	0.8	1	1.2	0.5	1
1.5	0.5	2.5	1.2	0.8	0
1.5	0.8	0			

10.5 综合创新、空调降耗

航站楼空气调节的目的,在于使建筑内部维持适宜的温度、相对湿度、空气流速和洁净度。空调效果如何,直接影响旅客和工作人员的舒适度、健康和环境感受。空调系统在夏季通过向航站楼送入温度、相对湿度较低的空气来吸收各种建筑得热(人员、设备、照明、围护结构等)和散湿(简称余热、余湿);在冬季则通过送入温度、相对湿度较高的空气,对围护结构热量散失和冷空气侵入进行热量和含湿量补偿。为达到良好的空调效果,须进行周密的空调系统设计,主要包括:选取适宜的室内外设计参数,算准夏季、冬季建筑的冷热负荷(包括湿负荷)和送风量,确定合理的空调方式(气流组织方案,送、回风口位置)、空气处理和输送方式,配置冷热源。空调系统能耗巨大,航站楼是机场能耗大户,而空调是航站楼能耗大户。因此,降低空调能耗对机场节能、减排有重要意义和作用。

10.5.1 气流组织仿真

航站楼体量巨大,采用传统的经验设计方法难以准确把握空调效果,更难以进行不同方案的比较。为此,浦东机场二号航站楼空调设计中,借助了国际著名的采暖通风空调领域 CFD 软件 Fluent Airpak2.0。该软件可模拟空调系统各种气流组织方案下的室内温度场、湿度场、速度场、气龄场、热舒适度指标 PMV 分布等,具有强大的可视化后处理能力。"气龄"指新风到达某一空间位置的平均时间,反映了空调系统的换气效率。热舒适度指标 PMV 是建立在人体与环境热交换平衡方程以及体感评价问卷调查基础上的指标,其内涵见表 10-10。空调模拟后可提供数值报告并对建筑空间的气流组织、热舒适性和室内空气品质(IAQ)进行全面、综合评价。空调方案的模拟计算流程见图 10-18。

表 10-10 热舒适度指标 PMV 内涵

PMV	+3	+2	+1	0	−1	−2	−3
人热感觉	太热	热	微热	适中	微凉	凉	冷
PPD(%)	100	75	25	5	25	75	100

注:PPD 为预计不满意者的百分数(Predicted Percentage of Dissatisfied)。

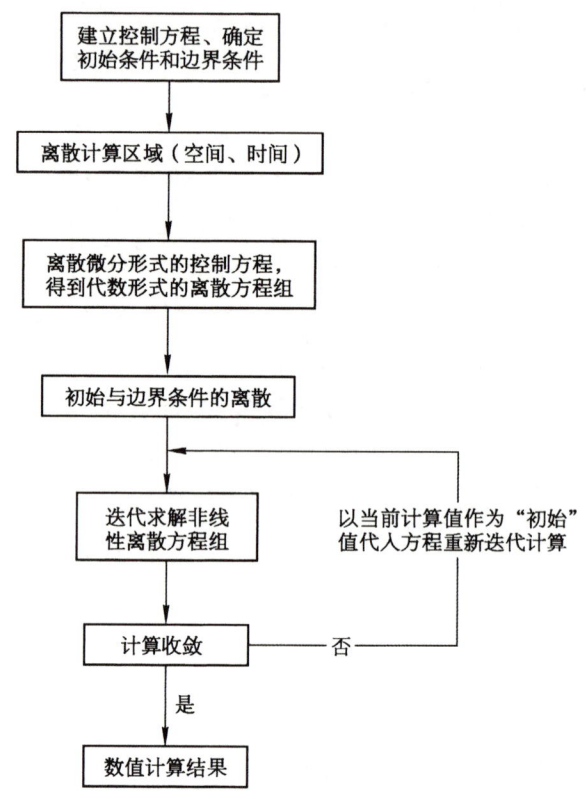

图 10-18　建筑空调 CFD 模拟计算流程

浦东机场二号航站楼空调 CFD 模拟的计算空间和建筑面积见图 10-19 和表 10-11。

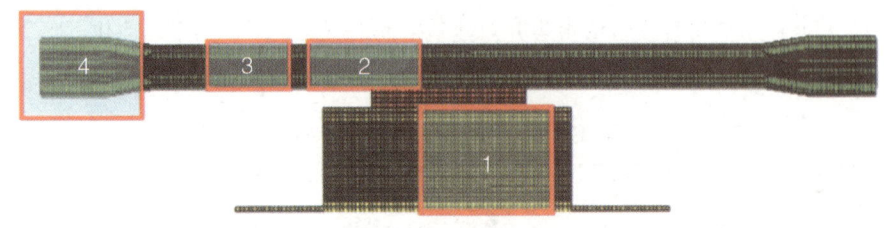

图 10-19　浦东机场二号航站楼空调 CFD 模拟计算空间（红框范围）

表 10-11 浦东机场二号航站楼空调 CFD 模拟计算空间及其面积

序号	空间	建筑面积（m²）
1	值机大厅	54 540
	迎客厅	109 080
2	长廊候机厅（国际）	43 520
	长廊候机厅（国内）	43 520
	长廊端部	18 144
3	停车库（半地下一层）	44 000
	停车库（地下一层）	59 400

10.5.2 仿真优化结果

计算中，空调室外设计参数如下：

(1) 夏季：干球计算温度为 34.0℃，湿球计算温度为 28.2℃，通风计算温度为 32.0℃，室外风速为 3.2 m/s，风向东南。

(2) 冬季：干球计算温度为 -4℃，相对湿度为 75%，冬季采暖计算温度为 -2℃，室外风速为 3.1 m/s，风向西北。

浦东机场二号航站楼各区域室内空调设计参数见表 10-12；各区域空调方式见表 10-13。

表 10-12 浦东机场二号航站楼各区域室内空调设计参数

编号	空间	夏季		冬季		新鲜空气量
		温度（℃）	相对湿度（%）	温度（℃）	相对湿度（%）	[m³/(h·人)]
1	出发值机厅	25	55～60	20	>30	30
2	到达厅	25	55～60	20	>30	30
3	候机厅	24	55～60	22	>30	25
4	公共区域	25	55～60	22	>30	30
5	安检、卫检区	24	55～60	22	>30	25
6	商业区	25	55～60	22	>30	25
7	餐饮区	24	60～65	18～20	>30	36
8	贵宾休息室	23	55～58	22	>40	50
9	娱乐区	25	55～60	22	>40	30

(续表)

编号	空间	夏季 温度（℃）	夏季 相对湿度（%）	冬季 温度（℃）	冬季 相对湿度（%）	新鲜空气量 [m³/(h·人)]
10	会议室	25	55～60	20	>40	36
11	计时旅馆	24	55	22	>40	50
12	航空公司办公用房	24	55～60	20	>40	36
13	弱电用房	24	55	20		25
14	管理用办公用房	25	55～60	20		30

表10-13 浦东机场二号航站楼各区域空调方式

编号	空间	空调方式	主要送风方式	回风方式
1	+13.600 m 值机大厅	单风机全空气系统	喷口+罗盘+周边送	下回
2	+13.600 m 国际候机厅	双风机全空气系统	喷口+罗盘+周边送	下回
3	+13.600 m 安检、卫检区	双风机全空气系统	条形下送	上回
4	边防办公	风机盘管+新风+分体	散流器下送	上回
5	+8.400 m 长廊夹层（国际到达）	双风机全空气系统	条形下送	下回
6	+4.200 m 长廊候机厅（国内）	双风机全空气系统	喷口+周边送	下回
7	主楼商业区	风机盘管+新风	散流器下送	上回
8	连廊与长廊商业区	双风机全空气系统+预留风机盘管	条形下送	上回或下回
9	主楼餐饮区	单风机全空气系统	条形下送	上回
10	连廊餐饮区	双风机全空气系统	地板送风	下回
11	长廊餐饮区	双风机全空气系统	条形下送	下回
12	贵宾休息室	单风机变风量全空气系统+直接蒸发式变制冷剂单元空调系统	散流器下送	上回

利用Fluent Airpak 2.0分别对各区域空调方案进行模拟、评价和优化，从而得出满足设计室内参数标准要求且节能的空调方案。下面以值机大厅为例进行说明，图10-20—图10-24所示分别为夏季浦东机场二号航站楼值机大厅剖面的温度场、速度场、湿度场、气

龄场和 PMV 分布。

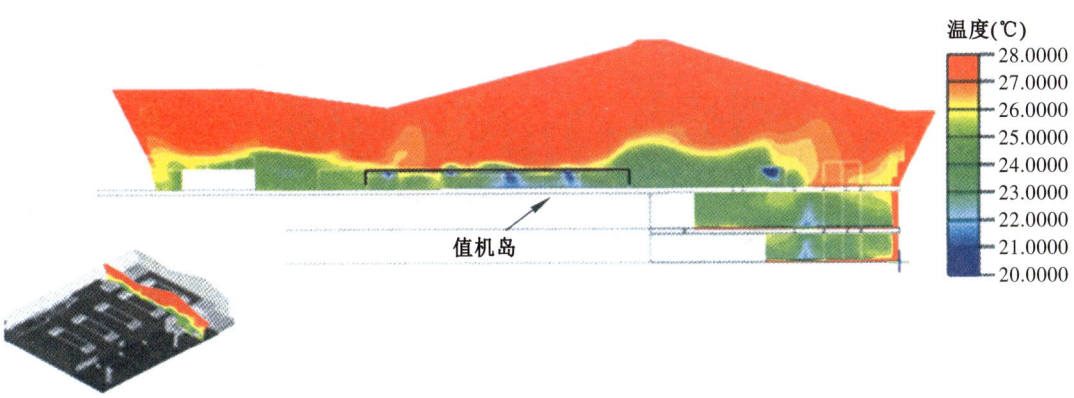

图 10-20　夏季浦东机场二号航站楼值机大厅剖面温度场

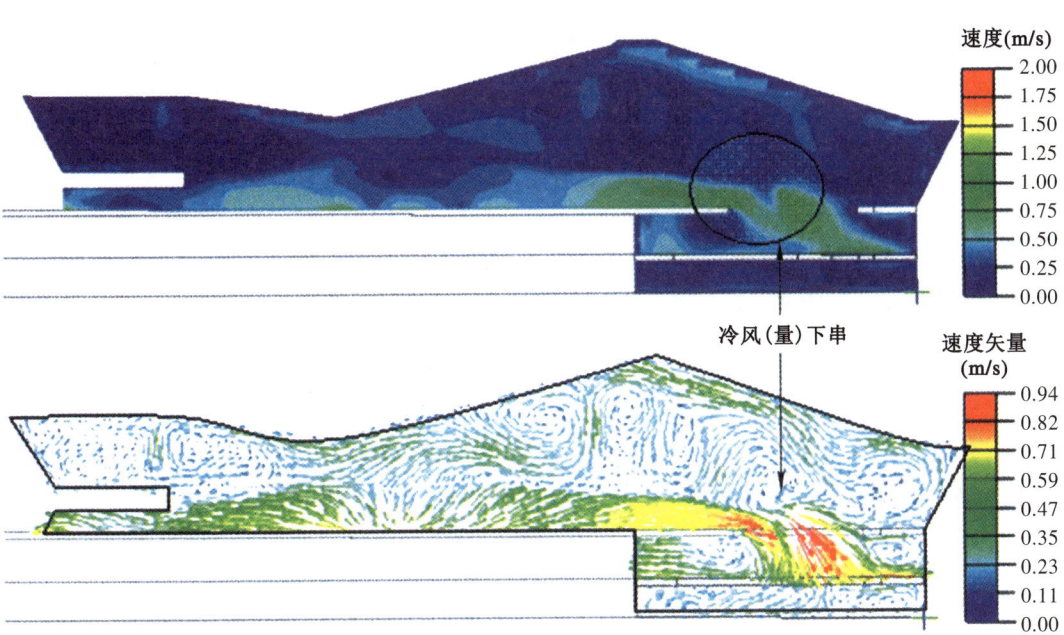

图 10-21　夏季浦东机场二号航站楼值机大厅剖面速度场

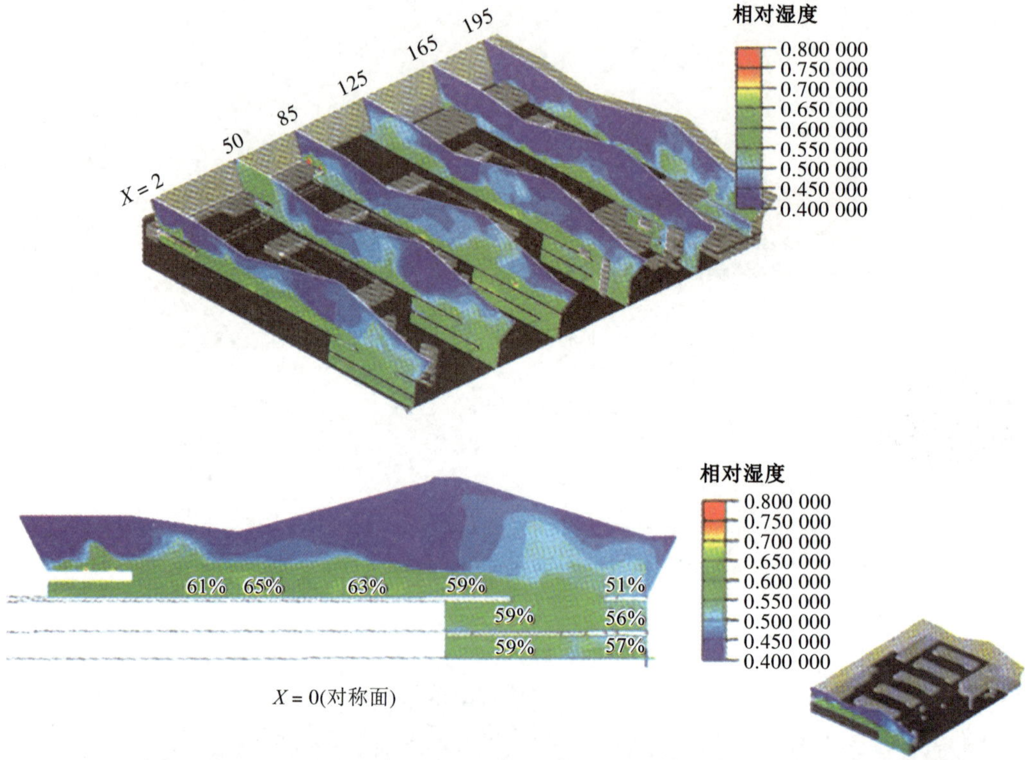

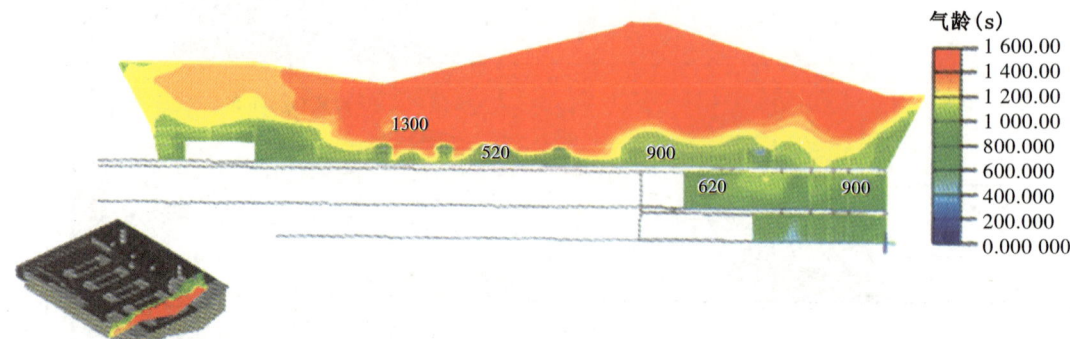

图10-22 夏季浦东机场二号航站楼值机大厅剖面湿度场

图10-23 夏季浦东机场二号航站楼值机大厅剖面气龄场

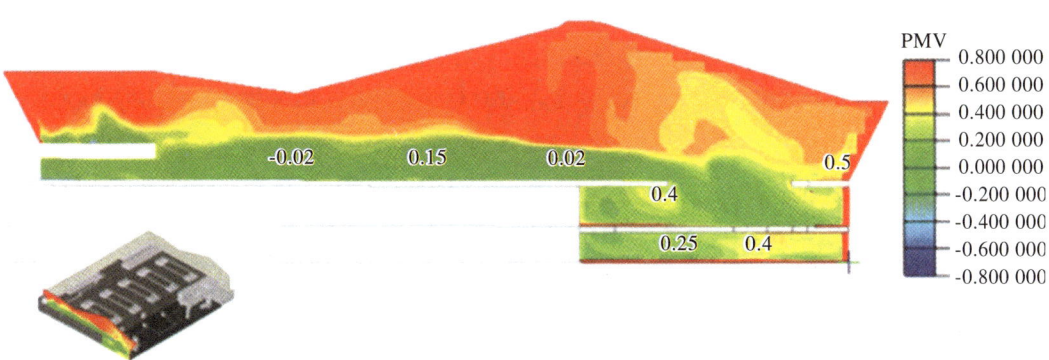

图 10-24　夏季浦东机场二号航站楼值机大厅剖面 PMV 分布

10.5.3　空调综合节能措施

通过模拟分析和以下措施，浦东机场二号航站楼不仅完全达到了空调设计参数要求，还成功地降低了航站楼空调能耗。

（1）分层空调。航站楼尽管空间高大，但旅客和机场工作人员主要在 0～4 m 底部空间活动。因此，只要将底部空间的温湿度、空气流速、气龄和 PMV 等控制在设计范围内即可，这样可大量减少空调能耗。由图 10-20—图 10-24，可明显看出这一目标已经实现。

（2）分区控制。即根据区域功能的差异，采用不同的空调设计参数（详见表 10-12），降低能耗。

（3）因势利导。即利用冷热空气流动规律，提高空调效率。例如，主楼中厅冬季低处供热、夏季上部供冷；利用值机厅开放空间使冷空气下沉至下层迎客厅等。上述措施都有助于提高空调冷热能的利用率。

（4）BAS 控制。设计完善的楼宇自动化控制系统（Building Automation System，BAS），最大限度地实现空调系统的节能运行。

（5）变频调速。即针对空调系统的冷、热水泵和送、回风机进行变频调速。

（6）合理利用新风。即进行合理的空调系统焓值控制。例如，夏季早晚由于室外气温较低，可通过适当加大新风来减少空调能耗。

（7）合理减少新风。在满足卫生标准条件下，尽量减少新风。新风能耗在空调能耗中占 30% 甚至更高。根据美国 ASHRAE 62—2001 标准，只要室内空气 CO_2 浓度控制在

700 mg/m³ 以内，即可满足舒适度要求。为此，二号航站楼凡有新风调节的空调机组都设回风 CO_2 浓度检测器，以便在满足卫生标准时减小新风量。

（8）采用变风量空调（Variable Air Volume，VAV）。当室内热负荷减少时，可相应减少空调送风量而送风温度维持不变。这样，一方面可避免冷却去湿再加热过程的冷热抵消能耗；另一方面由于系统空气处理量减少，也减少了耗冷量。

（9）侧窗进风。二号航站楼设置了很多启闭便捷的电动侧窗，为实现方便、快速的室外新风利用创造了良好条件。

（10）零能量区域。设定空调系统冷却和加热参数值，利用参数中间既无需制冷也不用加热的区域，实现系统节能。

（11）风机盘管电源控制。即进行分组的电源开关控制，根据不同区域服务时间，制定相应的时间控制程序，实现按需空调服务。

（12）与摄像监控系统集成联动。这一技术为国内首创，即通过摄像和分析系统确定空调服务区域的人流密度，然后联动空调控制机构，送入相适应的新风量，达到既满足卫生标准又减少新风能耗的目的。

（13）其他措施。包括系统最佳启停、轻载启动、过载保护、启动确认、再热减少控制、设定值更新、间歇运行、高峰功率削峰控制、夜间循环程序、与航班人流联动控制、紧急情况控制、例外日和临时日控制程序，等等。

10.6 按需调节、照明节能

航站楼照明主要分为公共区照明、办公室照明和用于建筑美化的泛光照明。在夜晚和自然光照度不够情况下，照明对于航站楼正常运行，对于旅客、机场和航空公司工作人员的视觉舒适和环境体验都有重要影响。照明在机场航站楼电能消耗中仅次于空气调节，有效地减少照明电耗，对航站楼节能作用显著。

浦东机场二号航站楼及交通中心采用独立照明控制系统，在航站楼运行指挥中心（TOC）机房和交通信息中心（TIC）机房，分别设置总控照明服务器，来负责航站楼和交通中心照明系统管理（图10-25）。各 BAS 分控机房分别设置独立的照明服务器对所辖照明回路进行监控管理，并通过 OPC（OLE for Process Control，应用于过程控制的对象连接和

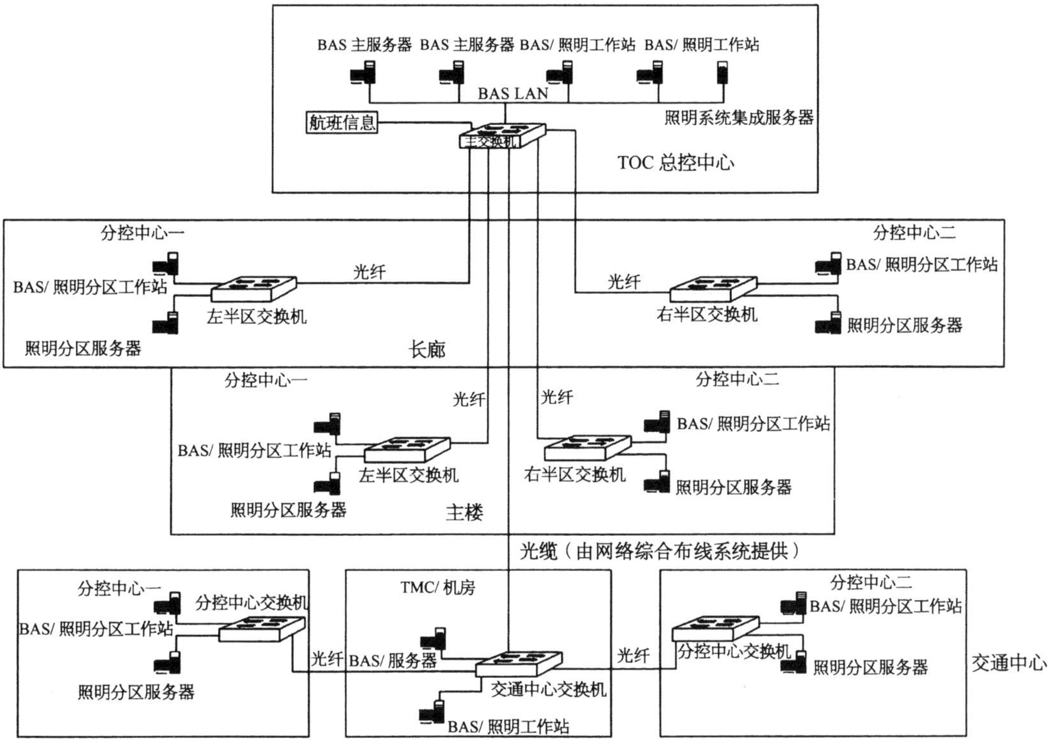

图 10-25 浦东机场二号航站楼照明系统架构

嵌入）方式与 BAS 集成。

浦东机场二号航站楼主要通过以下措施实现航站楼照明节能。

（1）根据区域功能，按需设计照明，包括照度标准值、照明眩光指数、显色性等，防止照度过大。二号航站楼各功能区的照明设计标准见表 10-14。在各照明区域通过进一步细分，能使不同子区域根据运营需求进行照明调节。

（2）选择节能、高效、长寿命光源和灯具，将高效光源与配光先进的高效灯具相结合。二号航站楼大空间普遍以金属卤化物灯作为主要光源，公共区域采用 2×26 W 的节能灯作为直接照明光源，1×35 W 的 T5 荧光灯带作为间接照明光源，办公室采用 T5 荧光灯，行李机房采用 70 W 金属卤化物灯，设备机房采用 T8 荧光灯。

（3）航站楼公共区可根据室内外光照度、照明功能、时间、航班信息等进行分时段、分区域照明控制。同时，设定合理的公共区照明启闭流程，见图 10-26 和图 10-27。

表 10-14　浦东机场二号航站楼各功能区照明设计标准

房间或场所	参考平面及其高度	照度标准值（lx）	照明眩光指数 UGR	显色指数 Ra
到达大厅、出发大厅	地面	200	22	80
行李分拣及提取厅	地面	300	19	80
候机大厅	地面	170	22	80
值机岛	工作面	500	22	80
海关、护照检查工作区	工作面	500		80
安全检查工作区	地面	300		80
办公室	0.75 m	450	19	80
商场	0.75 m	400	22	80
办公室走廊	地面	150		80
设备机房	地面	150		80
地下停车库	地面	80	25	80

（4）采用独立照明控制系统。可不受 BAS 系统故障影响；可直接接入弱电回路与配电箱集成，适合多回路控制；实现与现场照度传感器联动、反应速度快。

（5）采用智能照明控制系统。包括场景控制、定时开关、应急处理、日照补偿、日程计划安排等。

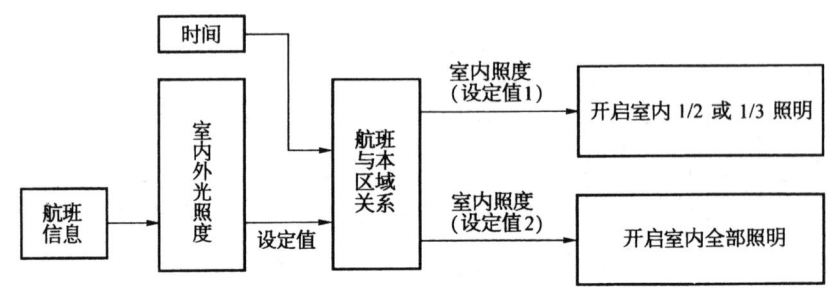

图 10-26　浦东机场二号航站楼公共区照明开启程序

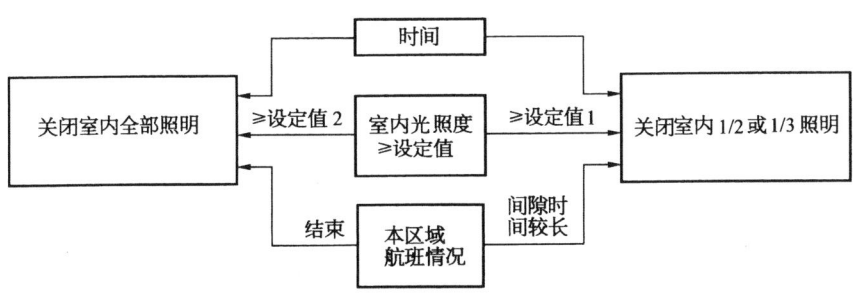

图 10-27　浦东机场二号航站楼公共区照明关闭程序

10.7　楼宇自控、技术节能

航站楼建筑设备众多、能耗巨大，合理设计的楼宇自动化控制系统（BAS）是实现航站楼节能不可或缺的工具。通过 BAS，可实现对航站楼空调、照明、给排水、监控、广播、消防等设备的集成与监控。BAS 包括技术先进的硬件系统和功能完善的软件管理系统，与人工控制管理相比具有明显优越性。借助 BAS，可建立对楼内各种设备的运行状态监控，进行节能控制；可完全依照设备性能来进行合理控制，延长设备使用寿命；可提高系统安全可靠性，避免出现由于人工管理疏忽所带来的失误，降低运行事故发生率；系统可根据性能设定程序，采用程序化运行，节省管理费用。总之，BAS 通过合理的控制策略、控制程序和联动响应，可使各种建筑设备处于可靠、高效、安全、节能运行状态。离开 BAS，像航站楼这样的大型公用建筑的正常工作和节能运行是难以想像的。

浦东机场二号航站楼采用的 BAS 是当时最新一代基于网页浏览技术的 Metasys 扩展升级版系统构架，应用最新信息和互联网技术，全面超越了传统的楼宇自控系统。BAS 采用分布式集散控制的三层网络结构：管理传输层、控制层、现场层。监控内容主要包括通风系统、新风空调系统、冷热源系统等，还为给排水系统、照明系统、电力监控系统、电梯等专项子系统预留监视接口，并可接受机场特有的管理信息（如航班信息等）作为设备联动优化依据（图 10-28）。

浦东机场二号航站楼的 BAS 主要包括以下几种功能：

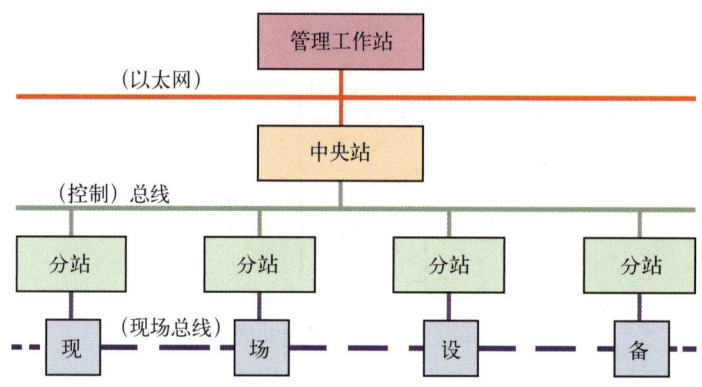

图 10-28　浦东机场二号航站楼的 BAS 网络结构

（1）日常管理功能。BAS 根据需要和授权对设备进行实时监控管理，下载、接受管理程序。

（2）设备维护管理功能。BAS 具有专用设备维护软件平台，设备监控系统可采集、生成设备运行记录，包括生产厂商、开始使用日期、目前累计运行时间、厂商联系人及电话等。系统可根据设备累计运行时间或设备故障信息自动生成维修保养工作清单，并将其自动发送到相关人员邮箱。

（3）能源管理功能。系统能进行能源消耗数据存储并提供能源管理模型，如给出负荷分析及报表、趋势图，根据气象资料提供负荷预测，提供负荷管理、报警管理等一系列能源管理措施，为优化节能控制提供有效数据，实现最优化的能源管理。

（4）应急管理功能。设备发生故障时，系统产生报告及报警，自动通知相关工作人员做应急处理。

10.8　综合评价、节能显著

对机场航站楼综合和分项能源利用效率进行评价，具有重要意义。事实上，只有当计算出既有建筑及其设计（结构、建筑、暖通、照明、给排水等）条件下的总能耗、分项能耗，并将其与同一类或其他建筑进行比较，才能在建筑能耗上判断孰优孰劣，进而知道从哪里着手降低能耗。

为了实现节能目的，浦东机场二号航站楼在方案设计和优化过程中，在我国首次建立了航站楼能耗评价方法，这对于我国机场航站楼节能、节能改造和能效评价都有重要示范和借鉴意义。

根据初步设计，设计单位先建立了二号航站楼建筑能耗基本模型。为了评价和优化二号航站楼设计方案，设计人员又分别参照《上海市公共建筑节能标准》和《美国非住宅建筑节能标准》（ASHRAE 90.1—2001），建立了二号航站楼的两个可比建筑能耗基准模型。

上海建筑节能标准对围护结构如玻璃、外墙和屋面的传热系统，以及照明配电负荷、空调主要设备效率、电机效率等作了最低限规定。建立上海建筑能耗模型时，须将上海标准中规定的最低指标代替二号航站楼基本模型的相应参数，同时保留基本模型中的其他输入信息。ASHRAE 90.1是目前美国通用节能标准，达到这一标准也是绿色建筑 LEED 认证的起评线。ASHRAE 90.1 包括强制性标准、描述性方法和能耗成本预算方法。强制性标准对窗墙面积比、天窗面积比、屋面导热系数、外墙导热系数、外窗（包括透明幕墙）导热系数和遮阳系数、屋顶天窗导热系数与遮阳系数、底面接触室外空气的架空（或外挑）楼板、照明功率密度、空调主要设备效率、电机效率等性能参数作了最低限度规定。在满足强制标准的前提下，允许采用描述性方法或能耗成本预算方法来检验设计是否符合 ASHRAE 90.1。描述性方法对各能耗系统及控制作了详细规定，如窗墙比、空气热回收、空调变流量控制等。为使项目实施富于弹性和可操作性，也可用能耗成本预算方法来替代描述性方法，即如果原设计模型能耗比用描述性方法建立的模型能耗低，也视为符合 ASHRAE 90.1。本项目的 ASHRAE 模型就是在满足强制性标准基础上用能耗成本预算方法建立的。上海建筑节能标准对空调系统控制和系统要求未作规定，其所限定的其他最低限值相对目前技术水平和能耗状况也偏于保守。相比之下，ASHRAE 90.1 代表了较高的建筑节能水平。

设计单位采用建筑能耗逐时分析软件 Equest 3.5，对各模型条件的浦东机场二号航站楼和二期能源中心进行能耗计算。

如图 10-29 所示，将基本模型分别与两个基准模型进行总体能耗和分项能耗比较，再进一步针对基本模型的差距进行改进，得到优化模型。最后，再将优化模型与两个基准模型作比较，即可知道优化模型优为几许、优在何处。根据上述思路，在浦东机场二号航站楼和能源中心基本模型基础上，设计方案主要在七个方面进行了方案优化，即：①玻璃幕

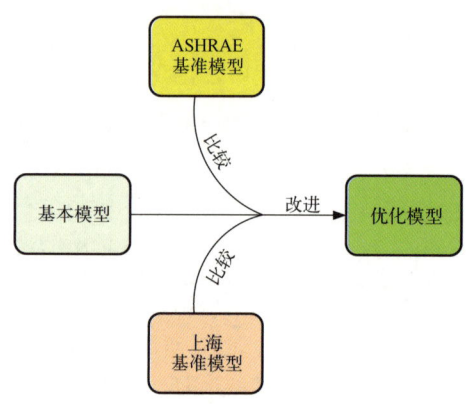

图10-29 浦东机场二号航站楼节能优化

墙;②照明配电负荷;③自然通风;④变风量空调;⑤自然采光;⑥高效冷水机组;⑦空调二次冷热水泵变流量。最后,得到了二号航站楼优化模型,即二号航站楼最终设计方案。

根据优化模型计算结果,可知照明配电占二号航站楼和能源中心总能耗的39%,空调（包括制冷机、水泵、风机、冷却塔）占32%,室内设备占29%。与基本模型、上海基准模型、ASHRAE基准模型和浦东机场一期工程（一号航站楼和一期能源中心）相比,二号航站楼优化模型（对应实际设计方案）在全年能耗指标、全年能耗成本指标的优势,分别见表10-15—表10-18。

表10-15 全年能耗指标比较

模 型	全年峰值用电（kW）	全年用电（kW·h/m²）	全年用气（MJ/m²）	总能耗（MJ/m²）
基本模型	40 928	508	238	2 067
上海基准模型	27 857	278	205	1 206
ASHRAE基准模型	22 907	267	195	1 158
综合优化模型	26 535	229	216	1 040

表10-16 全年能耗成本比较 （元/m²）

模 型	全年电费成本	全年用气成本	总能耗成本
基本模型	380.4	15.5	395.9
上海基准模型	194.6	13.3	207.9
ASHRAE基准模型	181.5	12.7	194.2
综合优化模型	160.0	14.0	174.0

表10-17 与一期工程全年能耗指标比较

	全年用电（kW·h/m²）	全年用气（MJ/m²）	总能耗（MJ/m²）
一期能源中心和一号航站楼	256.6	895.0	1 819.0
综合优化模型	229.0	216.0	1 040.0

表 10-18　与一期工程全年能耗成本比较　　　　　　　　　　　　　（元/m²）

	全年电费成本	全年用气成本	总能耗成本
一期能源中心和一号航站楼	192.4	58.5	250.9
综合优化模型	160.0	14.0	174.0

根据上述表格，可进一步计算得出：

① 与基本模型比较，年节电率54.9%，年节电量1.3亿kW·h，年减少电费支出57.9%。年节能49.7%，年减少能源支出56%。

② 与上海基准模型比较，年节电率17.6%，年节电量0.23亿kW·h，年减少电费支出17.7%。年节能13.7%，年减少能源支出16.3%，优于《上海市公共建筑节能标准》。

③ 与ASHRAE 90.1基准模型比较，年节电率14.2%，年节电量0.18亿kW·h，年减少电费支出11.8%。年节能10.2%，年减少能源支出10.4%，优于《美国非住宅建筑节能标准》（ASHRAE 90.1—2001）。

④ 与浦东机场一期工程相比，单位面积节电10.7%，单位面积节气75%（因为一期工程为热电联供，燃气轮机耗气量大，但发电供航站楼使用），单位面积总能耗（电＋天然气）减少42%，全年总耗能成本节约30%。

根据以上数据可以确认，浦东机场二号航站楼和二期能源中心通过设计方案优化，在建筑节能方面取得了十分显著的成效。

航 空 港 规 划 丛 书

第 11 章

节约材料、珍惜资源

大型民用机场建设和运行要消耗大量的资源，包括能源、材料、水和空域等。如何减少机场建设工程项目和机场日常运行的资源消耗，对机场可持续发展具有重要意义。多年来，上海机场始终将资源节约作为孜孜以求的目标，通过一系列机场建设和运行方案的优化，在能源、材料、水和空域节约方面取得了不俗成绩，生动诠释了机场可持续发展的战略。

11.1　降低标高、土方锐减

地势设计（竖向设计）对于机场排水、场道土基稳定性和建设投资都有重要影响，必须进行综合、全面考虑。在浦东机场一期工程建设中，设计者首先是力争做到土方平衡。机场场区范围的河浜填土和场地平整所缺土方，尽可能由机场周围江镇河、薛家泓港、沙脚河等的改造挖方以及外来土方（垫层材料、三渣及山皮石、吹填砂等）平衡，并尽量减少从机场用地范围外借土。其次，保证道面稳定性和道面结构承载力对地基强度的要求（地下水位、土基干湿状态）。场区中地下水位标高变动范围为 2.5～3.5 m，即在地表下 0.5～1 m 范围内变动。如果道面结构层位于地下水位以下且经常处于饱和状态，则会减少道面土基强度，造成道面结构在过大的应力作用下损坏，因此必须使道基标高处于地下水位以上。要保证机场场区排水通畅，通常做法是通过填方抬高场区标高，确保道基在地下水位以上，再利用场区与周边区域高差将场区雨水排掉。浦东机场要达到如此标高，全部场区至少要填土 1.0～1.5 m 高，需填方数量达 3 000 万～4 000 万 m^3。由于机场周边没有取土条件，当时甚至开始研究从浙江某地通过开山取石、船载水运方式来解决填方材料问题。经匡算，填方工程大约需要投资 1.6 亿元。

场区大规模填方，不仅实施难度大、投资高，而且对机场周边的水文环境、对机场未

来的发展都会带来一系列负面影响。为此,机场组织各方面专家反复探索,终于通过机场的"独立二级排水"方案化解了这一难题。二级排水,就是通过一级和二级排水设施,形成机场自成体系的独立排水系统(图6-1)。一级排水系统,将场区各分区、系统收集的雨水,通过#1、#2、#3雨水泵站和自流排水系统,就近以机排和自排相结合方式从东西南北四个方向排入围场河;二级排水系统,分机场南、北两个出口,由机场围场河、节制闸、出海泵闸、规划调蓄水库等组成。这样,通过有效控制场区围场河水位,使其常水位标高控制在2.35 m左右,达到了降低场区地下水位的目的;通过独立排水系统,实现了机场与周边水系的隔离,在汛期可利用潮差和泵站强排实现排水,跑道道面标高定为5.1~5.3 m,实现了机场自身的土方平衡。

总之,浦东机场独立排水系统的运用,避免了机场场区大面积填方,节省填方材料3 000万~4 000万 m³。其衍生的环境和经济效益同样不可低估,如避免了开山所带来的山体、植被、景观破坏,避免了材料长途水运的能源、材料消耗等。

11.2 屋盖优化、节省钢材

浦东机场一号航站楼(T1)和二号航站楼(T2)都采用了大跨度钢结构屋盖,建筑钢材消耗量较大。如何通过结构设计优化,实现在满足结构强度要求前提下的建筑钢材节约,是浦东机场一期和二期工程重点关注的问题之一。

11.2.1 浦东机场一号航站楼屋盖钢构优化

浦东机场一号航站楼采用了法国巴黎机场集团ADP的建筑设计方案。航站楼钢结构屋盖由高架道路进厅屋盖R1、主楼出发大厅屋盖R2、主楼商业区屋盖R3和候机长廊屋盖R4组成,如图11-1所示。屋盖由间距为9 m的钢屋架构成,R1、R2、R3为连续三跨,屋盖支承点水平投影跨度分别为49.3 m、82.6 m和44.4 m,纵向长度为411.6 m。钢屋架低端支承在混凝土框架大梁上,高端通过托架梁支承在倾斜钢柱上。候机长廊屋盖支承点间水平投影跨度为54.3 m,纵向为1 388.6 m,钢屋架通过托架梁支承在两侧标高不同的倾斜钢柱上。钢柱间距为15 m,航站主楼斜钢柱间设支撑索,候机长廊跨内设群索。全部钢结构(包括钢柱、幕墙支架)安装重量达3.3万 t,其中屋盖面积达16万 m²。

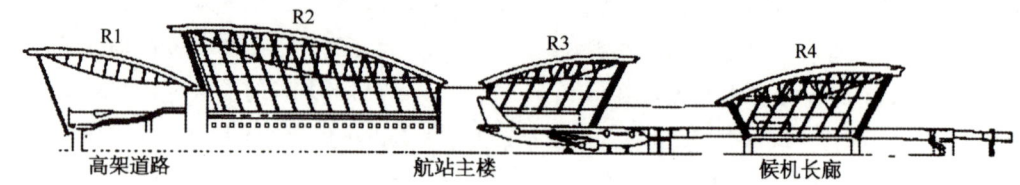

图 11-1　浦东机场一号航站楼钢结构屋盖构成

根据 ADP 原设计，由于建筑外形需要，R1、R2、R3、R4 均是一端支承于 20 m 高的斜柱上，另一端支承于 2.5 m 高的直柱上，斜柱下端为铰接，直柱下端为刚接。整个结构体系在纵向两端抗侧刚度极不均匀，在水平荷载，特别是纵向地震荷载作用下，结构会发生明显扭转，使构件承受很大的内力和变形，进而影响玻璃幕墙、屋面正常工作。原设计通过进一步加强直柱一端的刚度，即在每两榀屋架间增设刚接方柱来约束屋面扭转，同时通过增加上弦水平支撑来提高平面内刚度以加强传递能力。这样，整个屋面形成了以直柱为固定端，整个上弦平面为水平悬臂桁架、斜柱主要承受垂直力的抗侧力体系。这一方案技术可行，但并不经济，特别是对于跨度达 82.6 m、一端有对变形要求极高玻璃幕墙的 R2 而言，经济性问题更为突出。计算表明，采用此方案加强刚度后，高端柱顶位移为 102 mm，对玻璃幕墙适应变形能力要求大大提高，伸缩缝宽度也需加大，给建筑处理带来很大难度。

考虑到 R2、R3 斜柱间有间距 3 m 且尺度相对较大的玻璃幕墙钢柱，且允许在钢柱间设置较细的柱间支撑，施工图设计单位利用这一有利因素，在每一柱间设置了由 5×73 mm 钢索组成的交叉柔性支撑，索外径为 65 mm，它们与纵向桁架、斜柱共同形成纵向抗侧力结构，大大改善了屋面两端纵向刚度的不均匀状况，简化了上弦平面内的支撑系统。柔性支撑系统均施加预应力，以保证在任意荷载组合下双向索始终受拉。

经过上述结构优化，层面上弦表面最大纵向水平位移为 40 mm，且出现在跨中附近。玻璃幕墙所在平面的斜柱顶位移仅为 18 mm，完全满足玻璃幕墙平面内变形限值要求。优化还减少了构件数量，减小了构件断面。R2 原设计中屋面用钢量（不包括柱、玻璃幕墙支架、托架）为 106.4 kg/m²，优化后减少为 81.0 kg/m²。经过设计方案优化，单位面积用钢量减少 24%。

11.2.2　浦东机场二号航站楼屋盖钢构优化

浦东机场二号航站楼包括主楼、候机长廊及两者之间的连接体三部分，航站楼高度近

40 m。其中，主楼长 414 m，宽 150 m；候机长廊长 1414 m，宽 41～65 m；连接体长 292 m，宽 31 m。整个二号航站楼包括两个外形协调、结构体系不同的波浪形钢屋盖，分别覆盖航站楼主楼和候机长廊，见图 11-2。二号航站楼屋盖总面积达 192 435 m^2，全部钢结构（包括钢柱、幕墙支架）用钢量达 29 076 t。

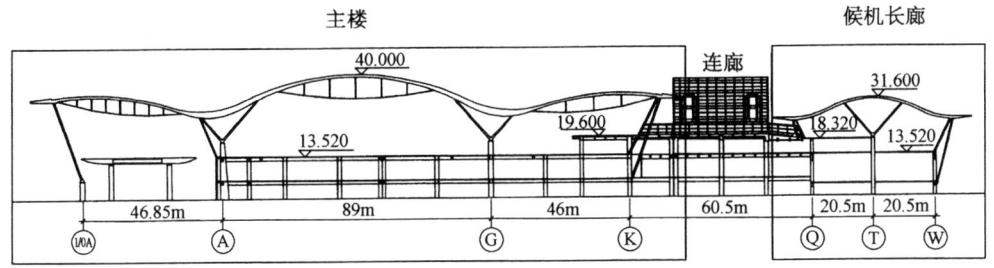

图 11-2　浦东机场二号航站楼钢结构屋盖构成

航站楼主楼钢屋盖平面投影尺寸为 414 m×217 m，其下部混凝土结构纵向支承点的间距为 18 m，横向支承点间距分别为 46 m、89 m、46 m。沿纵向每 90 m 或 72 m 设置一条结构缝，将整个屋盖分为 5 个区段，与下部混凝土结构的分缝对应。在横向，屋盖 217 m 长度跨越 3 个混凝土机构单元，由于没有合适断缝位置，同时考虑屋盖在该方向波状外形对温度应力的释放能力，以及支承钢柱约束刚度较小，故在全长范围采用了连续多跨结构。

二号航站楼钢结构屋盖采用刚性与柔性相结合的混合结构体系——Y 形钢柱支撑多跨连续张弦梁，通过分叉 Y 形斜柱与下部混凝土结构连接来提供结构全部抗侧刚度。每个混凝土结构的中间支承点上分叉设置两个沿横向左右倾斜的 Y 形钢柱，边支承点上各设一个向外倾斜的 Y 形钢柱，将 217 m 宽的钢屋盖分为 5 跨。Y 形钢柱的两个纵向分支又将 18 m 间距的混凝土支承点减小为 9 m，使得以中心间距 9 m 均匀布置的张弦梁得以直接置于柱顶，省却了托架的转换，受力更为直接。图 11-3 为主楼屋盖三维示意图。

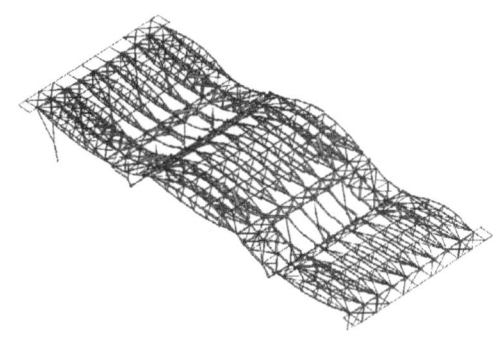

图 11-3　浦东机场二号航站楼主楼钢结构屋盖

屋盖上弦为 5 跨连续变截面箱形梁，其中位于中柱顶的 2 个小跨截面高度最大；其余

3个间隔布置的大跨,上弦截面高度往跨中逐渐收缩,并设置下弦呈梭形的张弦梁结构,上下弦间以平行布置的腹杆相连。张弦梁下弦采用单根高强度钢棒,以铸钢节点与上弦及腹杆相连。根据不同受力情况,3跨分别采用不同腹杆数量:有幕墙的室内部分,由于风吸荷载较小,通过在上弦箱梁内加载的方法确保下弦钢棒在任何工况下均为受拉,因此下弦可按拉杆设计,腹杆数量较少;而车道边没有幕墙的钢屋盖部位,在风载作用时下弦钢棒处于受压状态,腹杆数量适当加密,以将下弦长细比控制在压杆允许范围内,使之与上弦一起形成梭形空腹桁架,共同抵抗向上的风力。

配合建筑造型,张弦梁上弦平面投影也是曲线。在柱顶支撑部位及2个小跨内均为单根箱形截面构件,然后向大跨跨中逐渐分叉为两根较窄的箱形构件并围成梭形空间,该空间恰好配合屋面眼形天窗的设置。与上弦截面形式相呼应,Y形钢柱也采用箱形变截面。其中,柱下端与混凝土结构的钢骨混凝土悬臂柱刚接,上端铰接于张弦梁下翼缘;高架道路一侧,边斜柱下端固接,上端铰接;另一侧边斜柱上下端均为铰接。Y形钢柱的中柱与边斜柱、柱顶纵向连接梁、横向张弦梁共同形成了屋架完整抗侧力体系,以确保钢屋盖结构具有足够刚度。

候机长廊钢屋盖结构见图11-4。屋盖总长1 414 m,与下部混凝土结构对应,分为20个72~108 m的结构区段。中部标准段60 m,两个端头扩大为90 m。与主楼相似,也采用Y形分叉斜柱将屋盖跨度缩小至16 m左右,使屋面结构得以简化为曲线形的3跨连续箱梁结构体系。处于同样的建筑开窗需要,连续箱梁的平面也为曲线。结构横向刚度由Y形钢柱与连续箱梁组成的刚架提供。在纵向,设在幕墙平面内的交叉拉索与Y形边斜柱一起形成结构刚度。

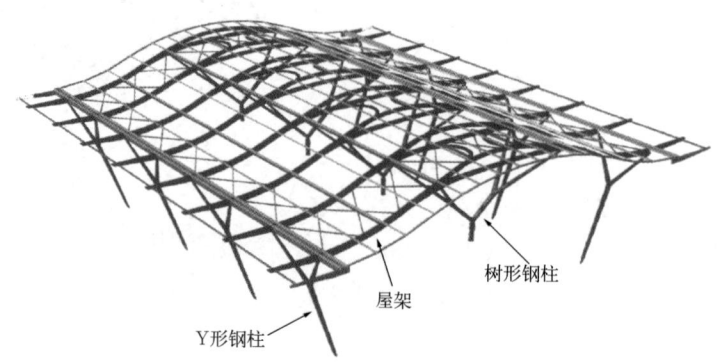

图11-4 浦东机场二号航站楼候机长廊钢结构屋盖

二号航站楼钢结构屋面通过采用 Y 形钢柱支承多跨连续张弦梁的结构优化，支柱从原先每隔 9 m 一根变为每隔 18 m 一根，支柱间距增大一倍、支柱数量减少一半，但支撑效果并未打折扣。钢支柱数量减少，使得钢材节省 12%。

11.3 吹沙补土、就地取材

浦东机场二跑道位于一跑道东端，靠近海边，如图 11-5 所示。二跑道工程按 F 类飞行区标准设计。铺筑面工程包括 3 800 m×60 m 跑道、两条平行滑行道、联络道和机坪等。二跑道工程项目用地 174.43 万 m^2，主要由围海促淤形成。

图 11-5　浦东机场二跑道（右侧靠海边跑道）

1999 年 10 月一跑道投入运行后，上海机场就开始了"浦东机场二期飞行区驱鸟造地吹砂补土工程"。2002 年 2 月，根据专家论证，确定了"高真空降水＋强夯＋冲击碾压"的地基处理方案。2003 年 6 月，进一步明确采用刚性道面，且确定了在 20～25 年的目标年限内地基工后沉降值 30 cm、差异沉降 0.15% 的标准。经过不到两年建设，2005 年年初项目完工并通过验收，2005 年 3 月 17 日二跑道正式启用。

二跑道场址原地面标高距设计标高相差 1.0 m 以上，二期及远期建设需要土方量巨大，

初步估算约为 $3.6×10^7$ m³。由于场区紧临东海，具有较好的吹砂补土条件和环境，因此浦东机场一期工程结束后，上海机场即确立了"吹砂补土"作为场区抬升标高、土基补土方案，并先期进行了实施。这样，浦东一跑道建成后即开始实施"吹砂补土"；当浦东机场业务量发展到需要建设二跑道时，"吹砂补土"也刚好完成，获得了巨大的时间效益。

由于进行了严密的工程设计和施工控制，整个吹砂补土过程进展顺利。在吹填砂施工中，有效减少或消除了吹砂回水及排淤对外海和永久性大堤的影响和环境污染，同时为堆载预压创造了良好的条件。浦东机场整个二期扩建工程，吹砂和海上采砂共获 1 456 万 m³ 海砂，节约了大量陆地土资源和运输成本。

浦东机场四跑道的吹砂补土工程在建筑材料和陆地土资源节约方面依旧带来显著的经济效益和环境效益，可持续发展战略继续在浦东机场发扬光大。

11.4 结构优化、强基薄面

机场道面指供航空器在机场起飞、着陆、滑跑、行驶和停放之用的跑道、滑行道和站坪。道面是机场最重要的基础设施和服务资源。机场的运行和安全，须臾离不开机场道面。在机场建设中，机场道面的设计、施工是重要内容，是投资金额仅次于航站楼的建设项目。

机场道面一般分为刚性道面和柔性道面两类。通常，刚性道面面层由素水泥混凝土铺筑，而柔性道面面层由沥青碎石混合料铺筑。为了达到适航要求，机场道面必须在强度、抗滑性、平整度等多方面达到技术标准。为减少投资和适应机轮荷载应力从上到下逐渐减少的特点，机场道面通常采用不同材料的层状结构，面层采用强度较高的水泥或沥青混凝土，面层下的基层（垫层）则采用成本较低和强度弱一些的材料，最底层为经过压实的土基。机场道面的面层厚度，对机场道面强度和建设投资有重要影响。在同样条件下，如果道面土基强度较高，则道面面层、基层厚度都可适当减少，即所谓"强基而薄面"。

考虑到刚性道面在使用寿命、施工工艺、材料供给、耐久性、抗航油腐蚀性等方面的优点，尤其是刚性道面具有结构整体性较好的特性，对机场软土地基有一定的适应性，浦东机场道面全部采用刚性道面。由于机场飞行区铺筑面类型多、面积大，如何合理地进行机场道面结构设计，对建设投资和建筑材料消耗有重要影响。为此，在浦东机场的跑道建设中，上海机场主要通过以下三项措施对道面结构设计进行优化，进而实现材料节约、投资降低。

（1）道面局部减薄。利用机轮荷载作用特点，对道面一些部位的面层合理减薄，如跑道纵向中部、跑道横向两边、快速出口滑行道等。

（2）设计创新、工艺创新，提高道面强度。三跑道采用接缝倒角工艺（图11-6），改善了混凝土板边受力条件，减少了道面对机轮轮胎的潜在危险；三跑道端部的道面结构设计与防吹坪设计统筹考虑，使跑道面层与防吹坪面层底部同处一个滑动面，大大削减了炎热高温时防吹坪对跑道端部伸长约束所造成的过大温度应力。设计方法和施工工艺的改进，有助于延长机场道面的使用寿命，相当于节约了建筑材料和维护费用。

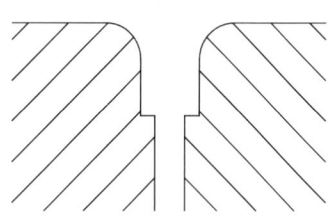

图 11-6　浦东机场三跑道面层板边倒角示意

（3）强基薄面、减薄面层。机场根据"强基薄面"原理，加强土基处理，提高土基和基层顶面反应模量，进而减少面层厚度。如表 11-1 所示，由于土基顶面反应模量提高，二、三跑道面层厚度均比一跑道下降 2 cm，同时三跑道基层材料厚度和层数都有减少，见图 11-7 和图 11-8。根据计算，二跑道面层减薄 2 cm，可使工程投资减少 2 000 万元。"强基"能有效减缓道面破损，延长使用寿命，给机场道面使用和维护带来难以估量的长远效益。

表 11-1　浦东机场典型道面厚度

道面区域	土基顶面反应模量 K_0 (MN/m³)	面层厚度 h (cm)	基层 总厚度 (cm)	基层 层数	上基层 厚度 (cm)	上基层 材料	中（下）基层 厚度 (cm)	中（下）基层 材料	（下）基层 厚度 (cm)	（下）基层 材料
一跑道	40	46	54	3	18	二灰碎石	18	二灰碎石	18	石灰土
二跑道	60	44	56	3	18	水泥碎石	18	二灰碎石	20	二灰碎石
三跑道	60	44	40	2	20	水泥碎石	20	水泥碎石		

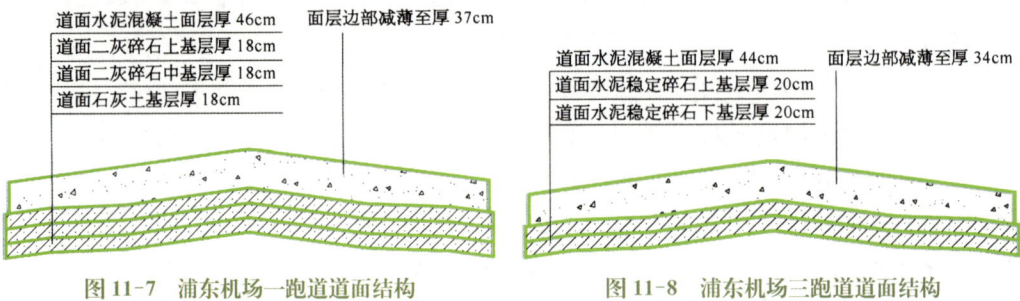

图11-7 浦东机场一跑道道面结构　　　　图11-8 浦东机场三跑道道面结构

11.5　清水混凝土、素朴去雕饰

建筑采用清水混凝土，是指混凝土一次浇注成型、不做任何外装饰，直接利用现浇混凝土外部作为饰面。设计、施工上乘的清水混凝土建筑，表面光洁、色泽均匀、浑然一体，使建筑呈现出古朴、庄重的气息，具有独特的建筑审美价值。简约不简单、素朴而高贵、历久而弥新，当是清水混凝土建筑的生动写照。

清水混凝土建筑最早出现于第二次世界大战后的德国和日本，当时只是为了简化建筑施工、降低费用。但随着工艺、材料的改进，清水混凝土建筑越发显示出特有的建筑气质。20世纪60年代，日本奥林匹克体育馆应用清水混凝土获得成功。此后，清水混凝土建筑开始快速发展。澳大利亚悉尼歌剧院、日本国家大剧院、法国巴黎史前博物馆等，都是清水混凝土建筑的典范。机场建设中，纽约肯尼迪国际机场、华盛顿杜勒斯国际机场等航站楼也都采用了清水混凝土。但是，清水混凝土要达到设计效果，对模板配置、混凝土原材料、浇筑振捣工艺、表面修饰保护等都有较高要求。

除了建筑美感，清水混凝土建筑还具有诸多优点，比较突出的是：

(1) 墙体无需装饰。不仅省去了繁多的装饰材料及繁复的装饰施工，还免除了装饰材料可能带来的室内污染、建筑垃圾等，做到装饰工程的省材、省工、省时。

(2) 大大降低建筑维修费用。清水混凝土因设计合理、施工严格，可有效控制混凝土开裂等缺陷，减少了结构渗漏等质量通病，主体构件质量好、强度高。

(3) 降低造价。一方普通混凝土造价在700～800元，清水混凝土则在1 000元以上，成本要高一些。但因最终舍去抹灰、吊顶、装饰面层等内容，装饰工程成本大大降低，最终造价一般比普通混凝土低 20%。

（4）使用寿命长。清水混凝土建筑由于在施工材料、施工工艺等方面要求严格，混凝土构件的整体强度、外观质量等都能得到可靠保证，因而建筑使用寿命较长。而且由于材料自身特点，清水混凝土表面随着时间消逝几乎没有变化，使建筑具有"历久弥新"的魅力。

鉴于清水混凝土建筑的上述优点，上海机场在浦东机场一号航站楼、二号航站楼和虹桥机场二号航站楼中都大量采用了清水混凝土（图 11-9）。

图 11-9　浦东机场一号航站楼西立面清水混凝土墙面

为了保障清水混凝土建筑施工质量，上海机场制定了严格的清水混凝土外观质量标准，对砂带、挂浆、漏浆、冲刷痕迹、油污、墨迹、锈迹、色差、蜂窝等作出严格规定，编制了《清水混凝土结构构件允许偏差》《钢模板加工要求和验收标准》《钢筋绑扎质量验收标准》《清水混凝土操作工艺卡》等。

为降低清水混凝土造价，机场还根据建筑空间的位置、重要性，将清水混凝土分为三个等级。A 级为航站楼外墙暴露立面，质量要求最高，采用芬兰进口木模板，完成外面涂保护液；B 级为航站楼室内明显外露墙面以及与旅客较为接近的空间，质量要求仅次于 A 级，采用精密木模板制作，暴露圆形立柱用金属模板，完成外面涂保护液；C 级主要是设备用房等次要空间和完成外面有遮挡部分（如楼板），外观要求不高，采用常规模板制作。这样，通过合理的分级施工，既能保证清水混凝土建筑具有良好的外观，又避免了不必要的过高质量要求，降低了造价。

坚持技术创新，也是上海机场清水混凝土利用与施工中的一个显著特点。例如，浦东机场二号航站楼采用高流态清水混凝土，无需振捣、加快浇筑、降低施工噪声，取得了良好的效果。

11.6　节约空域、保证容量

机场空域是民用机场的重要资源，对机场正常、安全和高效的运行有重要影响。如何节约和有效利用空域，对机场可持续发展意义重大。机场运输能力的提高，必须是地面和空中发展的协调与统一。上海机场在发展过程中始终高度关注机场空域的节约和有效利用。

为了节约空域、达到空域的有效利用，在浦东机场一、二、三跑道启用前，上海机场都会同华东空管局，对上海地区的空域结构、航线走向等进行局部调整。但是，由于种种原因，上海地区的空域利用还存在许多问题。例如，班机对头上升、下降，制约流量增加，不利于飞行安全；浦东、虹桥两场飞行矛盾突出，进离场航线过于复杂；雷达引导空域狭小，进近管制区只能实行有条件的雷达管制，不能完全发挥雷达管制效能；上海南部区域飞行不畅，航线容量趋于饱和，等等。为了适应浦东机场未来国际航空枢纽港的发展战略，华东空管局、上海机场等联合开展了上海地区空域中长期规划工作。

空域规划的总体设想，包括取消空中走廊、优化飞行进出点；划设专用进港和离港扇区，便捷飞行，发挥机场多跑道优势；建立统一的上海管制终端区，统一飞行方法、管制方式、间隔标准，形成以上海机场为中心，半径 100 km 的雷达引导区域；引入过渡航线，缓解航路飞行矛盾；在上海终端区内实施全面雷达管制。本着上述原则，上海机场进离港航线已进行了调整。为有效形成单向进出、进离场分离格局，规划时又对既有航路进行了优化；同时对新增导航设施也进行了规划。规划、调整的基本目的，就是节约并有效利用空域，为上海机场创造良好的空域条件。

11.7　雨水收集、尽其所用

我国是干旱、缺水国家，尽管淡水资源总量仅次于巴西、俄罗斯、加拿大、美国和印

度尼西亚，居世界第六位，但人均淡水资源仅及世界平均水平的四分之一，是全球人均水资源贫乏的国家之一。因此，节约用水和有效利用水资源对我国尤其重要和迫切。大型民用机场的日常运行需要耗费大量水资源。除了人的饮用水外，卫生间冲洗、空调系统冷却、植物景观绿化等都需要水。以上海浦东机场为例，根据估算，机场每天总供水规模约为10万t。鉴于此，机场确有必要在减少用水、有效用水方面作文章、下工夫，保证机场的可持续发展。机场飞行区、航站区拥有大面积不透水表面，如能将雨水进行集中收集并有效利用，将会大量减少对城市供水的需求。天然雨水硬度低，有机污染物少，稍作处理即可满足机场低水质用户的使用要求。为此，浦东机场二期工程和虹桥机场西区扩建工程都对雨水回用开展了研究。

11.7.1 浦东机场雨水回用

浦东机场场址所在地属海洋性气候，受季风影响，降雨量的时间分布很不均匀，每年4—9月降雨量占到全年降雨量的69.7%，夏季降雨占全年的40%。根据测算，机场场区年降雨量可达3 600万t，雨水资源非常丰富。但是，由于降雨时间分布不均衡，因此必须解决雨水的收集和储存问题。为此，机场曾考虑过三种收集储水方式。

一是利用航站楼巨大屋面，通过屋面排水系统集中收集。这需要在航站楼附近建造一个巨大的雨水储水池。由于航站区设施密集，无法找到建造水池的理想场所，此方案只得作罢。

二是利用景观水池储水。机场现有景观水池的面积约400 m×400 m，有效容积达40万m^3，按理说是储水的好场所，但由于景观水池水位较高，航站楼屋面雨水不能靠自重进入水池，还需建雨水提升泵站。另外，景观水池对水质有要求，雨水直接进入会带来污染，且夹带泥沙沉淀于池底会给清理带来麻烦。再就是景观水池容积与要收集的雨水量相比偏小，而水池水位又有严格要求，这就可能造成雨季时由于容量不足要溢流排放、非雨季要保持水池水位又可能供不应求。考虑以上因素，此方案也被放弃。

三是利用飞行区泵站调节水池储水。浦东机场一期工程时，飞行区建有总容积11万m^3的调节水池，二跑道南北两端也分别建有两座调节水池，用于收集跑道和飞行区站坪雨水。但是，由于调节水池均在跑道两端，距离雨水回用点较远，取用时还要建设穿越飞行区和站坪的输水管线，所以此方案实际上也不可行。

最后采取的方案是利用机场围场河储水。浦东机场围场河构成独立水系，全长达

32 km，总容量达 380 万 m³，蓄水能力完全满足需求。围场河流速缓慢，宛若大沉淀池，有利于水体保持良好水质；围场河两个出口，均建有水闸泵站，可通过排、引功能控制水位，便于控制储水容量。机场方选取了 3 个可能的取样点对围场河水质进行监测和评价。经分析发现，随塘河与围场河交叉处的取样点由于地处江镇河口、水流通畅，水质较好。于是，浦东机场将回用雨水处理站的取水点设在该处。

回用雨水分别根据《城镇杂用水水质控制标准》《景观环境用水的再生水水质标准》和《空调冷却水水质标准》进行处理，采用加药、混凝沉淀、过滤和消毒等工艺流程，见图 11-10。围场河水经处理后，除 Cl⁻ 浓度偏高外，其他指标均优于上述三项水质标准的要求。

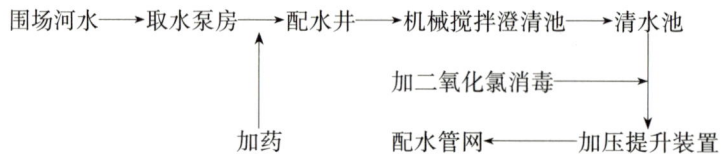

图 11-10　浦东机场围场河水处理工艺流程

浦东机场的回用雨水，主要用于二号航站楼部分楼层冲厕、场区绿化灌溉和二期能源中心冷却水补水，平均每天用水量为 7 000 t。按当时城市自来水水价 2.58 元/t，雨水供水成本 1.05 元和浦东机场回用雨水处理站投资 2 377 万元来计算，收回雨水处理站投资只需 6 年时间。

11.7.2　虹桥机场再生水回用

结合虹桥机场西区扩建工程，上海机场集团委托上海市政工程设计研究总院开展了"虹桥国际机场扩建工程再生水回用技术研究"，对机场再生水回用的必要性、科学性、可行性进行全面研究，并付诸工程实施。

根据虹桥机场扩建工程供水规划及设计方案，扩建工程区域的规划总用水量为每天 15 000 t。机场用水大多集中在航站区，约占总用水量的 84%，其中又以能源中心和航站楼为用水大户。航站区除食品配餐用水、旅客过夜用房用水外，其他的生产用水、冲洗用水等，均可以用再生水替代。根据规划，虹桥机场再生水主要用于卫生间冲洗、园林绿化、道路浇洒、能源中心冷却水补水等。经设计计算，最终确定的场内再生水需求量为每天

11 000 t，达到虹桥机场西部场区总供水量的73%，具有显著的节水效益。

上海由于受季风影响，降雨量分配不均，降水量较多的月份为7—9月，夏季雨量占全年降雨量的40%。这与机场再生水需求特点（夏季较多，其余季节较少）刚好相符，为雨水利用创造了良好条件。

考虑到上海近年来梅雨期不明显，时间短、雨量少，为此虹桥机场再生水水源采用双水源，即机场飞行区雨水调节池和张正浦河水，旨在保证水源供水的可靠性。由于调节水池水质一般较好，所以当调节池存水充足时，优先使用池水，以降低处理成本；当调节池存水不足时，采用备用水源——张正浦河水。

再生水处理采用预处理、混凝、沉淀、过滤等工艺。课题组通过实验证明了滤布滤池在去除浊度方面的有效性。根据再生水源特点，当以调节池水为水源时，主要去除指标确定为浊度和粪大肠菌群；当以河水为水源时，主要去除指标为悬浮性固体（SS）、总磷（TP）、浊度和粪大肠菌群。根据有关设计规范，再生水管道不与城市给水管道直接相接，而是采用独立管道供水系统，并制作明显指示牌及管道色标，从而避免污染供水管网及误用情况发生。为节省用电，供水系统全部采用变频泵组，能很好地适应机场用水量季节变化大、昼夜变化大的特点。

根据设计方案和测算，工程日再生水生产、处理能力为6 600 t，概算工程总投资约1 600万元，每吨再生水处理成本为2.35元，低于机场的城市供水价每吨3.80元。据此计算，大约需要4.6年即可收回建设成本。

航 空 港 规 划 丛 书

第 12 章

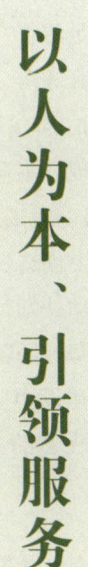

以人为本、引领服务

民用机场是公共交通基础设施，其服务对象主要是旅客和航空公司。机场的规划、设计、施工和运行管理，几乎都要与机场服务产生直接或间接的联系，服务是机场存在的目的和价值所在。机场服务，一类是直接与航空运输相关的主业服务，如值机、安检、政府联检、行李托运与提取、陆侧交通、航空器机位分配、机务维修、道面维护、助航灯光等；另一类则为衍生服务，旨在满足旅客在餐饮、购物、娱乐、休闲、信息和商务等方面的需求。机场如何"以人为本、引领服务"，换言之如何做到"服务人性化"，对任何规模的机场都是严峻挑战，尤其对于业务繁忙、功能复杂、服务对象多样的大型国际机场更是如此。服务人性化，一言以蔽之，就是要实现"主业服务安全、快捷、舒适、友好；衍生服务全面、周到、体贴、公平"。为实现上述目标，机场必须"软硬兼修"。"软"就是加强服务质量管理，"硬"则是在基础设施、服务环境上创造良好条件。近年来，上海机场通过制订并实施《虹桥机场建设国内最具人性化机场行动计划》和《浦东机场服务质量规划》等一系列行动全力提升机场服务质量。与此同时，上海机场还结合浦东机场一期工程、二期工程和虹桥机场西区扩建工程，在机场基础设施规划、建设中坚持"以运营为导向"的理念，为机场打造了坚实的人性化服务硬件平台，为塑造完美的"中国之门、上海之窗"形象奠定了基础。

12.1 旅客流程、便捷舒适

旅客流程，是机场针对各种航空旅客在航站楼内所规定的活动路径。机场旅客流程的合理便捷是机场服务质量的重要表现。由于机场对安检、联检有较高要求，加之航空旅客乘机时大件行李须与旅客分离，遂使机场旅客流程与其他交通方式相比要复杂得多。事实上，旅客对机场服务质量的切身体验与评价，很大程度上是在履行流程的过程中形成的。

上述航站楼旅客流程，可认为是"狭义流程"。更广义的流程，应囊括旅客从进入到离开机场区域的全过程。这样看来，狭义流程只是广义流程中的一段。虹桥机场和浦东机场航站楼流程的成功，首先得益于其成功的"广义流程"，这是机场借助"综合交通枢纽""一体化交通中心"等配套基础设施得以实现的。"狭义流程"和"广义流程"的有机融合，形成了旅客完美的机场流程服务体验链。在航站楼规划中，各种方案对流程产生何种影响始终是评价和取舍设计方案的重要依据。

12.1.1 虹桥机场二号航站楼

虹桥机场二号航站楼定位于国内"最具人性化"的机场航站楼，规划设计充分体现"以人为本"的理念。本着"一次规划，分段实施"的原则，首期设计容量为年处理旅客2 100万人次，同时预留增至年处理旅客3 000万人次的灵活性。通过采取以下规划设计措施，虹桥机场二号航站楼成功地实现了便捷、舒适、安全的旅客流程。

（1）设计理念先进。航站楼设计全面实施了"流程合理、中转和换乘方便、步行距离和等待时间短、空间满足国际航空运输协会（IATA）一流机场标准"的设计目标。

（2）与整个枢纽和其他交通方式良好融合。二号航站楼旅客流程设计面临着前所未有的挑战，因为流程不能单单只考虑航站楼自身，还必须考虑与其他交通方式及整个综合交通枢纽的衔接、融合问题。通过枢纽整体建筑的合理规划设计、功能区域划分和设施布局，二号航站楼流程与整个枢纽和其他交通方式实现了理想的融合，成为交通枢纽的有机组成部分，为通过多种交通方式进入枢纽的旅客便捷利用机场创造了得天独厚的条件。

（3）竖向布局合理。如图12-1所示，二号航站楼主楼包括+12.000 m出发大厅层、

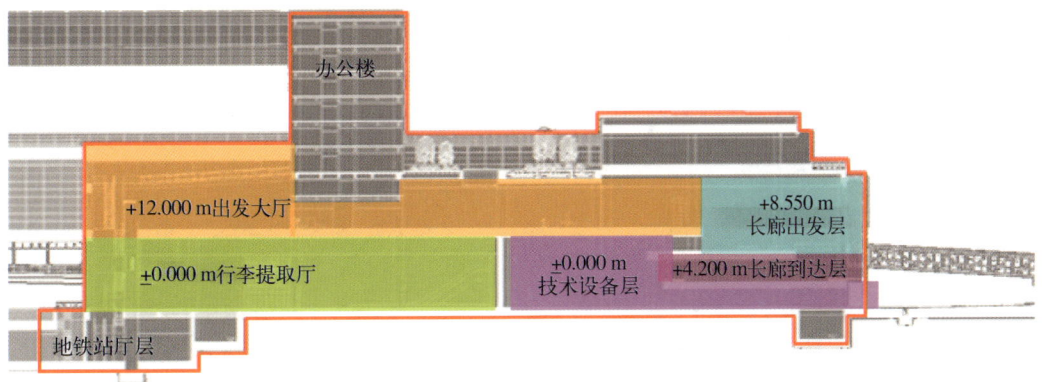

图12-1　虹桥机场二号航站楼综合体剖面

±0.000 m 行李提取层和地铁站厅层。其中，+12.000 m 出发大厅层、地铁站厅层与东交通中心相应层面连成一体，成为枢纽间各交通方式联系的主要平台之一。主楼+12.000 m 出发大厅层以下靠近空侧部分以及指廊±0.000 m 层是技术设备层，行李系统及各种设备用房大都集中在这个区域。指廊+8.550 m 层为出发层，+4.200 m 层为到达层，为国内旅客出发、到达流程提供了隔离空间。合理的竖向布局，为实现旅客高效、舒适的流动和不同交通方式之间的换乘奠定了基础。

（4）服务资源与需求相匹配。根据航站楼年度和高峰小时客流量，设计中对服务设施的数量和位置进行合理安排和布局，做到航站楼各种服务设施的容量均衡，避免设施不足或容量失衡形成局部瓶颈而造成流程延误，同时合理考虑了未来旅客增长后的扩容灵活性。值机大厅只布置了80个传统值机柜台，而自助值机设备布置了80多处，这很好地呼应了未来电子值机、自助值机的发展趋势，大幅节省了航站主楼的规模，缩短了旅客流线。

（5）指廊流程和安检模式合理。在兼顾安全系数、建设成本、运营成本、商业发展、旅客服务和中转便利等因素的情况下，虹桥机场二号航站楼对多种指廊流程和安检模式进行了比选，见图12-2和表12-1。最后，优选出其中的"下层到达、上层出发、集中安检"的方案2。

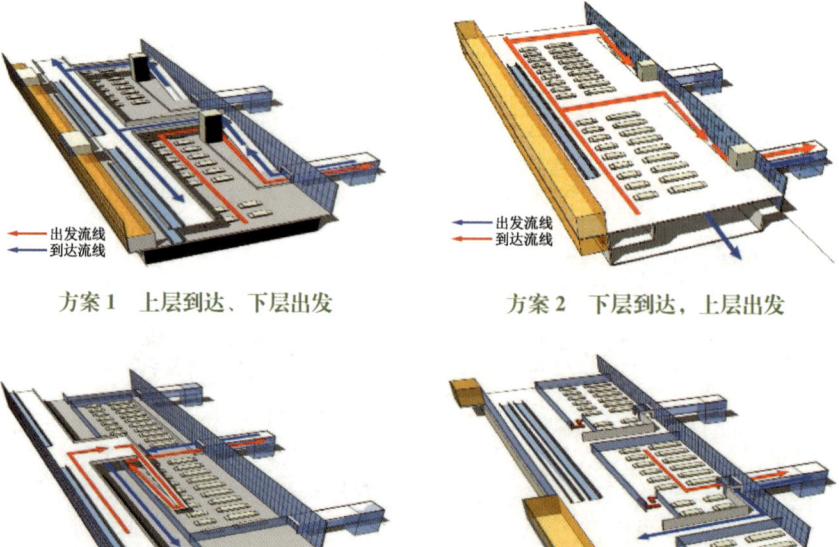

方案1　上层到达、下层出发

方案2　下层到达，上层出发

方案2A　下层到达，上层出发

方案3　机门位分散安检，混流

第12章 以人为本、引领服务

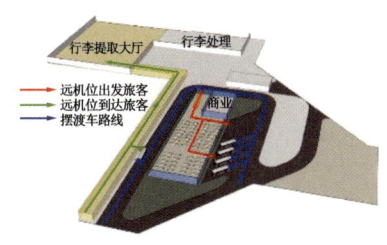
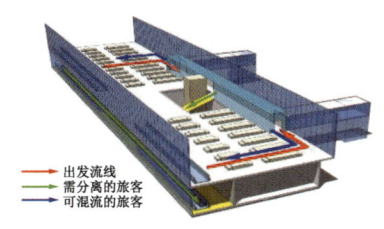

方案 4A　混流/集中安检，采用远机位分流　　方案 4B　混流/集中安检，航站楼侧翼部分指廊采用±0.000 m层到达分流

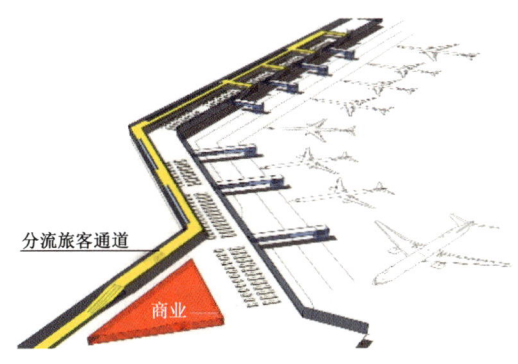
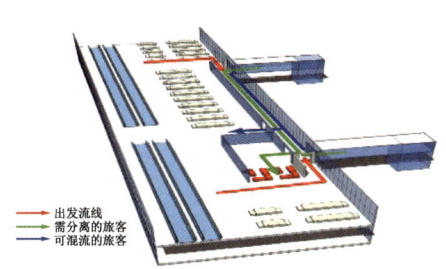

方案 4C　下层混流/集中式安检，指廊采用上层到达分流　　方案 4D　混流/集中式安检，部分机门位到达旅客安检

图 12-2　虹桥机场二号航站楼指廊流程和安检模式比选方案

表 12-1　虹桥机场二号航站楼流程和安检方案评价

		方案1	方案2	方案3	方案4A	方案4B	方案4C	方案4D
出发层		+5.000 m	+9.000 m	+5.000 m	+5.000 m	+5.000 m	+5.000 m	+5.000 m
主要到达层		+9.000 m	+5.000 m	+5.000 m	+5.000 m	+5.000 m	+5.000 m	+5.000 m
需安检到达					远机位	±0.000 m	+9.000 m	+5.000 m
安检模式		集中式	集中式	机门位	集中式	集中式	集中式	集中+两翼
	权重							
安全系数	35%	4	4	5	2	2	2	2
建设成本	15%	3	3	2	5	3	3	4
运营成本	5%	2	2	2	4	4	3	3

(续表)

		方案1	方案2	方案3	方案4A	方案4B	方案4C	方案4D
商业发展	20%	3	3	1	4	4	4	4
旅客服务	20%	2	4	3	3	3	2	1
中转便利	5%	2	2	5	4	3	3	3
总计	100%	16	18	18	22	19	17	17
权重合计		3.05	3.45	3.20	3.25	2.90	2.65	2.60

（6）流程精心设计。虹桥机场二号航站楼各种流程设计中，严格遵守"减少旅客步行距离、简化旅客及行李流程"的原则，较好地实现了便捷、舒适的目的，达到了较高的服务水准，见表12-2。图12-3、图12-4分别为出发和到达旅客流程。另外，航站楼还专门设立了贵宾流程（头等舱、商务舱客人和卡类、会员贵宾、政要贵宾），工作人员流程（进入隔离区流程、进入控制区流程），商品货物和垃圾流程（进入隔离区流程、进入公众区流程）。这些流程有效保证了高端旅客服务质量和工作人员、货物进出隔离区的效率与安全性。

表12-2 虹桥机场二号航站楼流程设施的服务设计标准

航站楼功能设施	处理速率	95%旅客最长等候时间（min）	95%旅客逗留时间（min）
票务/问询	假设需要为30%的值机旅客提供票务或问询服务		
办票柜台			
自助办票	0.75 min	1	2
自助行李托运	0.75 min	5	10
商务舱传统办票	2.0 min	5	30
经济舱传统办票	2.0 min	20	30
大件行李托运	20 s	4	—
安检	20 s	5	10
中转票务/问询	假设需要为30%的中转旅客提供票务或问询服务		
有行李中转办票	2.0 min	20	
无行李中转办票	1.0 min	10	
行李提取	6个航班/转盘	—	
行李转盘占用时间	40 min/人	—	

第 12 章　以人为本、引领服务

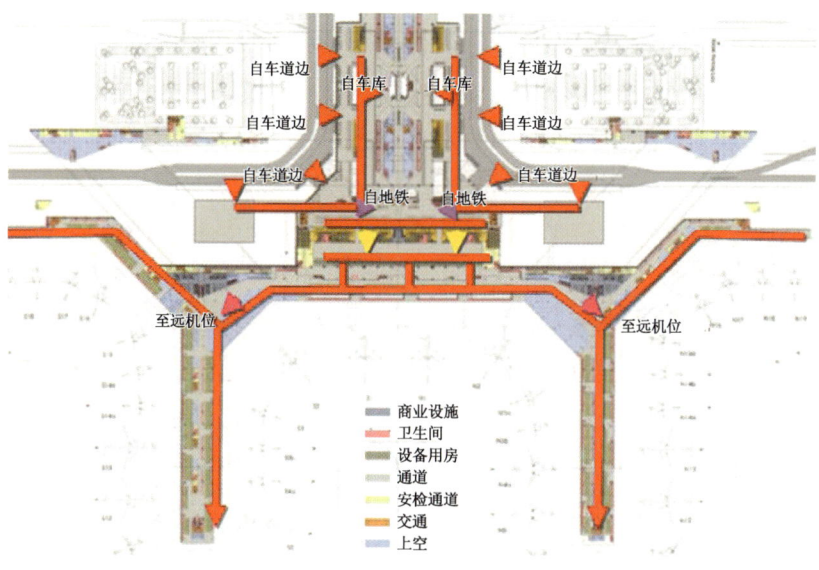

图 12-3　虹桥机场二号航站楼出发旅客流程

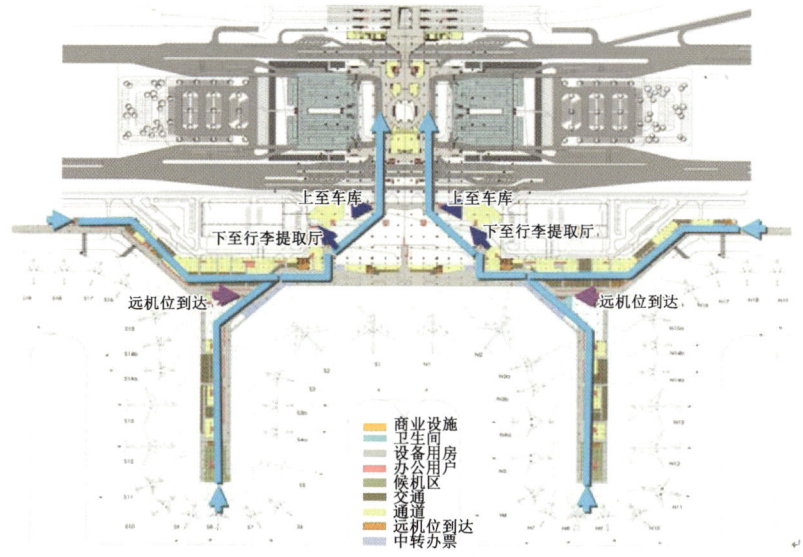

图 12-4　虹桥机场二号航站楼到达旅客流程

(7) 中转流程合理。中转流程是虹桥机场二号航站楼设计中考虑和优化的重点。针对虹桥机场和交通枢纽的特殊情况,规划设计人员将中转旅客分为两大类,一类是空-空中转,特点是中转过程中旅客与行李不见面;另一类是空-陆中转,特点是中转时旅客与行李见面。对于空-空中转,旅客直接在 +4.200 m 到达层中转旅客值机区完成值机手续后乘直达自动扶梯至 +12.000 m 层安检通道前方,进入始发旅客流程;对于空-陆中转,旅客在 ±0.000 m 行李提取区域提取行李后直接进入行李提取大厅中部的中转旅客值机区域,完成值机和托运行李后即可在该区域乘自动扶梯到达 +12.000 m 层安检通道前方,进入始发旅客流程。这样,两类中转旅客的流程都相当简单,中转步行距离也很短,从而达到了较高的服务水准。有行李和无行李旅客的中转值机时间分别仅为 2 min 和 1 min,见表 12-2。另外,航站楼行李系统设计中也充分考虑中转情况,在行李房设置了中转投入口,中转行李通过自动分拣系统可进入行李转盘,如果中转班机的时间较晚,行李系统还设置早到行李线(EBS),为中转行李提供周到的处理方案。

(8) 客流模拟技术先进。为验证和优化流程设计,上海机场建设指挥部专门开展了"虹桥机场二号航站楼客流模拟"课题研究。针对 3 000 万人次年旅客量的始发/终程流程进行全过程计算机模拟,并重点对值机、安检和行李提取等关键设施的规划布局、资源分配方式和运营绩效进行量化评估。仿真采用 ARCPort 软件,利用虹桥机场二号航站楼实际数据建模。绩效指标采用排队长度、排队等待时间和区域客流密度。图 12-5 为东方航空公司值机区域高峰时段旅客排队模拟示意。另外,由于模拟建立了虹桥机场二号航站楼的基础数据库和专属模型,也为未来航站楼运行效率和服务水平的提高以及服务资源调配优化奠

图 12-5　东方航空公司值机区域高峰时段旅客排队模拟画面

定了基础，从而摆脱了传统的基于经验的运行优化方式。

（9）设置较多的近机位。近机位数量对航站楼中转运作和旅客服务质量都有重要影响，虹桥机场二号航站楼扩建工程根据业务需求，设置了较多的近机位；同时，还为年旅客量达到3 000万人次时扩建航站楼指廊、将远机位全部转为近机位创造了条件。虹桥机场二号航站楼的近、远机位设置情况见表12-3。

表12-3　虹桥机场二号航站楼机位设置及数量　　　　　　　　　（个）

机型	大机型组合			小机型组合		
	近机位	远机位	合计	近机位	远机位	合计
C	19	7	26	33	13	46
D	2	1	3	5	1	6
E	18	9	27	7	5	12
合计	39	17	56	45	19	64

12.1.2　浦东机场二号航站楼

为密切配合浦东机场国际航空枢纽的功能定位，在一体化航站楼框架下，浦东机场二号航站楼流程设计确立了"空间满足最小步行距离标准"和"时间提供最短衔接"的目标，旨在为旅客提供最为便捷、舒适的流程，同时最大限度地满足航空公司及其联盟中枢航班波运作需求。浦东机场二号航站楼由主楼、连廊和指廊组成。主楼按年处理旅客4 000万人次设计，指廊的设计容量为年处理旅客2 200万人次。航站楼建筑面积为556 408 m²，主要服务设施分别见表12-4—表12-6。

浦东机场二号航站楼为实现便捷、舒适、安全的旅客流程，主要采取了以下规划设计措施：

（1）合理配置服务资源。根据航站楼年客流量和高峰小时客流量，合理安排流程服务设施数量和位置，做到航站楼服务容量均衡，既避免设施冗余过多导致资源浪费，也避免设施不足形成局部瓶颈而造成延误。

（2）指廊采用"三层式结构"。自上而下分为"国际出发层（＋13.600 m）""国际到达层（＋8.400 m）""国内出发、到达混流层（＋4.200 m）"三个旅客活动层。这种结构不仅较好地满足了始发/终到直达旅客需要，同时也最大限度地满足、方便了航空公司和旅客的中转要求。

表12-4 浦东机场二号航站楼始发/终程旅客服务设施

设施名称		提供数量（个）	备注
值机岛/值机柜台	国内	3/104	其中国际1个岛可作为可转换岛
	国际	7/248	
海关通道	出境	14	
	入境	20	
边检通道	出境	64	
	入境	80	
检验检疫通道	入境	5	
安检通道	国际	34	
	国内	23	
行李提取转盘	国际	16	+6.000 m层共19个，其中国际12个，预留1个，2个90 m长提取带；±0.000 m层共6个，其中国际4个
	国内	9	

表12-5 浦东机场二号航站楼中转旅客服务设施

设施名称		提供数量（个）	备注
中转柜台	国际转国内	38	其中可交运行李值机20个，无行李值机18个
	国内转国际	38	其中可交运行李值机20个，无行李值机18个
	国际转国际	9	
	国内转国内	4×4	均布于指廊，共4处，每处4个柜台
海关通道	国际转国内入境	1	
	国内转国际出境	1	
边检通道	国际转国际	2	国际转国内、国内转国际通道与始发/目的地通道合用，错峰使用
安检通道	国际转国内	6	

表12-6 浦东机场二号航站楼站坪航空器服务设施

设施名称		提供数量（个）	备注
机位	近机位	42	其中可转换机位26个，机型组合为2F16E15D9C
	远机位	16	机型组合为4E11D1C
登机口	国际	30	其中近机位登机口26个，远机位登机口4个
	国内	46	其中近机位登机口42个，远机位登机口4个

(3) 细分旅客、流程，分门别类服务。考虑流程包括：直达旅客流程（国际出发、国际到达、国内出发、国内到达、国内远机位出发、国内远机位到达），中转旅客流程（国际转国内、国际转国际、国内转国内、国内转国际、一号二号航站楼之间中转），经停旅客流程（国际间停、国内间停、国内国际间停、国际国内间停），贵宾流程（头等舱、商务舱客人和卡类、会员贵宾、政要贵宾），工作人员流程（进入隔离区流程、进入控制区流程），商品货物和垃圾流程（进入隔离区流程、进入公众区流程）。如图 12-6、图 12-7 所示分别为浦东机场二号航站楼国际和国内的进出港旅客流程。

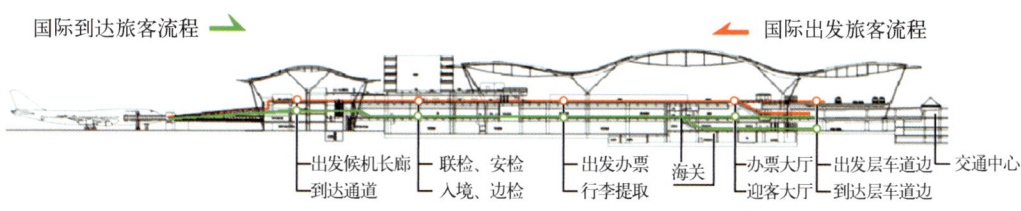

图 12-6　浦东机场二号航站楼国际出发、到达旅客流程

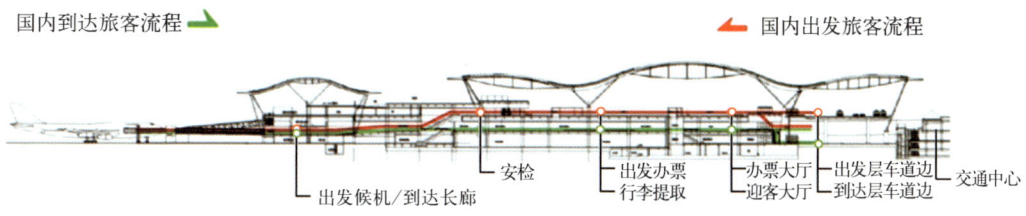

图 12-7　浦东机场二号航站楼国内出发、到达旅客流程

(4) 中转流程高效。浦东机场二号航站楼中转流程设计（包括航站楼间中转），规划设计人员倾注了很多心力。中转流程的成败直接关乎浦东作为枢纽港的运作效率。二号航站楼通过与航站楼构型、功能区和空侧机位布局完美结合的中转流程设计，通过规范性、通用性、自主性、便利性和灵活性原则的应用，实现了快捷、高效中转的目标。国内旅客由于同层出发、到达，故国内转国内流程（D→D）在指廊内可就近完成；国际转国际流程（I→I）在指廊国际到达层与国际出发层之间的中央位置即可完成；航站楼中央位置设置了中转签票中心，供国际转国内（I→D）、国内转国际（D→I）及国际航线国内段在上海过境

流程使用。上述流程安排为航空公司中转乃至航班波的形成创造了良好的条件。

（5）残疾人流程和无障碍设计细致入微。二号航站楼在一般旅客流程基础上，结合残疾人特殊情况，设置了系统、连续、便利的无障碍设施。出发、到达车道边均设有残疾人停车位。出发残疾人车位旁有专用地图、求助电话及使用说明标识。车位至航站楼问询台有盲道连接，问询台专设适合乘坐轮椅旅客的低柜台。流程中凡楼层换层处，一般旅客使用的自动扶梯与残疾人电梯并列布置，易于识别与利用。国际出发每个登机口旁均设一部残疾人电梯，方便残疾人就近登机。所有卫生间均有残疾人标准设施，门上设有紧急求助按钮。饮水处、问询处、公用电话等服务设施都有针对残疾人的设计考虑。紧急疏散撤离标识，专为残疾人设计了地面诱导指示灯。每个疏散口设有便于残疾人发现的声光报警装置。为中转旅客服务的计时宾馆，有数量足够的残疾人标准客房。

（6）采用"集中、分散相结合安检模式"。国内出发、到达旅客同层（+4.200 m层）混流，既方便了旅客，又促进了机场商业销售。

（7）为未来发展留有充分余地。例如，航站楼出发及中转值机柜台、到达行李提取转盘、连接卫星厅的捷运系统和行李处理空间等都有充足发展空间。

（8）提高资源利用率。国际出发到达联检区有足够宽度，可根据旅客流量灵活增减投入运行的设施数量；中转流程联检设施与国际出发到达联检设施可兼用、共用、备用，有利于提高资源利用率和联检集中管理；采用"剪刀叉"式登机桥，利用国内、国际航班高峰时间差，让26个近机位根据需要在不同时间全部服务于国际旅客或国内旅客，实现了航站楼近机位的"错峰分享、内外兼用"。

（9）千方百计地实现便利。例如，流程行进尽可能由高到低，高差处采用平缓坡道；同层远距离区域之间设水平步道衔接，使旅客能放下行李站立休息，以步道代步；远距离转层设斜坡步道，如+6.000 m层通道与地面交通中心之间设5%坡度的斜坡式自动步道。由于坡度小，无需固定行李卡槽，旅客携带行李和使用手推车乘用非常舒适；行李提取厅安排在+6.000 m层，与航站楼步行系统紧密联系，最大限度地减少了旅客换层；远机位到达入口与中转中心、行李提取厅入口合并，大大缩短国际、国内旅客步行距离；到达通道旁结合行李提取大厅设有集中的中转中心，考虑中转旅客有提取和不提取行李两种可能，旅客容易识别；头等舱、商务舱贵宾室结合旅客主流程布置，方便旅客、航空公司管理和提供特色服务；贵宾接待中心设在±0.000 m层到达车道边两端，环境幽雅，与航站楼、陆侧道路联系便利，易于管理。

第 12 章　以人为本、引领服务

(10) 多设近机位。浦东机场二号航站楼共有 42 个近机位，机型组合为 2F16E15D9C。二号航站楼通过航站楼空侧构型和站坪机位设计优化以及组合机位的应用，能尽可能多地布置近机位，从而方便旅客，满足航空公司需求，尤其是航空公司中转运作需求。

(11) 服务设施全面、细致。航站楼及其附近设置了大量的人性化服务设施。例如，老幼孕妇爱心通道、卫生间、饮水机、更衣室、母婴室、儿童乐园、手机加油站、商务中心、外币兑换点、计时宾馆、租车服务等，不一而足。所有设计遵循注重细节和人性化的原则。例如，卫生间内设托架，方便携带物品旅客；因旅客可能携带大行李，卫生间空间较大；更衣室坐椅、桌台、挂钩、镜子一应俱全，给人宾至如归的感受。

12.2　陆侧交通、畅通集约

陆侧交通是航空旅行的序曲和结束曲，是机场地面人流、物流的输入和输出系统。陆侧交通对机场运行效率和旅客服务感受有重要影响。机场具备良好的陆侧交通条件，会充分突显航空旅行的优势，给人以全行程的旅行愉悦。机场只有获得了理想的陆侧交通衔接，方能实现完美的航空旅行流程。上海机场从大型国际枢纽港的宏图大略出发，20 多年来在虹桥、浦东两座机场的陆侧交通建设中，放眼未来、系统规划、分步实施，成功实现了"浦东机场一体化交通中心"和"虹桥综合交通枢纽"建设，为达成顺畅、快捷、多式的机场陆侧交通，为大幅提升和改善机场陆侧交通服务质量、打造人性化的陆侧交通服务体系奠定了坚实基础。

虹桥综合交通枢纽集成了民用机场、高速铁路、城际铁路、城际磁浮、机场间磁浮、高速巴士、地铁、汽车（包括长途汽车、公交汽车、出租车、社会车辆）等多种交通设施和交通方式，并可便捷地实现各种交通方式的换乘乃至联运，涵盖交通方式之多、处理旅客人数之众、各种交通流程交织之复杂，均堪称世界一流。虹桥综合交通枢纽已远远超出一般意义的机场陆侧交通设施概念，也可以说是一座把交通组织做到了极致的机场陆侧交通设施，它在便利旅客利用机场、大幅提升虹桥机场陆侧交通服务水平和交通引力方面具有非凡的作用。

浦东机场一体化交通中心概念的提出，是适应"一体化航站楼"构型和应对浦东机场远期年处理旅客量 8 000 万人次的必然选择。交通中心由运载工具系统、旅客步行系统和人车转换系统组成。

浦东机场客运交通方式包括南、北两条进场路、磁浮和地铁R2线都沿机场中轴线贯通（图12-8）。旅客可任意选择从南或北两个方向进出机场，不论哪个方向都可方便地抵达航站楼出发或到达层。一体化交通中心集成了6种交通方式，即：轨道交通（磁浮、地铁R2线）、机场专线公交、长途公共汽车（主要是跨省长途）、出租汽车、社会车辆（私家车、单位客车）和旅游巴士（定点旅行社巴士、酒店巴士和机场巴士）。为使交通畅行，设计方案保障了南、北道路系统交通能力均衡，任何一个方向的设施水平均可满足集疏要求；道路分流、合流合理，减少交织；交通流向简洁，交通引导、指示标志清晰易懂；单向大、小循环交通相结合；坚持公交优先和弹性规划原则。

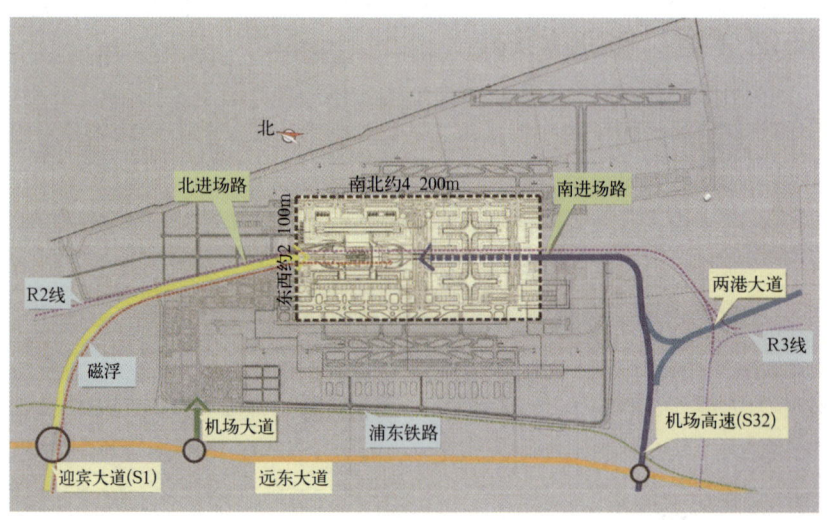

图12-8 浦东机场客运交通系统

浦东机场的旅客步行交通系统，旨在实现各种交通方式之间及其与机场航站楼之间在水平和垂直两个维度的连接。换乘步行系统，由交通中心步行廊道，通向车库、城市公交站和长途公交站的出入口，以及轨道交通站厅组成；交通中心通过"三横三纵"的空间架构，实现与一号、二号航站楼的连接（图12-9）。为提高换乘效率和舒适性，换乘系统设计遵循旨在保障乘客安全的"人车分离"原则，充分发挥公交作用的"公交优先"原则，保证舒适性的"便捷性"原则和"满足旅客多元化需求"原则。

第 12 章 以人为本、引领服务

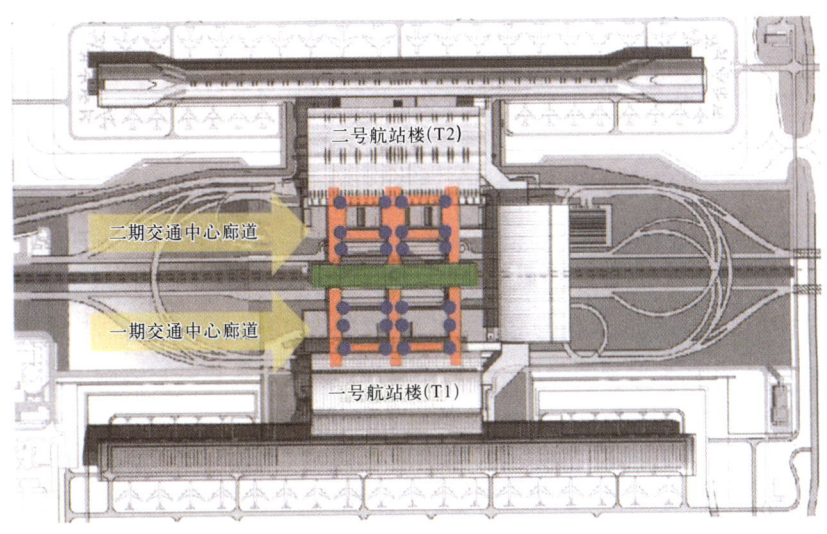

图 12-9 浦东机场旅客步行交通系统示意

浦东机场人车转换系统由车道边和楼前停车库组成,两者通过架空廊道实现与航站楼出发层、到达层的衔接,如图 12-10 所示。浦东机场车道边由航站楼前车道边、停车库车道边和公交站台组成;按交通方式,又可分为社会车辆车道边、公交车道边、出租车车道边和其他类型车辆车道边。一号、二号航站楼各设一个楼前停车库,每个车库均为三层,每层都设计有车道边。

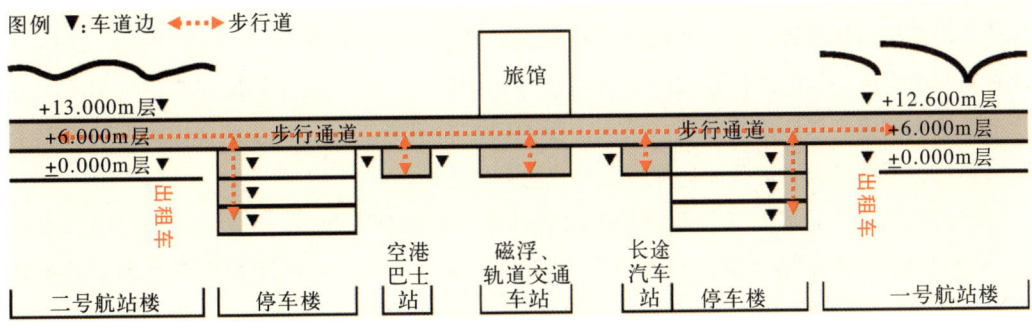

图 12-10 浦东机场一体化交通中心剖面示意

人车转换系统的设计、管理关键，是有效提高车道边和车库利用率。为有效利用车道边，浦东机场采用多条车道边进行车种分流，并采用到达旅客"入交通中心找车"模式等一系列措施彻底解决了楼前车道边的混乱问题。

此外，浦东机场一体化交通中心还借助交通综合信息平台、面向旅客的交通信息服务链和综合交通管理系统等实现了对机场陆侧交通系统的控制、管理和优化。

综合考察浦东机场一体化交通中心和虹桥综合交通枢纽，我们不难发现其在提供陆侧交通服务方面的共同特点：一是确保通畅、快捷，彻底解决陆侧交通的基本问题；二是提高运营管理水平，通过多方面措施提供人性化服务，包括交通方式选择、商业服务、站点设置、交通安全保障、交通环境营造、交通信息和标识设计等；三是适应未来交通发展趋势，秉承可持续和绿色发展理念，坚持公交优先、实施综合交通、倡导集约发展和关注环境保护。

12.3 行李系统、安全高效

为了安全和便于装载，航空旅行要求旅客乘机时必须与大件行李分离、下机后再行提取，这使得机场必须配置复杂的行李处理系统（Baggage Handling System，BHS），包括行李托运、安检、分拣、输送和提取装置等。BHS涉及机械、电气、信息、控制等诸多专业，系统复杂、投资巨大，对机场的运行效率、安全和服务质量具有决定性影响。行李系统处理速度慢，可能造成航班延误或影响旅客托运、提取行李；分拣差错会导致旅客行李丢失；安检失误甚至可能导致空难。衡量行李系统优劣的最高指标是安全、准确、快速。BHS设计必须与机场航站楼的总体布局、服务功能等密切配合，在安全和不出差错的前提下，将行李以最快的速度送达旅客和航空公司。下面以虹桥机场二号航站楼综合体为例，说明上海机场行李系统建设、运营如何体现人性化服务理念。

虹桥机场二号航站楼综合体为实现旅客行李处理快捷（出发、到达和中转快）、准确（不发生差错和遗失）、安全（查出违禁行李，避免其上机）和友好（保护行李、避免破损），适应综合交通枢纽运作，在旅客行李系统设备配置、选型、布局、流程和运行等方面采取了一系列卓有成效的对策，形成了上海机场行李系统的特征。

（1）科学的设计理念。虹桥机场二号航站楼行李系统设计遵循了四个设计理念：一是确立合理的功能价值；二是坚持以人为本、以运营为导向；三是追求经济适用和高性价比；四是与综合交通枢纽紧密结合。所谓"确立合理的功能价值"即从本质要求入手，分析行李系统应具备的功能和应实现的价值，摆脱旁骛、去除枝叶、直奔主题。具体到机场行李系统，其本质功能无非是"收集出港旅客行李并运走、装上飞机；从飞机上卸载，交回到港旅客"，只要能高效、准确地实现上述目的即可，不能罔顾基本功能而刻意追求"高、精、尖"。所谓"以人为本"，就是重点考虑旅客需求，尽量简化旅客交运行李的流程，节约时间。"以运营为导向"是指系统设计要便于运行和维护，有利于节省运营费用。"追求经济实用、高性价比"就是强调设施的经济性。对于公共基础设施，适合的才是最好的。虹桥机场一号航站楼行李系统采用人工分拣系统和6个行李转盘，2009年实现旅客吞吐量2 508万人次，且运行良好、安全可靠。而伦敦希思罗机场新建的5号航站楼，行李系统造价高达23亿美元，相当于我们新建一个机场的投资；两相比较，发人深省。"与综合交通枢纽特点紧密结合"，就是充分考虑虹桥机场二号航站楼是交通枢纽一部分这一特点，使行李系统能很好地服务于各类旅客。

（2）合理的设施配置。为有效应对机场年旅客量、高峰小时旅客量和出港、到达、中转等各类旅客量，确保服务质量，虹桥机场二号航站楼综合体共设有170个值机柜台，分布于二号航站楼（106个）和东交通中心（64个）。值机柜台分为出发柜台和中转柜台，中转柜台又分有行李值机柜台和无行李值机柜台。出发值机柜台位于二号航站楼和东交通中心的+12.150 m出发层，共8个值机岛。二号航站楼值机岛为南北向排列，从北向南依次编号为A、B、C、D；东交通中心值机岛为矩形排列，编号从北向南，再从东向西，依次为E、F、G、H。其中A岛设21个值机柜台，B岛设18个柜台，C岛设18个柜台，D岛设21个柜台，E和F值机岛各设18个柜台，G和H岛各设14个柜台。8个值机岛均为传统值机柜台，可接运旅客常规行李。G和H岛为浦东机场的远程值机柜台。此外，在二号航站楼传统值机柜台的南、北两侧，各设一处可接收大件和团体行李的特殊值机柜台。中转值机柜台位于二号航站楼+4.200 m到达层的中部，南、北两侧各两处值机岛（编号分别为L、K），其中北侧值机岛为中转无行李值机柜台，共16个；南侧为中转有行李值机柜台，共10个。

（3）实用的行李处理方案。航站楼行李处理系统的总体方案如图12-11所示。从图中可见，除交通中心的四个值机岛由行李输送带连接到行李分拣系统外，航站楼内值机岛都是由行李输送带和离港转盘直接相接，采取了"点—点"的方式，这符合虹桥机场客流特点。

虹桥机场中转客流较少，公共值机主要位于交通中心，航站楼内的值机相对固定，因此可设计为一个离港转盘为一组值机柜台服务。这样，整个系统即可只设一组自动分拣机（为中转行李和公共值机行李服务），从而大大提高系统效率、节省系统投资、减少运行费用。

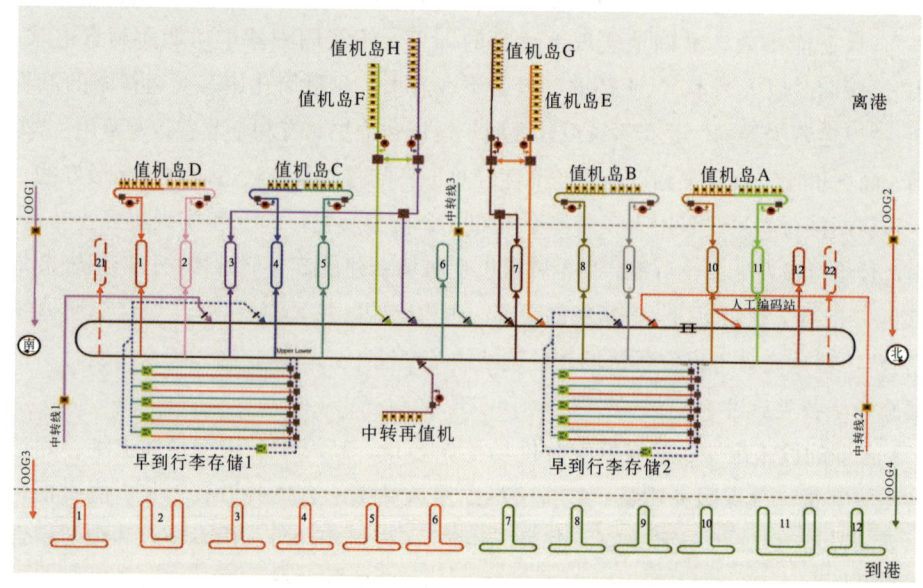

图 12-11　虹桥机场二号航站楼行李系统方案原理图

（4）周全的行李处理流程和方法。虹桥机场二号航站楼针对各种情况设置了周全的行李流程，包括出发行李流程、到达行李流程、中转行李流程、早到行李流程、远程值机流程、问题行李流程、城市航站楼行李流程。针对中转行李，又根据行李与旅客见面和不见面两种情况，针对空-空中转和空-陆中转，分别进行了细分设计，使航站楼行李服务更具人性化。

（5）有效的应急预案。机场航站楼行李系统属大型复杂机电设备，一旦出现故障而得不到及时处理，往往造成严重后果。世界上某些大型机场曾出现过由于行李系统故障导致机场运行瘫痪的情况。鉴于此，虹桥机场二号航站楼针对始发行李输送线故障、东交通中心始发行李输送线故障、浦东远程值机行李输送线故障和行李自动分拣机故障四大类故障分别制定了行之有效的应急预案。

（6）高效的行李安检系统。为应对大批量行李并保障检查质量，在行李系统以下位置设 X 射线安检机：航站楼始发大厅值机岛及大件/团体行李柜台（+12.150 m）；东交通中心始发大厅值机岛（+12.150 m）；航站楼中转厅再值机岛（+12.150 m）和航站楼行李房与行李提取大厅中转输送线（±0.000 m）。值机岛 X 线安检机采集图像采用集中判包，判读结果必须返送给行李系统。过渡输送机只有在得到安检系统的判包结果后，才能将行李投入收集输送机。在收集输送机端部，分流器自动将可疑行李分流至开包间，安检工作人员对可疑行李进行开包检查。检查后的合格行李，从开包间返回输送机上自动返回收集输送机。始发大件行李在大件行李柜台进行 X 线安检，安检工作人员现场进行判别，可疑行李直接当旅客面开包检查。另外，根据民航局相关部门要求，为在世博会等特殊时期加强行李安检，行李系统设计充分考虑了 CT 安检机的使用，在航站楼和东交通中心共 8 个始发值机岛、12 个行李开包间，均配备了 CT 安检机位置及相应转送、平台设备。中转行李将卸至行李房中转输送线上，输送线装卸段配置 X 线安检机检查，安检人员现场进行判别。安检合格行李将继续输送，可疑行李将停在 X 线安检机下游输送机上，由安检工作人员提下，并恢复行李系统转送，继续下一件行李输送。可疑行李将被送至开包间，进行开包检查。

（7）可靠的行李信息和控制系统。为了确保行李系统运行控制和信息交互安全、可靠，二号航站楼专门配备了信息处理、设备监控及设备控制等三个系统。信息处理系统负责对外系统接口、数据管理、行李分拣与分配、行李追踪、设备管理、用户管理以及各种查询、统计等工作。设备监控系统由数据采集与监视控制系统（Supervisory Control and Data Acquisition，SCADA）服务器及操作工作站组成，负责监视整个 BHS 设备运行状态，设备故障报警及设备控制等工作。设备控制系统由 PLC 及各种现场电气部件、传感器组成，负责 BHS 设备的运行控制。

12.4　商业服务、周全体贴

上海机场坚持航站楼商业服务是航站楼功能的理念，其对机场服务质量和运营收益影响至关重要。规划合理、周到体贴的商业服务，不仅能满足旅客多方面消费需求，提升服务质量，营造宾至如归的环境氛围，而且能大幅增加机场非航空收入，使机场获得可持续发展的经济动力。

根据国际航空运输协会《机场发展参考手册（2004 年版）》的建议，大型机场航站楼商业面积应占总面积的8%~12%；其中，陆侧、空侧商业面积比例为（2∶8）~（3∶7）。按浦东机场二号航站楼与二号卫星厅年处理旅客4 500万人次和每1 000人次年旅客配置1.48 m² 的商业面积标准，可得出二号航站楼与二号卫星厅的总匡算商业面积为66 600 m²。按陆侧∶空侧商业面积比3∶7，进一步匡算出陆侧、空侧商业面积为19 980 m² 和46 620 m²。实际设计商业面积见表12-7。由于规划时二号卫星厅尚未建设，故总设计商业面积比根据二号航站楼和二号卫星厅年处理旅客量匡算的商业面积要小。浦东机场二号航站楼与一号航站楼以及新加坡樟宜机场、香港机场航站楼的商业面积比较见表12-8。就商业面积占有率而言，浦东机场二号航站楼最高。

表12-7　浦东机场二号航站楼商业面积分配　　　　　　　　　　　　　　　　　　（m²）

项　目	匡算面积	设计面积
商业	66 600	63 262
陆侧商业	19 980	27 605（航站楼18 632＋交通中心8 973）
空侧商业	46 620	35 657（国内13 170＋国际22 487）

表12-8　浦东机场二号航站楼商业面积与其他航站楼比较

商业功能	浦东机场二号航站楼	浦东机场一号航站楼	樟宜机场三号航站楼	香港机场航站楼
航站楼总面积（m²）	546 408	277 033	355 420	556 800
旅客服务设施面积（m²）	12 541	2 216	3 780	4 914
贵宾专用设施面积（m²）	8 572	7 021	8 732	9 112
零售店面积（m²）	21 113	5 368	15 794	6 153
餐饮面积（m²）	17 709	4 958	8 991	6 928
储藏设施面积（m²）	3 327	2 749	2 440	5 911
商业总面积（m²）	63 262	22 513	39 736	33 018
占有率（%）	11.58	8.13	11.18	5.93

拥有了比较充足的商业经营面积后，剩下的问题就是如何通过合理的空间布局和业态配置实现良好的商业经营，使商业利润最大化。为此，浦东机场二号航站楼主要采取了以

下措施。

(1) 商业布局与流程密切配合。即商业布局以旅客流程为主线沿程展开，既便于旅客在流程中购物，又有助于旅客消除远离流程购物时的紧张感。

(2) 集中商业布局与分散商业布局相结合。餐饮、娱乐、免税店等商业设施可集中布局，以利于形成浓厚的商业氛围，刺激旅客消费意愿；咖啡厅、零售等可分散布局，便于旅客的随兴消费。"集中"与"分散"的布局结合，宛如舒缓有致的乐章，在航站楼营造出温馨的商业氛围（图 12-12）。

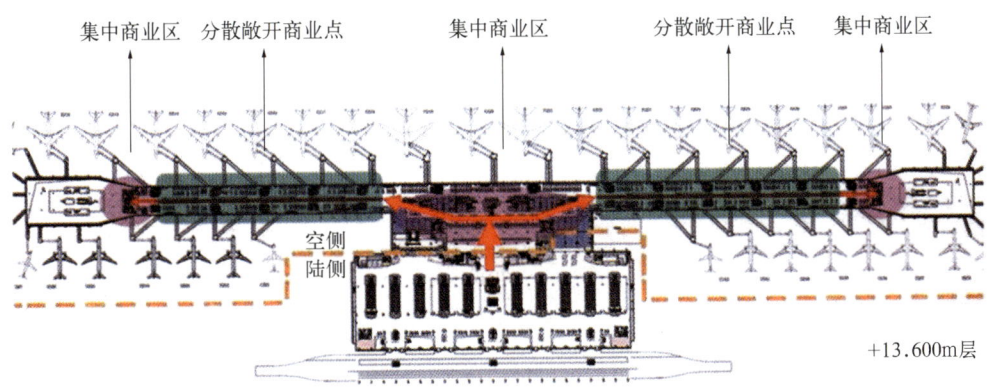

图 12-12　浦东机场二号航站楼的商业布局定位

(3) 大型商业区多层次布局。二号航站楼大型商业区没有采用"集中商业街模式"，而是采用了"多层次商业区模式"，见图 12-13。这种布局的好处就是可按照旅客接触商品的先后空间关系分层布局，各层商品有所侧重，可避免"集中商业街模式"因一览无余而可能给旅客消费带来的手足无措。

(4) 候机区设分散补充商业。据观察，旅客在候机区的活动范围，以其登机门位为中心，最多不会超过 3 个门位

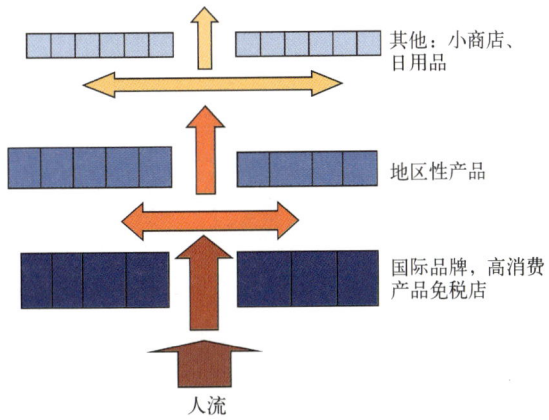

图 12-13　浦东机场二号航站楼
大型商业区的多层次商业布局

距离。据此，二号航站楼指廊远离集中商业区的位置，设置了3处以上的分散式补充商业，以满足旅客购物需求。

（5）垂直商业合理布局。在人流汇聚且视野开阔区域，可通过垂直商业布局将人们引导到消费区域，进而形成"垂直商业环流区"。通常，垂直环流区下层宜布置需求最多的零售商业，而餐饮、贵宾服务、商务、计时宾馆等旅客停留时间较长的项目应布置在高层，这样既可避免低层区域的嘈杂，又可获得良好的视野以俯瞰机坪景象。据此，二号航站楼在空侧国际候机入口区域采取垂直商业布局，见图12-14。

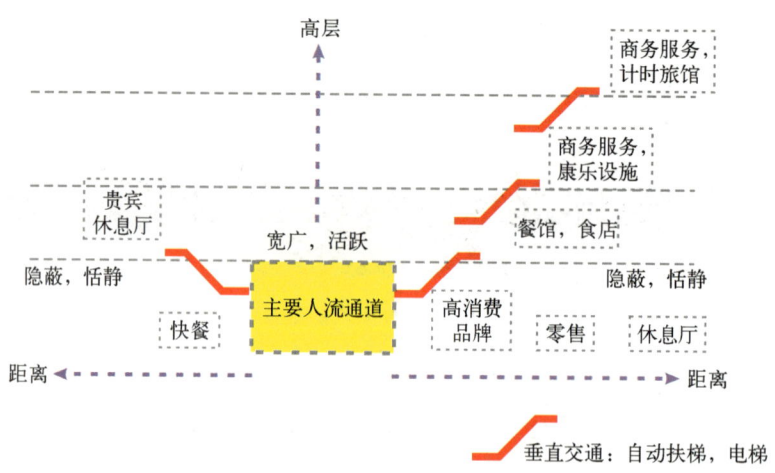

图12-14　浦东机场二号航站楼垂直商业布局

（6）视线贯通、空间渗透、灵活布局。普通商场并不过多强调商品可见度，因为顾客有充足的购物时间，有些人就是为了享受"逛"的乐趣。但是，旅客在航站楼购物属于旅行中的"衍生"行为，有时具有偶然、随兴的特点，有时讲究效率，行色匆匆的商务旅客往往消费意向明确。此时，商品可见性对旅客消费具有重要影响。为此，二号航站楼商业区尽量采用视野宽阔的开放空间，使各种商品或服务区域标识直扑旅客眼帘，见图12-15和图12-16。非要进行空间分割时，也尽量采用通透隔断。另外，商品空间布置分门别类，有助于旅客对是否涉足做出迅速判断，从而尽快找到属意商品、促进消费。通过巧妙的商业布局，模糊不同功能区之间的界限，实现了商业空间的相互渗透，营造出浓厚、宜人的商业氛围。根据需求灵活布局，既便利旅客，又促进盈利。

第 12 章 以人为本、引领服务

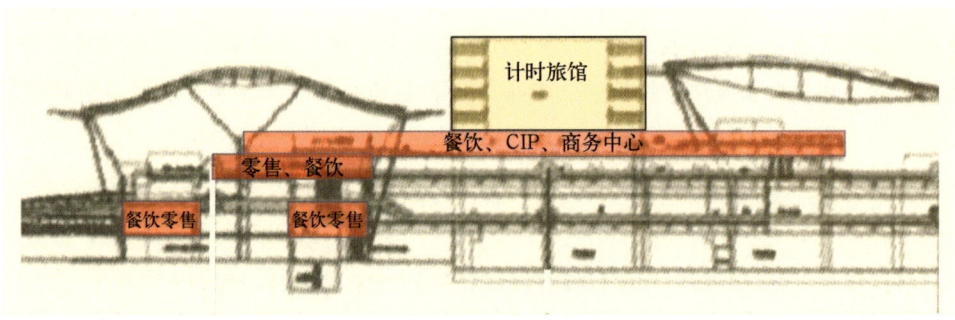

图 12-15 浦东机场二号航站楼商业服务设施的垂直布置

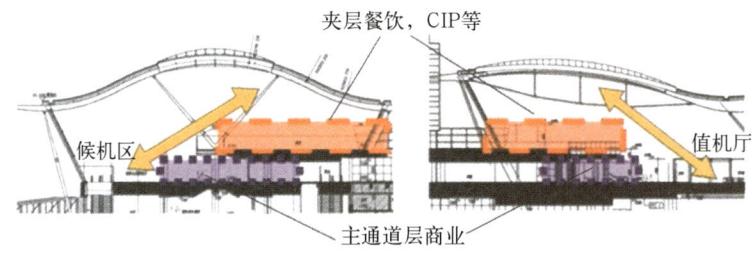

图 12-16 浦东机场二号航站楼候机厅、值机厅与夹层的商业布局

（7）适应未来、弹性设计。考虑到未来商业运营模式和区域变化，二号航站楼在商业区域和配套设施（机电设备、通信系统、给排水等）设计方面采取了弹性方案，考虑了规划商业和预留商业。这样一旦有需求，只要作相应的布局调整即可，无须再为建设配套设施而严重干扰航站楼运行，甚至将环境搞得一片狼藉。图 12-17 为浦东机场二号航站楼指廊的规划商业和预留商业。

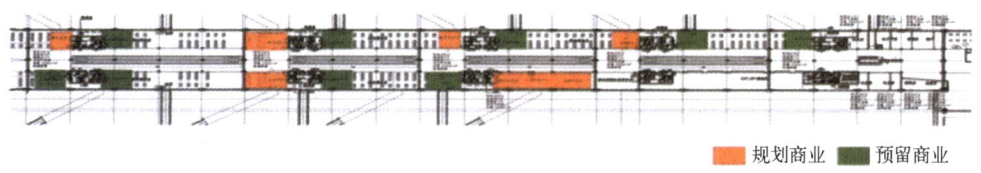

图 12-17 浦东机场二号航站楼指廊的规划商业和预留商业布局

(8)业态完整、与空间完美结合。根据详细的商业需求和盈利分析,二号航站楼设置了完备的商业业态,主要涉及6类:①零售,包括免税零售、缴税零售、精品零售和便利零售;②餐饮,包括全备餐厅、快餐店、咖啡厅、酒吧和小吃店;③贵宾服务,包括贵宾候机室和贵宾值机厅;④康乐/商务/旅馆;⑤出租办公;⑥广告,包括商业广告和公益广告。对不同业态的位置、空间性质、空间气候、产生情绪、效果与作用等进行了系统分析和布局,详见表12-9。图12-18所示为航站楼部分空间的业态分布。

表12-9 浦东机场二号航站楼商业宏观业态属性和分配

位置	空间性质	空间气候	产生情绪	效果与作用	业态
出发厅	动态	活泼,跳动	舒畅,宜人	期望,信息交流	零售、餐饮、便利、旅客服务
商业区	动态	强烈节奏	活跃,刺激,兴奋	流连忘返,交易	零售、餐饮
休息区	偏静态	恬静,幽雅	安定,悠闲	交流,调节,补充,休息	餐饮、休息
到达厅	动态与静态	活泼,幽静	轻松,悠闲	满足	餐饮、便利、旅客服务

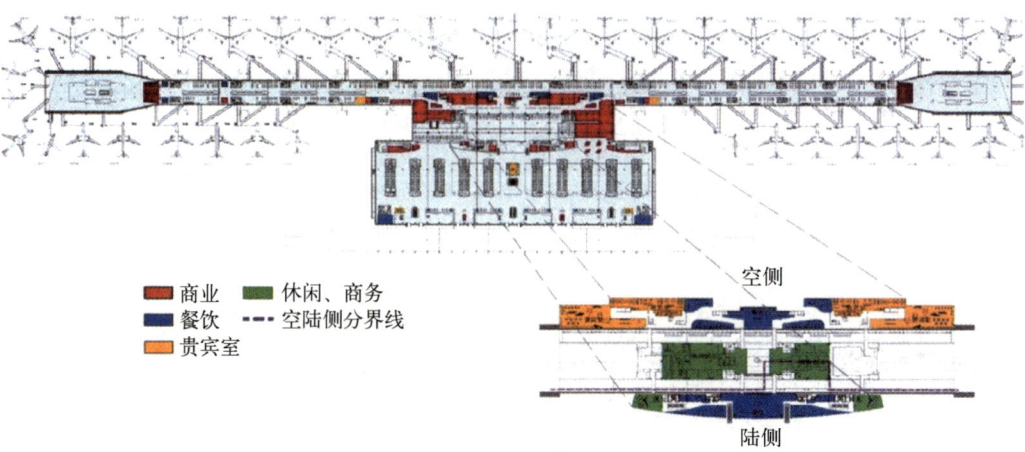

图12-18 浦东机场二号航站楼+13.600 m层和夹层业态空间分布

12.5 标识信息、一目了然

标识是指航站楼内的各种信息标志，对航站楼的高效运作和旅客有条不紊地自主流动具有不可替代的作用。设计不佳、逻辑混乱的标识系统常常导致航站楼运行不畅，令旅客驻足观望、错误流动或使问询处应接不暇，严重干扰正常运行。

航站楼标识可分为目的地标识、导向性标识和信息标识三类。目的地标识用于说明处所属性，如航站楼、进出口等。导向性标识和信息标识都是为目的地标识服务的。导向性标识可进一步分为流程导向标识（如出发、到达、安检等）和非流程导向标识（如商店、餐饮、洗手间等），其中流程导向标识显然更为重要。信息标识旨在提供特定信息，又可细分为定位服务信息（如地图、设施图、地标等）、行为说明信息（如旅客须知、旅客止步、政府公告、航空公司通告等）和动态交通信息（如航班信息、陆侧交通信息等）。

浦东机场面对超大的建筑体量、众多的人流交织，加之复杂的一体化交通中心和与一号航站楼标识的关系，二号航站楼标识系统设计面临空前挑战。凭借系统分析、精心设计、勇于创新，设计人员通过以下方法和措施，终于获得了良好的航站楼标识信息效果。

（1）确立正确的设计目标。二号航站楼标识系统设计目标，一是通过易于理解的形式，规范、系统、清晰、协调地传递信息，使初临航站楼旅客能轻松到达目的地；二是承先启后，标识系统与一号航站楼和未来三号航站楼、卫星厅等协调一致；三是以独特的设计风格和视觉美感为航站楼增添空间韵味。

（2）合理布点。包括：标识设计密切结合建筑设计带给旅客的方向感，尽量简化；标识位置、形态充分考虑建筑空间，使之融为和谐的一体；垂直视线设置标识，标识信息醒目、简单；导向性标识牌重点表达旅客流程信息；将动态航班显示信息、电子信息牌全部纳入标识系统，统一设计、统一布置。

（3）对航站区资源进行统一编码。编码遵循4个原则：①目的地唯一原则，避免旅客误解或犯错；②简约原则，避免过长数字和字母组合，便于记忆；③可扩展原则，登机口、柜台编码等充分考虑未来发展或变化，可方便扩展；④一号航站楼编码尽量少变更，维持连续性。根据上述原则，对浦东机场建筑物、二号航站楼的楼层、区域，二号航站楼的旅客服务设施（值机岛、值机柜台、电子值机柜台、中转柜台、行李提取转盘）等，全部进行了统一资源编码。

(4) 与建筑空间、建筑设计密切结合。例如浦东机场二号航站楼出发大厅 4 万 m²，空间广大，视线通透，利用吊顶悬挂大型标牌的标识设计，信息醒目，空间和谐（图 12-19）。建筑空间转换不一定非要借助标识，有时巧妙的建筑设计本身就能实现。二号航站楼国内出发流程在进入空侧区域的入口墙面，改用黄色木饰材料，人们走到这里马上就会意识到进入了新的区域。迎客厅国际、国内到达出口处，迎面设置的木饰墙面和航显大屏幕自然使旅客形成了出口意识（图 12-20）。二号航站楼中转中心，通过木饰背景墙、椭圆形灯箱等建筑设计手段，将中转中心从周围环境中突出并分离出来，以吸引中转旅客，如图 12-21 所示。

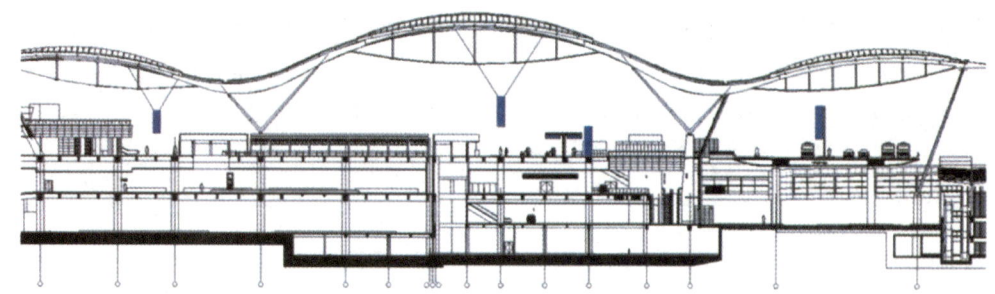

图 12-19　浦东机场二号航站楼出发大厅标识设计

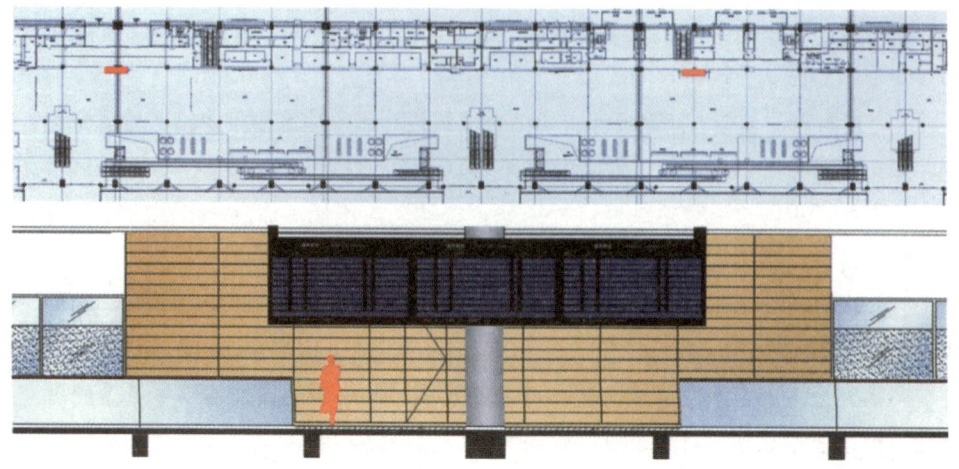

图 12-20　浦东机场二号航站楼迎客厅国际、国内到达出口

（5）分清主次、表达重点。将流程导向标识作为主要标识，进行重点表达。为避免无谓的信息堆积而弱化主要信息，非流程导向标识一律不与流程信息并置。

（6）开展研究，实现标牌设计标准化、模块化。为使标识"好发现、易理解"，机场结合一号航站楼标识设计和效果开展了系统研究，为标识设计标准化、模块化奠定了基础。通过标准化、模块化设计，标牌的尺寸、图形符号和字体及其尺寸、间距与排列，标牌支撑方式（立地式、贴墙式、悬挂式），标牌材料（亚克力塑料、铝板），标牌照明（采用LED）和标牌颜色等，都有规可依，给标牌的制作、维护、检修和互换带来了极大方便。图 12-22 为标识的图形符号和字体设计。

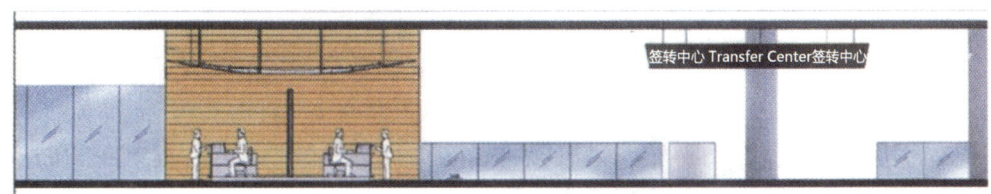

图 12-21 浦东机场二号航站楼中转中心

图 12-22 标识图形符号和字体设计

12.6　防灾系统、先进可靠

上海虹桥综合交通枢纽是一项举世瞩目的工程，涵盖航空港、城际铁路、高速铁路、轨道交通、磁浮、长途客运、市内公交等多种交通设施和交通方式，是轨、路、空三位一体的超大型公共交通建筑。由于枢纽体量大、空间多、设施复杂、人流密集，防灾对于广大旅客和工作人员的生命、财产安全至关重要。事实上，保障人的生命安全是一切服务的起点和最基本要求。针对可能遭受的各种自然和人为灾害，枢纽通过以下创新性的研究和工程方案、措施，成功地实现了防灾规划设计的基本原则和目标——"大灾不坏、中灾不停、小灾不乱"，为旅客和工作人员筑起了坚实的生命屏障。

（1）在我国首次系统研究、分析了超大型交通枢纽（航站楼）的多种灾害及其相互影响，建立了虹桥综合交通枢纽灾害等级标准、评估模型和综合防灾体系。①系统分析了枢纽潜在的灾害类型及分类，阐明了灾害发生机理，明确了枢纽灾害重点防范灾种和防控区域，从项目规划设计角度对枢纽进行了防灾风险评估。②依据灾害防御全生命周期理论，综合考虑了灾害减除、准备、应对与恢复，从工程灾害防御角度制订了完善的防灾分析基本流程，见图12-23。

（2）专题研究并攻克了大型、复杂公共交通建筑的火灾、恐怖袭击、暴雨、强风和地震等灾害的防范和预警技术，并将这些防灾关键技术综合、集成应用于虹桥综合交通枢纽。①针对火灾，将"防火隔离带"消防策略创造性应用于交通枢纽设计，解决了开敞性公共空间消防难题；采用"分阶段疏散""准安全区"和"人流量法"等概念和方法，较好解决了局部区域灾害时的人员疏散与枢纽整体正常运营的矛盾；②针对恐怖袭击，通过利用分级安全区域划分、智能监控技术、结构抗爆及连续性倒塌分析等多项关键技术，实现了枢纽对恐怖袭击的立体防控；③针对暴雨灾害，创新开发了具有自主知识产权的地下空间防水设施，采纳了枢纽地区水灾监控与预警体系建设方案；④针对风灾，以风敏感结构为控制重点，采用实时监测方法跟踪其在风灾下的结构响应，并据此采取相应避灾方案；⑤针对地震灾害，将多种减震支座组合用于弱联体结构抗震设计，复杂体型结构采用新型防屈曲支撑来提高其抗震性能，并采用动力弹塑性时程分析法对结构地震响应进行了深入研究。

（3）基于枢纽运营和应急指挥中心，构建了多灾种预警一体化管理平台，提供了特大型公共交通枢纽灾害监测、预警及应急指挥的设计、建设和运行管理范例。①通过研究分析

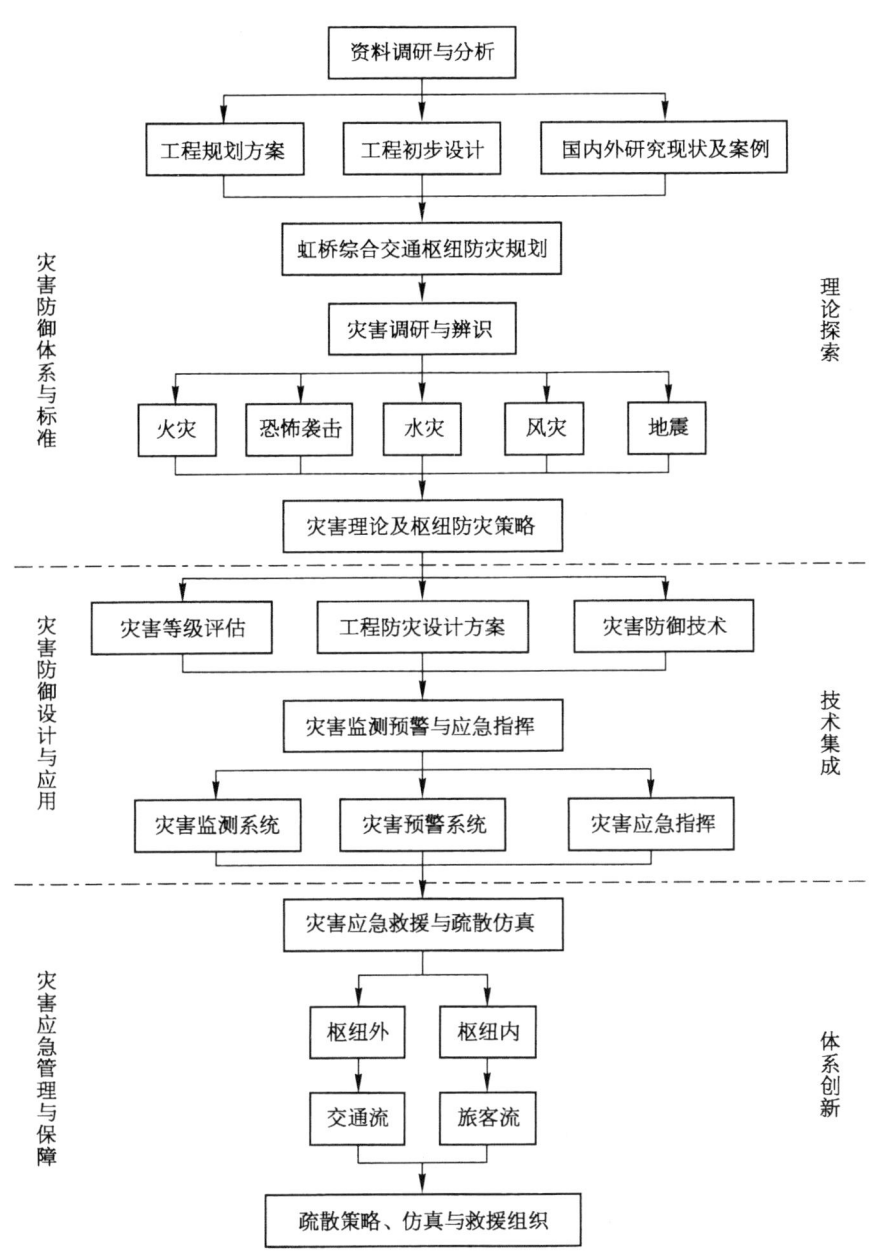

图12-23 虹桥综合交通枢纽防灾分析流程

机场、地铁、磁浮、铁路、公路等交通设施和建筑物的灾害监测技术应用情况，结合交通枢纽灾害监测系统工程需求，考虑了不同灾害类型及特点，明确了各种灾害监测技术手段及测点布置，确定了交通枢纽灾害监测技术设备的选型与实施方案；②根据监测信息，研究确定了多种灾害预警系统的构成、分级标准、预警模式、启动机制及信息发布途径，提出了适用的灾害预警系统。为实现资源节约、信息共享、避免重复建设、共同抵抗大灾等和谐社会理念，枢纽利用现代智能建筑系统集成技术、信息技术，构建了多种灾害预警一体化管理平台，制定了灾害应急预案编制的框架体系。图12-24所示为枢纽灾害的监测、判别和反应流程。

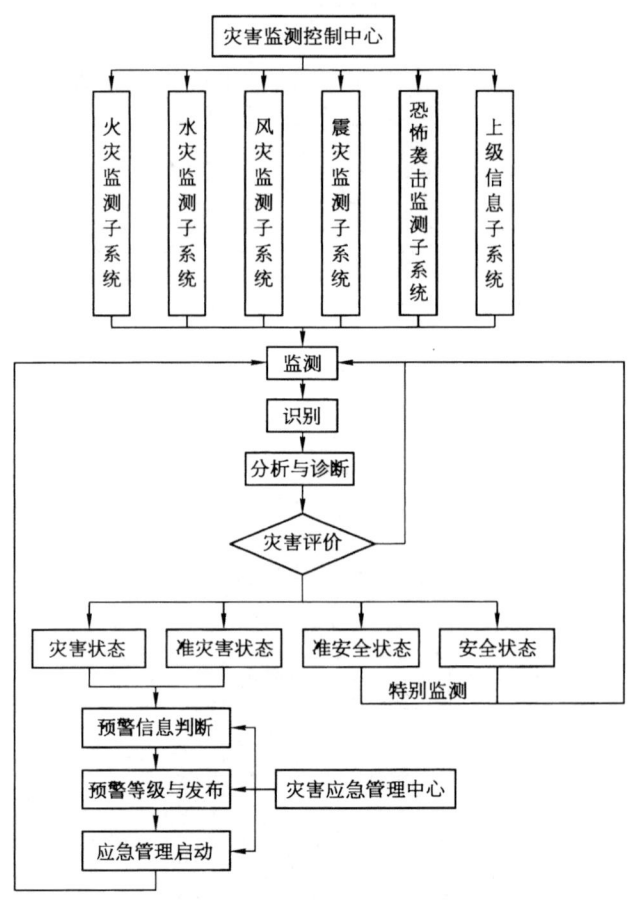

图12-24　交通枢纽灾害监测、判别和反应流程

（4）系统提出了突发事件下大型交通枢纽人员快速疏散、救援和交通安全的保障方案和措施，建立了适应多运营主体的应急体系，并对应急疏散进行仿真分析与验证。①综合考虑枢纽灾害救援要求，优化完善了灾害应急服务设施选址规划及硬件配置；②根据突发公共事件和灾害应急管理要求，针对不同疏散类型（应急人员疏散和应急交通运输），制定虹桥综合交通枢纽应急疏散总体框架、策略及方案，如图 12-25 所示；③基于灾害模型、旅客行为特征模型、粒子群优化方法和现代仿真技术，对应急预案进行仿真模拟，对特种灾害应急疏散技术方案和灾害事件下道路交通应急疏散策略进行了验证和分析。

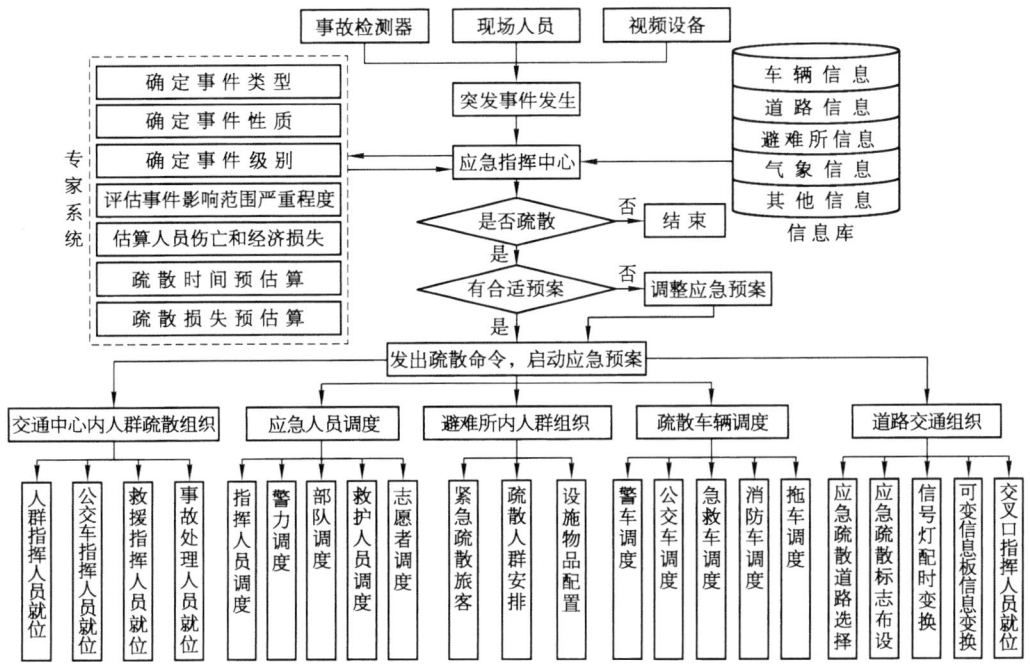

图 12-25　虹桥综合交通枢纽应急疏散流程图

12.7　机场运行、协调有序

机场运行管理在一定程度上决定了机场的工作效率、安全水平和服务质量，上海机场多年来始终不懈地探求着高效的机场运行管理模式。二号航站楼投入运行后,浦东机场成为国内鲜见的集多跑道、多航站楼和立体交通枢纽为一体的大型枢纽机场。为适应机场运行,上海机场不仅提出"建设以运营为导向",还借鉴国内外经验并结合浦东机场特点,提出了独具特色的"统一指挥、分区管理、专业支撑、客户导向"的浦东机场运行管理架构,并建立、实施了"五大中心"的"1+4"运行平台架构(图12-26),即:机场运行中心(Airport Operation Center,AOC)、航站楼运行中心(Terminal Operation Center,TOC)、交通管理中心(Traffic Management Center,TMC)、市政设施管理中心(Utility Management Center,UMC)和公安指挥中心(Police Control Center,PCC)。各中心按照分工,互相协调、配合,实施全面的无缝隙运行组织和控制。

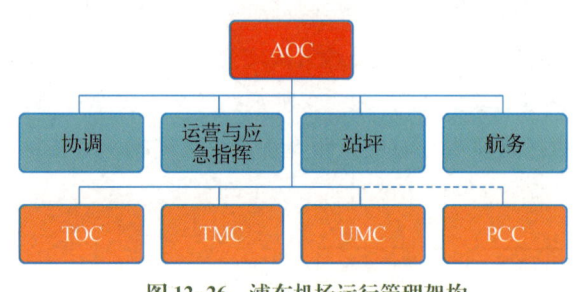

图 12-26　浦东机场运行管理架构

其中,AOC为机场运行的最高指挥机构,并负责TOC/TMC/UMC协调管理、应急救援指挥、机场航务管理和信息发布、站坪管理以及与航空公司协调;TOC负责航站楼日常运行、服务质量监督、安全防范、楼内机电设备维护和火灾防范;TMC、UMC则分别负责交通中心和机场市政基础设施管理。

"五大中心"的"1+4"架构确立,为上海浦东机场实现职责清晰、衔接有序、有条不紊的高效运行奠定了基础,也为机场向旅客、航空公司和货主提供良好服务创造了条件。

12.8　交通环境、赏心悦目

浦东机场和虹桥机场二号航站楼以其独特的航站建筑、内部空间、室内环境、景观绿化和艺术氛围,烘托、塑造了完美的"中国之门"和"上海之窗"形象,成为上海国际大都市一道亮丽的风景。浦东机场在精神层面进一步丰富了人的旅行体验,给旅客带来了美的享受,从而使机场"以人为本"的服务理念升华到了更高层次。

12.8.1 美轮美奂的建筑

浦东机场从建设伊始，就在总体规划和航站楼设计中将追求机场建筑群落之美、追求飞行区与航站区的完美结合为目标，使旅客无论是从空中俯瞰，还是在场区远观，抑或置身航站楼内，都能切身感受到机场的建筑之美和环境之美（图 12-27）。

图 12-27 美轮美奂的浦东机场航站楼

浦东机场二号航站楼与一号航站楼沿机场中轴线东西呼应，相同的结构、相似而有差异的造型，宛若巨型飞机的两翼。一号航站楼展翅欲飞、充满动感，弧形分片屋面洋溢着阳刚和力度；二号航站楼舒展双翅、悠然自信，波浪状屋面形似飞翔中的海鸥，体现出温婉和灵动。两座航站楼刚柔相济、阴阳一体、相映成趣。

简洁实用的建筑造型，不加雕饰的结构体系，加之通透的围护结构和对繁复装饰的完全摒弃，使航站楼彰显出朴素、典雅的审美追求。

绿色设计随处可见，人性化关怀俯拾皆是，这不仅使每个置身于机场的人感受到了建筑之美，更体现出机场建设所追求的高远、博大的理念。

12.8.2 通透舒展的空间

浦东机场二号航站楼通过多方面的建筑设计手段，营造出通透、舒展的内部建筑空间（图 12-28）。大型波浪形屋面、高大的建筑体量，加之各功能区独具匠心的设计，为旅客提供了开阔的活动空间。大面积玻璃幕墙和造型别致的天窗及其遮光设计，使航站楼内部通透而不空旷、明亮而不炫目。自然木色的大厅屋面吊顶，暖灰为基调的墙面和不同材质的地面，井然有序的蓝色标识，局部点缀的红色花岗石，不仅为二号航站楼增添了梦幻般的色彩，更承接、延续了一号航站楼的特色，使两座航站楼不仅外形相似，而且血脉相袭。建筑空间的相互联系、相互渗透、巧妙过渡和人性化布局，充满亲切和温馨感，使人置身其内有宾至如归的感觉。建筑与功能、流程的美妙结合，堪称二号航站楼一大特色。

图 12-28　浦东机场通透的航站楼空间

12.8.3　清新静谧的环境

上海机场的航站楼通过精心的空调系统设计，使室内空气的温度、湿度、流速和洁净度都达到了设计标准，给旅客带来了清新的室内环境。春、秋过渡季节大量引入自然风，不仅节能，还进一步提升了室内空气品质。通过"空气气龄"控制、回风二氧化碳含量探测，为空调新风供给控制提供了新手段，既节能又环保。室内结构采用清水混凝土外露结构，最大限度地舍弃装饰，不仅经济实用，还避免了装饰材料对室内空气的污染。航站楼金属屋面夹层采用 100 mm 厚疏松玻璃棉、中空玻璃幕墙、中空加厚钢化玻璃天窗等围护结构，不仅大幅减少建筑能耗，同时还为航站楼内部营造出静谧安详的声环境，使旅客疲惫、焦虑的身心获得休息和放松。航站楼也非常注重夜景的营造，不用或少用泛光照明，以室内灯光外透为主（图 12-29）。

12.8.4　柔和温馨的光线

上海机场的航站楼通过自然光的合理引入，通过玻璃幕墙、天窗的结合利用，通过室内照明系统的巧妙设计，在航站楼内营造出完美的光环境。如图 12-30 所示，白天，自然

图 12-29 虹桥机场夜景

光从屋顶天窗沿白色悬杆涌入，光影移动，尽显时光流逝；夜幕降临，隐藏灯具发出柔和光线，均匀照亮白色悬杆和蓝色天花板，加之色彩和灯具的巧妙运用，使航站楼流光溢彩、如梦如幻。

图 12-30 极具特色的浦东机场一号航站楼值机大厅

12.8.5 意趣盎然的景观

结合空间和功能区特点，浦东机场二号航站楼设置了大量绿色景观和水体景观，使环境充满绿色的生机和流水的灵动。主楼出发大厅集中绿化，共享空间、商业区、露天咖啡厅、行李提取厅局部绿化，各种造型独特的绿色观赏植物或单株散放，或连片布局。中心庭院、观赏庭院、屋顶庭院的绿化均独具一格：中心庭院利用木平台和小花园展示绿色景观；观赏庭院采用松、竹、石作特色绿化；屋顶庭院采用仿真皮草以减少绿化维护成本。国内出发、到达层休息区背景处设置长 36 m 的水景墙，旅客可在附近就座休息，闲适幽静，充满意趣。国际到达层水幕墙和水池中被隐蔽 LED 灯照亮的鹅卵石相映成趣，流水、光影和形态各异的石子不禁引人驻足流连。

12.8.6 空间艺术的殿堂

顺应大型国际机场空间设计城市化、人性化和艺术化的潮流和趋势，上海机场的航站楼都进行了独具匠心的总体空间规划设计。机场在满足旅客安全、生理和旅行需求的基础上，借助空间设计使机场迸发出精神层面的亲和力和感召力。

秉承"功能性与艺术性兼顾、商业性与公益性兼顾"的设计原则，上海机场航站楼空间规划实现了五大功能，即：旨在美化景观、形成视觉转移的"环境美化功能"；旨在完成空间划分、丰富空间层次的"空间规划功能"；旨在缓解焦虑、营造从容氛围的"心理调节功能"；旨在进行温馨提示、开展导引服务的"信息提醒功能"；旨在进行艺术展览、达成理念传播的"展览展示功能"。

为实现上述功能，生动诠释"七彩虹桥""海纳百川"的空间设计概念，虹桥机场二号航站楼空间设计采用了数字多媒体与传统艺术相结合的手段。"数字多媒体"通过先进的数字视觉技术、丰富的多媒体展示以及人性化互动机制，将二号航站楼打造成为充满数码时代元素、代表潮流和时尚的现代电子艺术空间；"传统艺术手段"则以传统的艺术展示方法和布局概念，通过各种类型的艺术品展览，融入大量历史、人文元素，使机场成为充满历史韵味和海派风格、崇尚怀旧与经典的艺术博物馆（图 12-31）。

图 12-31　灵动斑斓的纸飞机艺术景观

航 空 港 规 划 丛 书

第13章

结 语

通过对上海机场在绿色机场规划建设方面的实践的总结与研究，我们将绿色机场的定义归纳为："在机场规划、设计、施工、运行、发展乃至废弃的全生命周期内，能够实现战略与规划引领、与周边区域协同发展、资源节约、环境友好并适航、服务人性化、社会经济效益良好的机场。"这就是我们所说的"可持续发展机场"。

绿色机场的规划建设与运营管理必须在机场全生命周期的时空维度上来认识、实施其可持续发展。机场从选址立项到最终废弃要经历漫长的时间，机场的规划、设计、施工、运行和更新发展，环环相扣、密切相关，其中任何环节都将对后续阶段产生深刻影响，甚至是不可逆转的影响。因此，绿色机场的可持续发展是贯穿机场全生命周期的、全方位的过程。在这一过程中，绿色机场将表现出如下六个可持续发展的特征，这些特征之间相互联系、形成完美系统：

第一个特征是战略与规划引领，实现与周边区域的协同发展。即机场的存在和壮大，不仅使机场本身受益，还能带动机场周边区域的社会、经济协同发展。近年来我国一些机场周边的临空经济园区、空港物流园区、空港加工区的良好发展态势，使我们有理由相信可持续发展机场与周边区域能联结成紧密的"经济社会共同体"，进而步入相互依存、相得益彰的良好境界。

第二个特征是节约资源。包括常规的"四节（节能、节水、节材、节地）"，再加上"节约空域"。机场在规划设计和实际运行中，必然涉及空域的使用，如何通过合理的选址、飞行程序的设计和通信导航设备的配置使机场投入运行后空域占用小、利用效率高，对于我国这样一个空域资源紧张、民航发展迅猛的国家来说是非常重要的。

第三个特征是对其所处环境友好（机场环境保护问题的第一方面）。即机场在运行中不要对周边区域造成负面环境影响，如噪声、大气污染等。

第四个特征是所处环境适航，适宜机场的安全高效运营（机场环境保护问题的第二方面）。这为业界所重视、而常常被社会和机场周边社区公众所忽略。所谓环境适航就是机场

周边环境,包括机场空域、净空、气象、电磁、生态、水文及地质等要适合机场运作。环境友好和环境适航不得偏废,必须达成良好平衡,方能保证机场安全、高效、绿色地运行。

第五个特征是服务人性化。机场说到底是一个服务于旅客和航空公司、地面交通运输企业的公共交通设施,理当确立"以人为本"的服务理念。人性化服务应包括优质的"主业服务"和"衍生服务"。优质的"主业服务",就是为航空公司在机场运作,为旅客进出机场、办理相关手续提供快捷舒适的服务与环境;优质的"衍生服务",则主要是为旅客的生活、公务和娱乐休闲等提供周全、体贴的服务,为地区经济的发展提供原动力。

第六个特征是绿色机场还应具有良好的社会经济效益。机场须在投资控制、增收节支、运营盈余等方面适应市场的生存法则,即在财务上可持续。机场须依靠自身掌握的各种资源,通过有效的市场运作实现财务状况的可持续发展,成为具有市场价值的经济实体。一个亏损的机场是不可能持续提供优质服务的,也不可能真正走上可持续发展的绿色之路。

基于上述对绿色机场的认识,上海机场在1996—2019年间,实施了大量绿色发展的相关项目,在浦东机场、虹桥机场进行了一系列的探索,并建立了一套比较完整的绿色机场可持续发展指标体系(表13-1)。该体系将指标分为三个级别,能够比较好地反映出大型

表13-1 上海机场可持续发展指标体系

绿色机场建设体系			注释
绿色机场的可持续发展观			绿色机场的定义和可持续发展之内涵
	1	科学规划和协同发展	战略规划、统筹全局、科学发展
2 资源节约	2.1	土地资源节约	集约利用、节省土地、提高运行效率
	2.2	能源中心节能	能源系统、节能减排
	2.3	航站楼节能	绿色航站、节能大舞台
	2.4	材料、水资源和空域节约	节约材料、珍惜资源、提高使用效率
3 环境友好	3.1	生态环境保护	种青引鸟、生态驱鸟、保护生态
	3.2	水文环境保护	机场独立排水、保护水文环境
	3.3	声环境保护	标本兼治、消减噪声
	3.4	大气环境保护	减少排放、护佑蓝天、公交优先
	4	环境适航	净空保护、电磁环境保护、鸟击防范等
	5	人性化服务	安全第一、以人为本、引领服务
	6	经济效益良好	投资管控、财务可持续发展

国际机场可持续发展的实际情况,该体系及其相关技术和工艺已经在国内得到了广泛认可和推广。

经过20多年的建设与运营,上海机场基本做到了"科学规划、协同发展、资源节约、环境友好、环境适航、人性化服务,且财务状况良好"。也就是说:上海机场在绿色机场的建设运营方面,已经成为一个具备了可持续发展能力的大型航空枢纽。

图表索引

第 3 章　统筹全局、科学发展

- 图 3-1　上海机场集团的新愿景与新目标 / 40
- 图 3-2　浦东国际机场总体规划图 / 41
- 图 3-3　虹桥国际机场总体规划图 / 41
- 图 3-4　机场设施容量与市场需求关系 / 43
- 图 3-5　上海机场环境友好及其实现途径 / 45
- 图 3-6　上海机场环境适航及其实现途径 / 46
- 图 3-7　浦东机场一期工程多元融资结构 / 48
- 图 3-8　浦东机场二期工程多元融资结构 / 49
- 图 3-9　浦东机场货运站融资结构 / 50
- 图 3-10　浦东机场磁浮车站宾馆项目融资、经营模式 / 51
- 图 3-11　浦东机场西货运区 / 52
- 图 3-12　浦东机场西货运区货运站项目融资、经营模式 / 53
- 图 3-13　上海机场投资管理策略 / 54
- 图 3-14　机场项目全生命周期各阶段与项目成本的关系图 / 55
- 图 3-15　浦东机场周边土地利用 / 56
- 图 3-16　虹桥枢纽外围土地使用 / 58
- 表 3-1　浦东机场货运站融资、经营模式详解 / 51
- 表 3-2　浦东机场磁浮车站宾馆融资、经营模式详解 / 52

第 4 章　集约利用、节省土地

- 图 4-1　西区扩建前虹桥机场设施布局 / 63
- 图 4-2　虹桥机场土地使用规划 / 64
- 图 4-3　浦东机场跑道系统构型演进过程 / 68
- 图 4-4　2004年版浦东机场总体规划跑道构型及几何关系 / 68
- 图 4-5　虹桥国际机场总体规划 / 69
- 图 4-6　国内外典型近距平行跑道机场的跑道间距 / 70
- 图 4-7　三层式的浦东国际机场卫星厅剖面 / 71
- 图 4-8　组合机位的四种组合方案 / 72
- 图 4-9　虹桥机场西站坪组合机位布点 / 73
- 图 4-10　浦东机场卫星厅的可转换机位和组合机位 / 73
- 图 4-11　虹桥综合交通枢纽的设施布局 / 75
- 图 4-12　虹桥综合交通枢纽建筑布局效果图 / 76
- 图 4-13　虹桥综合交通枢纽核心区三大换乘层 / 79
- 表 4-1　虹桥机场与国内外典型机场的土地综合利用率比较（2007年数据） / 62

第 5 章　种青引鸟、生态佳话

- 图 5-1　鸟击飞机发动机 / 83

图 5-2　鸟击飞机挡风玻璃 / 83
图 5-3　鸟击飞机机翼 / 83
图 5-4　鸟击飞机机身 / 83
图 5-5　飞鸟与银鹰比翼 / 84
图 5-6　机场发声驱鸟设备 / 84
图 5-7　机场驱鸟车 / 84
图 5-8　机场驱鸟煤气炮 / 84
图 5-9　机场风动驱鸟装置 / 85
图 5-10　机场驱鸟用恐怖模型 / 85
图 5-11　九段沙位置示意图 / 89
图 5-12　浦东机场建设指挥部在九段沙种青引鸟 / 91
图 5-13　浦东机场综合鸟击防范体系 / 93
表 5-1　浦东机场场址地区对飞行安全有威胁的鸟类 / 86

第 6 章　机场独立排水，保护水文环境

图 6-1　浦东机场二级排水系统 / 98

第 7 章　标本兼治、削减噪声

图 7-1　机场建设环境影响评价程序 / 104
图 7-2　原场址一期完工后噪声影响 / 105
图 7-3　原场址二期完工后噪声影响 / 106
图 7-4　场址整体东移后噪声影响 / 106
图 7-5　虹桥机场跑道构型中间方案 / 107
图 7-6　近距与远距跑道噪声影响比较示意图 / 109
图 7-7　浦东机场 2011 年噪声等值线图 / 110
图 7-8　虹桥机场现状噪声影响和近距跑道建成后噪声影响 / 111
图 7-9　机场跑道入口内移 / 112

图 7-10　跑道入口内移为建设绕行滑行道提供了可能 / 113
图 7-11　跑道入口内移前后的噪声影响范围对比 / 113
表 7-1　飞行区构型方案比选矩阵 / 108
表 7-2　浦东机场 2011 年各飞机噪声级覆盖面积及影响人数 / 110
表 7-3　运行 APU 及机上空调系统时的飞机噪声级 / 115
表 7-4　机场噪声与土地使用的相容关系表 / 116

第 8 章　减少排放、护佑蓝天

图 8-1　1970—1998 年美国 NO_x 在各发生领域的增长情况 / 122
图 8-2　虹桥机场跑道穿越位置 / 125
图 8-3　虹桥机场二号航站楼站坪机位布局 / 126
图 8-4　浦东机场桥载电源和桥载空调 / 127
图 8-5　浦东机场一体化交通中心交通体系 / 129
图 8-6　浦东机场固体废弃物处理流程 / 131
图 8-7　浦东机场液体废弃物处理流程 / 132
图 8-8　浦东机场航空垃圾焚烧工艺流程 / 133
表 8-1　工业锅炉以燃煤、柴油和天然气作燃料时的污染物排放量 / 121
表 8-2　燃煤、柴油和天然气的灰分和硫分百分数 / 121
表 8-3　产生 10 000 kJ 热量所需消耗燃料和 CO_2、SO_2 产量 / 121
表 8-4　飞机起降循环中各状态的平均时间 / 122
表 8-5　每个起降循环的飞机排放量 / 123

图表索引

表 8-6　飞机 APU 污染物排放量 / 127

表 8-7　B738—300 采用不用供电方式的费用比较 / 128

表 8-8　远期浦东机场的交通方式结构 / 130

第 9 章　能源系统、创新节能

图 9-1　浦东机场能源中心设置及其服务区域 / 137

图 9-2　浦东机场一期能源中心冷热电三联供系统和主要设备 / 139

图 9-3　浦东机场二期能源中心蓄冷罐 / 142

图 9-4　浦东机场二期能源中心蓄冷罐斜温层 / 143

图 9-5　冷负荷率为 100% 时的蓄冷空调运行策略 / 144

图 9-6　冷负荷率为 75% 时的蓄冷空调运行策略 / 144

图 9-7　冷负荷率为 50% 时的蓄冷空调运行策略 / 144

图 9-8　冷负荷率为 25% 时的蓄冷空调运行策略 / 145

图 9-9　虹桥机场二号航站楼三次泵冷冻水直供系统 / 147

图 9-10　冷水直供系统 / 148

图 9-11　常规板式热交换器系统 / 148

图 9-12　二、三次泵串联连接 / 149

图 9-13　独立三次环路系统 / 149

图 9-14　共有管设正反向流量计系统 / 150

图 9-15　虹桥机场二号航站楼冷水直供系统及其控制 / 151

表 9-1　浦东机场一期能源中心服务对象及冷热负荷 / 138

表 9-2　采用 17% 蓄冷量时水蓄冷、冰蓄冷和电制冷比较 / 145

表 9-3　水蓄冷、冰蓄冷和电制冷的机房经济性比较 / 146

第 10 章　绿色航站、节能建功

图 10-1　风压自然通风 / 159

图 10-2　热压自然通风 / 159

图 10-3　上海地区全年温度分布 / 160

图 10-4　ASHRAE 自然通风舒适度图 / 160

图 10-5　浦东机场二号航站楼主楼（秋季）自然通风的温度、流速分布 / 161

图 10-6　浦东机场二号航站楼一层迎客厅（秋季）自然通风温度、流速分布 / 162

图 10-7　浦东机场二号航站楼值机厅（秋季）自然通风的温度、流速分布 / 162

图 10-8　上海地区太阳轨迹图 / 163

图 10-9　浦东机场二号航站楼值机厅和国际候机厅采光研究分区 / 164

图 10-10　浦东机场二号航站楼采光仿真分析视点位置 / 165

图 10-11　浦东机场二号航站楼值机厅采光系数空间分布 / 165

图 10-12　浦东机场二号航站楼国际候机厅采光系数空间分布 / 165

图 10-13　浦东机场二号航站楼国际候机厅采光照度空间分布 / 166

图 10-14　建筑物遮阳方式 / 167

图 10-15　浦东机场二号航站楼主楼屋顶天窗 / 168

图 10-16　浦东机场二号航站楼主楼天窗遮阳方案 / 168

图 10-17　浦东机场二号航站楼主楼天窗遮阳方案六的亮度、采光照度模拟 / 169

图 10-18　建筑空调 CFD 模拟计算流程 / 172

图 10-19　浦东机场二号航站楼空调 CFD 模拟计算空间（红框范围）/ 172

图 10-20　夏季浦东机场二号航站楼值机大厅剖面温度场 / 175

图 10-21　夏季浦东机场二号航站楼值机大厅剖面速度场 / 175

图 10-22　夏季浦东机场二号航站楼值机大厅剖面湿度场 / 176

图 10-23　夏季浦东机场二号航站楼值机大厅剖面气龄场 / 176

图 10-24　夏季浦东机场二号航站楼值机大厅剖面 PMV 分布 / 177

图 10-25　浦东机场二号航站楼照明系统架构 / 179

图 10-26　浦东机场二号航站楼公共区照明开启程序 / 180

图 10-27　浦东机场二号航站楼公共区照明关闭程序 / 181

图 10-28　浦东机场二号航站楼的 BAS 网络结构 / 182

图 10-29　浦东机场二号航站楼节能优化 / 184

表 10-1　供选用的主楼和长廊天窗玻璃材料 / 157

表 10-2　玻璃幕墙选用材料 / 158

表 10-3　浦东机场航站楼主楼侧窗自然通风设计方案 / 161

表 10-4　上海地区四季日照信息表 / 164

表 10-5　浦东机场二号航站楼值机厅和国际候机厅各区域采光系数 / 166

表 10-6　主楼天窗遮阳材料及其特性 / 169

表 10-7　各种天窗遮阳方案的光差 / 169

表 10-8　浦东机场二号航站楼主楼南立面多片式遮阳膜遮阳效果 / 170

表 10-9　浦东机场二号航站楼主楼北立面多片式遮阳膜遮阳效果 / 170

表 10-10　热舒适度指标 PMV 内涵 / 171

表 10-11　浦东机场二号航站楼空调 CFD 模拟计算空间及其面积 / 173

表 10-12　浦东机场二号航站楼各区域室内空调设计参数 / 173

表 10-13　浦东机场二号航站楼各区域空调方式 / 174

表 10-14　浦东机场二号航站楼各功能区照明设计标准 / 180

表 10-15　全年能耗指标比较 / 184

表 10-16　全年能耗成本比较 / 184

表 10-17　与一期工程全年能耗指标比较 / 184

表 10-18　与一期工程全年能耗成本比较 / 185

第 11 章　节约材料、珍惜资源

图 11-1　浦东机场一号航站楼钢结构屋盖构成 / 190

图 11-2　浦东机场二号航站楼钢结构屋盖构成 / 191

图 11-3　浦东机场二号航站楼主楼钢结构屋盖 / 191

图 11-4　浦东机场二号航站楼候机长廊钢结构

图表索引

屋盖 / 192
图 11-5　浦东机场二跑道（右侧靠海边跑道） / 193
图 11-6　浦东机场三跑道面层板边倒角示意 / 195
图 11-7　浦东机场一跑道道面结构 / 196
图 11-8　浦东机场三跑道道面结构 / 196
图 11-9　浦东机场一号航站楼西立面清水混凝土墙面 / 197
图 11-10　浦东机场围场河水处理工艺流程 / 200
表 11-1　浦东机场典型道面厚度 / 195

第 12 章　以人为本、引领服务

图 12-1　虹桥机场二号航站楼综合体剖面 / 205
图 12-2　虹桥机场二号航站楼指廊流程和安检模式比选方案 / 207
图 12-3　虹桥机场二号航站楼出发旅客流程 / 209
图 12-4　虹桥机场二号航站楼到达旅客流程 / 209
图 12-5　东方航空公司值机区域高峰时段旅客排队模拟画面 / 210
图 12-6　浦东机场二号航站楼国际出发、到达旅客流程 / 213
图 12-7　浦东机场二号航站楼国内出发、到达旅客流程 / 213
图 12-8　浦东机场客运交通系统 / 216
图 12-9　浦东机场旅客步行交通系统示意 / 217

图 12-10　浦东机场一体化交通中心剖面示意 / 217
图 12-11　虹桥机场二号航站楼行李系统方案原理图 / 220
图 12-12　浦东机场二号航站楼的商业布局定位 / 223
图 12-13　浦东机场二号航站楼大型商业区的多层次商业布局 / 223
图 12-14　浦东机场二号航站楼垂直商业布局 / 224
图 12-15　浦东机场二号航站楼商业服务设施的垂直布置 / 225
图 12-16　浦东机场二号航站楼候机厅、值机厅与夹层的商业布局 / 225
图 12-17　浦东机场二号航站楼指廊的规划商业和预留商业布局 / 225
图 12-18　浦东机场二号航站楼 +13.600 m 层和夹层业态空间分布 / 226
图 12-19　浦东机场二号航站楼出发大厅标识设计 / 228
图 12-20　浦东机场二号航站楼迎客厅国际、国内到达出口 / 228
图 12-21　浦东机场二号航站楼中转中心 / 229
图 12-22　标识图形符号和字体设计 / 229
图 12-23　虹桥综合交通枢纽防灾分析流程 / 231
图 12-24　交通枢纽灾害监测、判别和反应流程 / 232
图 12-25　虹桥综合交通枢纽应急疏散流程图 / 233
图 12-26　浦东机场运行管理架构 / 234

247

图 12-27　美轮美奂的浦东机场航站楼 / 235

图 12-28　浦东机场通透的航站楼空间 / 236

图 12-29　虹桥机场夜景 / 237

图 12-30　极具特色的浦东机场一号航站楼值机大厅 / 237

图 12-31　灵动斑斓的纸飞机艺术景观 / 238

表 12-1　虹桥机场二号航站楼流程和安检方案评价 / 207

表 12-2　虹桥机场二号航站楼流程设施的服务设计标准 / 208

表 12-3　虹桥机场二号航站楼机位设置及数量 / 211

表 12-4　浦东机场二号航站楼始发/终程旅客服务设施 / 212

表 12-5　浦东机场二号航站楼中转旅客服务设施 / 212

表 12-6　浦东机场二号航站楼站坪航空器服务设施 / 212

表 12-7　浦东机场二号航站楼商业面积分配 / 222

表 12-8　浦东机场二号航站楼商业面积与其他航站楼比较 / 222

表 12-9　浦东机场二号航站楼商业宏观业态属性和分配 / 226

第13章　结　语

表 13-1　上海机场可持续发展指标体系 / 241

参考文献

[1] 中国民用航空局. 民航行业节能减排规划[Z]. 2008, 12.

[2] 中国民用航空总局. 关于开展建设绿色昆明新机场研究工作的意见[Z]. 2007, 9.

[3] Los Angeles World Airport. Sustainable airport planning, design and construction guidelines: Version4.0[S]. 2009.

[4] Department of Procurement Services of Chicago. O'Hare Modernization Program Sustainable Development Manual[R]. 2003.

[5] 美国绿色建筑委员会. 能源与环境设计先导(LEED)——绿色建筑评估体系[S]. 2000.

[6] 绿色奥运建筑研究课题组. 绿色奥运建筑评估体系[M]. 北京: 中国建筑工业出版社, 2003.

[7] 刘武君. 重大基础设施建设设计管理[M]. 上海: 上海科学技术出版社, 2009.

[8] 刘武君. 重大基础设施建设项目策划[M]. 上海: 上海科学技术出版社, 2010.

[9] 刘武君. 21世纪航空城——浦东国际机场地区综合开发研究[M]. 上海: 上海科学技术出版社, 1999.

[10] 顾承东, 刘武君. 机场融资——大型国际机场多元化融资模式研究[M]. 上海: 上海科学技术出版社, 2009.

[11] 王维. 民用机场净空管理[M]. 北京: 中国民航出版社, 2008.

[12] 王维. 机场飞行区管理与场道施工[M]. 北京: 人民交通出版社, 2007.

[13] 蒋作舟. 中国民用机场集锦[M]. 北京: 清华大学出版社, 2002.

[14] 吴祥明. 浦东国际机场建设(计10册)[M]. 上海: 上海科学技术出版社, 1999.

[15] 吴念祖, 张光辉. 机场场道工程技术与管理——浦东国际机场第二跑道建设[M]. 北京: 中国民航出版社, 2007.

[16] 吴念祖. 上海空港系列丛书(计10册)[M]. 上海: 上海科学技术出版社, 2007.

[17] 吴念祖. 上海空港第1~10辑[M]. 上海: 上海科学技术出版社, 2006.

[18] 吴念祖. 上海空港虹桥系列丛书(计10册)[M]. 上海: 上海科学技术出版社, 2010.

[19] 冉祥来, 申瑞娜, 刘武君, 等. 机场可持续发展评价指标体系研究与设计[J]. 交通与运输, 2013, 19(H12): 126-129.

第一版后记

　　机场作为民用航空运输的重要基础设施，在规划、设计、施工、运行和发展过程中涉及大量的环境影响、资源消耗以及如何才能可持续发展的问题。国际民航界近年来一直在探寻解决上述问题的途径，针对性地提出了"可持续发展机场（Sustainable Development Airport）""洁净机场（Clean Airport）"等理念。2007年，中国民用航空总局结合昆明新机场建设，提出"建设绿色昆明新机场"的指导意见，"绿色机场（Green Airport）"概念开始在我国民航业界盛行。目前，关于"可持续发展机场""绿色机场"的内涵、框架和体系还远未达成共识，相关领域的探索、研究十分活跃。

　　上海机场从1995年开始，结合浦东机场的新建、扩建，结合虹桥机场改造和西区扩建，对机场可持续发展进行了长期、系统的探索和实践，范围涉及机场总体规划，机场土地集约化利用，机场水文和生态环境保护，机场航空噪声控制，机场大气污染和温室气体排放消减，机场航站楼和能源中心节能，清洁可再生能源利用，机场建设和运行中的材料和水资源节约，以及机场如何提供人性化服务等等。

　　需要指出的是，上海机场在可持续发展探索中并非一帆风顺，有关理念的确立和成就的取得，都经历了艰辛的摸索和实践过程。与可持续发展理想相对照，上海机场在很多方面尚有很大差距。在过去这些年，上海机场可持续发展实践主要集中在规划、建设层面，而对如何实现机场运行的可持续发展探索相对比较薄弱。随着浦东机场和虹桥机场基础设施渐渐接

第一版后记

近终端规划，探索系统全面的、能体现可持续发展理念的机场运行策略和方式，诸如机场整体能源系统的计量分析、节能策略优化，更多形式新能源（如潮汐能、风能）的高效利用，旨在提高能效、减少排放的设施改造等，必将成为未来上海机场可持续发展的重点工作。

目前，我国民航业界对于绿色机场还存有很多困惑，大都停留、局限于相对还比较空泛的"节能减排"层面。本书的出版，将有助于业界加深对可持续发展机场、绿色机场内涵的理解，并通过上海机场了解具体的操作、实践方法，进而触类旁通、举一反三。衷心希望我国有更多的机场从更宽广的视野和更深入的层面来进行可持续发展（绿色发展）的思考、谋划和实践，进而真正迈上可持续发展的"绿色之路"，最终使我国绿色机场发展达到一个新的高度和水平。

中国民航大学教授

王维

2010 年 9 月 12 日